百年
变局

年局

Profound Changes Unseen
in Centuries

王 文 贾晋京 刘玉书 王 鹏 著

北京师范大学出版集团
BEIJING NORMAL UNIVERSITY PUBLISHING GROUP
北京师范大学出版社

图书在版编目（CIP）数据

百年变局 / 王文等著 . -- 北京：北京师范大学出版社，2020.5（2025.11重印）
ISBN 978-7-303-25497-2

Ⅰ . ①百… Ⅱ . ①王… Ⅲ . ①国家战略 – 研究 – 中国 Ⅳ . ① D60

中国版本图书馆 CIP 数据核字 (2020) 第 020313 号

百年变局
BAINIAN BIANJU

王文　贾晋京　刘玉书　王鹏　著

策划编辑：祁传华　　责任编辑：祁传华
美术编辑：王齐云　　装帧设计：王齐云
责任校对：段立超　　责任印制：陈　涛

出版发行：北京师范大学出版社	开本：730mm × 980mm　1/16	版次：2020 年 5 月第 1 版
印刷：北京盛通印刷股份有限公司	印张：20.25	印次：2025 年 11 月第 12 次印刷
经销：全国新华书店	字数：280 千字	定价：68.00 元

北京师范大学出版社　　　　　　　　版权所有 · 侵权必究

http://www.bnup.com
北京市西城区新街口外大街 12-3 号　　　　反盗版、侵权举报电话：010-58800697
邮政编码：100088　　　　　　　　　　　北京读者服务部电话：010-58808104
营销中心电话：010-58805602　　　　　　外埠邮购电话：010-58808083
主题出版与重大项目策划部：010-58805385　本书如有印装质量问题，请与印制管理部联系调换。
　　　　　　　　　　　　　　　　　　印制管理部电话：010-58808284

目 录 Contents

绪论 500 年? 400 年? 300 年? 200 年? 100 年?

——如何理解"前所未有之大变局" ·········· 001

第一编 政势之变

01 百年之际回望"一战" ········ 021

02 "百年变局"下的国际格局与世界秩序 ········ 028

03 "百年变局"下的民族复兴与周边外交 ········ 045

04 "百年变局"下的大国责任与全球治理 ········ 057

05 从"百年变局"到"人类命运共同体" ········ 086

第二编　经济之变

06 图景：从公司史看经济史 113

07 演进：现代化的第五层楼 125

08 变革：金融化时代的经济 140

09 博弈：获取规则话语权 154

10 趋势：未来道路的可能性 171

第三编　数字之变

11 人工智能时代人的危机 191

12 数字社会的评估与治理 212

13 中国版的全球互联构想 239

14 区块链发展未来展望 272

15 "西方之死"与百年未有之大变局 295

附录　新冠疫情加速百年变局 305

绪 论

500 年？ 400 年？ 300 年？ 200 年？ 100 年？

——如何理解"前所未有之大变局"

"大变局"是目前中国官方对全球形势发展的权威战略判断，引起了国内外的高度关注。2012 年 11 月 15 日，党的十八大以后，新任中共中央总书记、中央军委主席习近平主持召开新一届军委班子第一次常务会议，首次提出"世界正发生前所未有之大变局"。2017 年 10 月，十九大报告中明确提到，"当今世界正面临着前所未有的大变局，中国特色社会主义进入了新时代"。2017 年 12 月 28 日，中国国家主席习近平出席年度驻外使节工作会议并发表重要讲话，央广"中国之声"用《习近平：放眼世界，我们面对的是百年未有之大变局》标题报道后，开始引起国内外广泛关注。[①] 2019 年 3 月 26 日，

---

① 《习近平：放眼世界，我们面对的是百年未有之大变局》，中国之声，2017 年 12 月 29 日，网址：https://xw. qq. com/news/20171229016782/NEW2017122901678200，访问时间：2019 年 3 月 27 日。

习近平在巴黎同法国总统马克龙、德国总理默克尔、欧盟委员会主席容克一道出席中法全球治理论坛闭幕式，再次论述"当今世界正面临百年未有之大变局"，引起全球的高度关注。^①

对习近平"大变局"的战略判断，近年来学术界的探讨也逐渐深入。^②在笔者看来，"大变局"并不只是仅限于如全球化、大国博弈等国际关系领域，而是覆盖技术、制度、知识、权力等更广泛领域；不只是一百年的范畴，而是涉及过去五百年全球化进程中的数个时间节点。如何深刻理解与全面把握这个"大变局"，决定着中国对当今世界未来与中国发展的清晰认识，也会直接影响中国人的日常生活。

一、五个时间维度的大变局

"穷则变，变则通，通则久"，《周易·系辞下》所强调的这句话说明当人类历史发展到某个阶段时，变化往往会成为下一个历史阶段的重要动力。但是，人类演进的历史变化，不会只是仅仅在某个单一侧面的片面超越，更可能是在多个层面的全面、系统的转变。了解目前世界形势从未有过之变局，应该用更广的视角去透析全局演进的逻辑。笔者认为，"前所未有之大变局"至少有五个时间维度：

"500 年未有之大变局"。从文明领衔的角度看，500 年前西方开始领衔全球化的趋势正在逐渐让位于东方。16 世纪初，西欧国家开创"大航海时代"以来，全球化的动力均来自西方文明。无论是从事对外殖民、黑奴贸易，或

---

① 习近平：《为建设更加美好的地球家园贡献智慧和力量》，载《人民日报》，2019 年 3 月 28 日。

② 参见李杰：《深刻理解把握"世界百年未有之大变局"》，载《学习时报》，2018 年 9 月 3 日。中国现代国际关系研究院课题组：《世界大变局深刻复杂》，载《现代国际关系》，2019 年第 1 期。《"百年未有之大变局"：重识中国与世界的关键》，载《探索与争鸣》，2019 年第 1 期。

采取金本位、构建布雷顿森林体系、推行美元霸权主义，西方领衔全球的总体局面在过去 500 年左右的时间里没有发生变化，变的只是西方文明内部的不同国家在领衔而已。然而，21 世纪以来，中国、印度、东盟、日韩等东方文明逐渐成为新一轮全球化的主要动力，扛起了贸易自由化与市场开放化的经济全球化大旗。过去 20 年，东方文明覆盖下的国家对全球经济增长的年均贡献连续超过 50%，领衔世界发展的潜力还在扩张式爆发。① 正如在《东方化：亚洲崛起与从奥巴马到特朗普及其之后的美国衰落》一书中，《金融时报》专栏作家吉迪恩·拉赫曼讲到"亚洲经济实力的上升改变世界政治"，"西方长达数十年的对世界事务的统治正在接近尾声"②。多项权威研究报告也都认为，2050 年全球前四大经济体分别是中国、美国、印度与日本。东方文明在 500 年后重新回到全球舞台的中心位置，而中国正在逐渐扮演领头羊的角色。③

"400 年未有之大变局"。从技术动能的角度看，400 年前逐渐掀起的工业化进程已从机械化、电力化、信息化逐渐演变到了智能化阶段，人类运行逻辑与国家治理规律正在被智能化的高速、高效与高频所左右。17 世纪产生物理科学层面上的技术革命后，人类逐渐进入机械化社会。技术便捷化解放了人的四肢五官。此后出现的蒸汽机、电机、汽车、飞机、网络使人类变得更快、更强、更能跨越物理空间进行生产和生活。然而，21 世纪初兴起的基因、纳米、超材料、云计算、万物互联、机器人服务、可穿戴设备、数字化家庭、智慧城市等智能浪潮，开始解放人类的大脑思维与神经指令，人

---

① 崔立如：《世界大变局》，时事出版社 2010 年版，第 138-161 页。

② Gideon Rachman, *Easternization: Asia's Rise and America's Decline from Obama to Trump and Beyond*, VINTAGE UK, 2016.

③ 王文、刘英：《金砖国家：新全球化的发动机》，新世界出版社 2017 年版，第 188-211 页。

绪 论 500 年？ 400 年？ 300 年？ 200 年？ 100 年？
——如何理解"前所未有之大变局"

003

类有可能从"智人"变为"智神"。①诚如布雷特·金在《智能浪潮》一书中所说，人类开始不必事事"亲自"思考、不必"亲自"发号施令时，生活习惯、金融运行、经济规则、社会治理、全球互动的惯性将随之出现颠覆式的变化。②国家如何在智能化社会的建构、数字化革命的推行等进程中发挥正向作用，人类如何解决人工智能带来的道德伦理困境，既为技术革命不可阻挡之方向而因势利导，又为防范技术产生的不确定性而维持社会稳定，中国正在做出积极的尝试。

"300年未有之大变局"。从国家制度的角度看，300年前开始的资产阶级革命产生的所谓"民主政治"体制出现了衰败甚至崩塌的迹象。"历史终结论"始作俑者弗兰西斯·福山在《政治秩序与政治衰败：从工业革命到民主全球化》一书中反思，源于18世纪前后的社会契约与现代责任制前提下的"多数决"（democracy）制度出现了生物演化式的衰败。在美国，国家成立初期设计的政党制衡体系变成了现在的相互否决制，甚至还出现了"家族制的复辟"。③20世纪70年代以来的"民主第三波"国家出现了集体性的政治固化、经济停滞、社会失序现象。在美国，"不平等"已成为当下的基本状况，财富与权力集中于极少数人之手，曾经引起全球向往的"美国梦"正在坠落。④当前，全球普遍反思，人类治理的国家政治制度设计或许面临着重新的选择。在新一轮制度设计上，公民权利、政党责任、法治架构、社会稳定、国家治理之间的平衡关系与匹配程度需要更深的考量。国家在未来的政治运行与社会治理的制度设计远比300多年前英国光荣革命以来基于个人选票简单计算

---

① ［以］尤瓦尔·赫拉利：《未来简史：从智人到智神》，中信出版社2017年版。
② ［美］布雷特·金：《智能浪潮》，中信出版社2017年版，第177-211页。
③ ［美］弗兰西斯·福山：《政治秩序与政治衰败：从工业革命到民主全球化》，广西师范大学出版社2015年版，第311-342页。
④ ［美］乔姆斯基：《财富与权力：乔姆斯基解构美国梦终结的十个观点》，中信出版社2018年版。

的"多数决逻辑"更为复杂、更有难度。历史尚未终结,世界的进程不可能只是终结在西方模式的阶段,相反,新的世界历史刚刚开始。未来会出现怎样更符合各国国情、更适应全球新趋势的制度架构,解决目前人类对政治体制的集体困惑与普遍焦虑,中国应能提供非常特殊的制度发展经验。

"200 年未有之大变局"。从知识体系的角度看,200 年前出现并在全球普及的学科体系与思想范式在当前认识世界、重构世界的进程中,暴露出了不可修复的缺陷与短板。按照沃勒斯坦的说法,19 世纪以来,发端于西欧与美国知识界的社会科学出现了内部结构分化,建构了当代知识分工与学科划分体系。"历史学、经济学、社会学和政治学合演了一首四重奏,构成了一个可以'社会科学'为名并与各种社会思想相区别的制度化知识领域。"[①]学科的制度化进程,不仅是在西方实践基础上展开的方法论,更是持续强调与其他知识的差异或特殊性,进而导致知识分子在解释世界时形成了浓烈的"西方化"与"狭隘化"色彩。源于西方实践的社会科学知识越来越难以解释非西方世界的全新现象,而后者的含义、范畴、活跃度均远超前者。比如,现在西方社会科学知识体系难以解释中国 40 年改革开放的进程,无法解读"一带一路""人类命运共同体"等源于东方智慧的新思想、新倡议。对此,全世界理应对现有的知识体系进行深刻"否思"。[②]换句话说,这种"知识赤字"迫切需要跨界知识大融通,需要从全人类的现代实践出发,重新进行跨学科、融知识的解释与理解。[③] 2008 年国际金融危机、2016 年特朗普当选、英国脱欧等"黑天鹅"事件频繁出现,西方社会科学理论的准确性、适用性已受到频繁质疑。作为新兴大国,中国的知识体系构建进程基于对西

---

① [美]伊曼纽尔·沃勒斯坦:《开放社会科学》,生活·读书·新知三联书店1997年版,第21-22页。

② [美]伊曼纽尔·沃勒斯坦:《否思社会科学:19世纪范式的局限》,生活·读书·新知三联书店 2008 年版。

③ [美]爱德华·威尔逊:《知识大融通》,中信出版社 2016 年版。

方社会科学的引进，但必须拥有中国社会科学的自主性，运用大量新兴国家开创的新发展实践，建构新的知识范式与创新理论。①

"100年未有之大变局"。从权力结构的角度看，一百多年前确定的大西洋体系正在经历洲际式的转移与主体性的分散。随着中国、印度、日本、韩国、东盟的崛起，全球权力重心正在逐渐向亚洲转移，这包括亚洲国家的市场活跃度、创新研发投入、工业制造规模、电子商务普及度、移动支付普惠性、基础设施便捷化，甚至还包括时尚、旅游、电影、小说等消费文化行业，亚洲的全球号召力与软实力越来越多地使欧美国家自惭形秽，以至于在美国出现了集体焦虑。②从经济、贸易、金融、工业等诸多数据变化所带来的影响看，百年来的国际机制与国际组织都面临着改革的压力，如WTO、联合国等。正如新加坡著名学者马凯硕在其著作《新亚洲半球》中所说：欧美国家在自由贸易、全球变暖、核武器扩散、中东、伊朗等问题上，都已捉襟见肘，世界师法亚洲之长的时刻到了。③与此同时，全球化与反全球化的力量共同挤压着国家权力，国际行为主体不只是由国家垄断，而是如中世纪欧洲在政治形式中出现帝国、王国、城市、国家、部族、封建领主、神权政治、行会、公爵等那样多重行为体，国际组织、非政府组织、意见领袖、极端主义、民粹主义、反全球化力量、网络精英、媒体、智库都在分散国家的权力，"新中世纪主义"之态在当前世界的迹象相当明显，世界既非G2、G20，也非G0，而是Gn时代，即n种力量正在影响着世界新进程。④未来

---

① 邓正来：《中国社会科学的再思考：学科与国家的迷思》，载《南方文坛》，2000年第1期。

② 王文、刘典：《中美博弈与中国复兴：基于两国实力消长的视角》，载《东北亚论坛》，2019年第2期。

③ [新]马凯硕：《新亚洲半球》，当代中国出版社2010年版，第323-385页。

④ 王文：《世界政治进入"Gn"时代：在巴库全球论坛感受世界政治新风向》，载《对外传播》，2019年第4期。

世界的冲突，不一定聚焦在国家领导权之争，而是取决于国家与社会、国家与非国家主体之间的力量平衡。依靠 20 世纪以来国家主义的权力逻辑，估计很难应对当前的全球乱局，相比之下，亚洲各国的发展经验，尤其是源于中国改革开放 40 年合作精神与实践理性的治国理政经验，正在为世界的发展提供新动力。而过去十年，中国在多数行业出现对西方的"弯道超车"，并呈现出越来越多的"换轨领跑"趋势，世界也为此展现出了新的制度性活力。

二、变局绝非定局

"前所未有之大变局"的战略判断表明，未来已来。文明、技术、制度、知识与权力等各个维度的变化，正在推动世界以难以预测的轨迹往前演进。旧力量与新力量加剧博弈，不同事物之间加速更替，机遇与挑战并存，重塑与破坏同行，非线性变量增强，不确定概率提升。从总体上看，在这个"大变局"中，中国、中国社会、中国民众代表着各个层面上的新生力量，面临着与各方旧有力量的互动、博弈甚至相互制衡。只有以更充沛的勇气与智慧、更强大的耐心与定力，透析新机遇，确立大战略，主动迎接正在到来的巨大变局，中国才能力保在变局中前行、受益，而非倒退、受损。毕竟，"前所未有之大变局"远比我们想象的复杂。

变局常常会带来变数。多数情况，国际变局若遇上"黑天鹅"事件，便会产生新的不确定性，甚至产生更大的冲突。比如，第一次世界大战伤亡惨重，全球反战情绪高涨，1920 年"国际联盟"成立，协调国际合作，旨在减少冲突。1928 年，多国签署《非战公约》，世界一度以为，第一次世界大战是"停止所有战争的战争"。世界永久和平，将是决定未来的重大变局。未曾想，第一次世界大战结束仅 10 年多，席卷全球的 1929 年金融危机爆发，法西斯主义、军国主义借势上台，伤亡更惨重的第二次世界大战爆发，人类深受浩劫。可见，知晓变局线索易，掌控变局前程难，让变局顺着有利于自己方向发展就更难了。中国当下洞悉全球重大变局正在发生，但隐藏在其中的风险、危机、冲突可能性，更需要中国人去琢磨、把握与防范。

变局未必会带来定局。很多时候，"变化"是一种进行时的状态，未必是完成时的结果，甚至还有可能会出现逆转。比如，"冷战"结束后，西方世界被空前的乐观主义情绪笼罩，坚信"历史已终结"，共产主义已死亡，资本主义模式将是未来社会发展的终点，任何国家的发展道路都将归统到西方所确立的模式。[①] 傲慢的西方肯定没想到，短短 20 多年后，"历史终结论"基本宣告破产，连该论始作俑者弗兰西斯·福山也承认"美国兴衰与民主体制是两回事"[②]。更重要的是，新兴经济体发展迅速，西方颓势明显，欧美内部利益争斗、理念分化变得难以调和。可见，中国崛起处在"前所未有之大变局"，面临着重大战略机遇期，也可能潜藏不可测的风险。切不可以为，时局的变化会轻易地、必然地给中国带来巨大的利好。若不努力抓住，再好的机遇也会稍纵即逝。

变局有时需漫长过渡。通常的情况，变局从发生到尾声需经历相当长的演变，即使重大事件在朝夕间发生，关键人物瞬息更替，但后继效应也会超过人们的一般预期。互联网产生于 1969 年，半世纪后才逐渐在全球普及；苏东剧变发生在 1990 年前后，对世界的冲击与影响足足延续此后数十年仍未明朗；"9·11 事件"发生在 2001 年 9 月 11 日飞机撞击美国大楼的瞬间，但引发美国的反恐战争、国内安全政策及全球格局的变化一直延续到现在，甚至直接影响到世界第一强国美国的兴衰；2011 年西亚北非变局一度被西方舆论视为中东民主化的"阿拉伯之春"，但目前看来，是"春"是"冬"仍

---

① [美] 弗兰西斯·福山：《历史的终结及最后之人》，中国社会科学出版社 2003 年版。

② 王文：《美国兴衰与民主体制是两回事：访弗兰西斯·福山》，载《红旗文稿》，2013年第 16 期。

未明晰。可见，面对"前所未有之大变局"，中国需要有强大的政策毅力、战略耐心与理念敏感，深知世界的转化肯定无法在短期内完成，时常还会波折，避免盲目乐观，保持头脑清醒。

2018年年初，习近平在党的十九大精神研讨班省部级开班仪式讲话中指出："当前，我国正处于一个大有可为的历史机遇期，发展形势总的是好的，但前进道路不可能一帆风顺，越是取得成绩的时候，越是要有如履薄冰的谨慎，越是要有居安思危的忧患，绝不能犯战略性、颠覆性错误。"[①] 如何把握"前所未有之大变局"，并在变局中走好、走远，对中国来说至关重要。

三、变局中的中国崛起评估

2018年以来，国际形势波谲云诡，以朝核冲突转圜、各国经济复苏、智能技术突飞猛进为主要标志的区域发展积极迹象与中美经贸摩擦、美伊冲突加剧等为主要特征的大国摩擦消极趋势同时并存。中国面临的是"前所未有之大变局"与"未曾料到之新时局"。在国内，中国面临着反腐败(anti-corruption)持久战、反污染(anti-pollution)阵地战、反贫困(anti-poverty)攻坚战、反风险(anti-crisis)阻击战的重大考验，全面深化改革任务艰巨繁重，社会稳定形势空前严峻，经济稳中有进的压力持续存在，对此，中国必须要有针对"变局"的先招、高招与长招。

从国内治理看，中国已全面进入信息化时代，互联网力量无孔不入，既像"机器猫的肚囊"那样，为社会民生提供数之不尽的便捷，也像打开"潘多拉魔盒"似的，使社会运行出现前所未有的即时化效应。数千年来中国社会自带农耕文明特征的超稳定性正在发生动摇，自上而下式的垂直社会结构

---

① 习近平：《以时不我待只争朝夕的精神投入工作　开创新时代中国特色社会主义事业新局面》，载《人民日报》，2018年1月6日第1版。

属性开始悄然瓦解，扁平化的社会治理结构使中国正在进入到"数字化时代"，即信息拥有者、流量领先者逐渐跨越职别高低、财富多少、地位贵贱等传统标准，成为社会权势与运行规则的新标尺。互联网技术产生了新时代的数字经济、共享经济，使社会服务快速均等化，过去只有富者、强者、贵者所能享有的司机、厨师、保姆等，目前都能通过快递、外卖、滴滴等互联网服务普及平常百姓家，但互联网时代会产生新的不均衡与新的极端性，各类奇葩现象层出不穷，社会稳定的迫切性陡增。更重要的是，发展主义的陷阱在资源消耗、生态压力、人口红利消逝面前暴露无遗，"幸福在哪里"成为社会天问，"全民焦虑"成为大众通病，14亿人的高质量发展超越了数百年来西方社会科学的思考范畴与路径。

中国目前面对着巨大的贫富悬殊鸿沟以及"马太效应"能否彻底遏止的问题，全面消除贫困且永不反弹是否能够实现，是中国能否出现人类社会发展前所未有过的"奇迹"的关键。目前，各国金融危机的脚步如同"灰犀牛"般无形有声，经济金融化的趋势将导致未来不可捉摸的"黑天鹅"频繁显现，作为40年从未发生过金融危机的中国，是否能够持续保持这个纪录，肯定是一场前所未有的难题。对于中华民族伟大复兴而言，解决以上难题，必将成就伟业，但外部的战争、冲突或天灾，内部的社会失序或金融危机，也会使发展盛况"一夜回到解放前"。在互联网时代，国家脆弱性的爆发，强化社会的坚韧性，是中国国家治理现代化的前所未有之的挑战，也是前所未有之机遇。

"我们现在所处的，是一个船到中流浪更急、人到半山路更陡的时候，是一个愈进愈难、愈进愈险而又不进则退、非进不可的时候。改革开放已走过千山万水，但仍需跋山涉水，摆在全党全国各族人民面前的使命更光荣、任务更艰巨、挑战更严峻、工作更伟大。"2018年年底，习近平在庆祝改革开放40周年大会讲话中提到这句话，深意可能也在此。

从国际形势看，自16世纪初麦哲伦环游世界开启全球化始，西方出现了第一次全面颓势。特朗普执政下的美国，使得欧洲、加拿大、澳大利亚、日本等西方"铁盘"出现巨大裂迹，"西方"作为一个政治整体已出现了名存实亡趋向。欧洲老牌强国云集，却深陷老龄化深渊，加之数百万难民的冲击，增长长期乏力，日益成为暮气之地。但为了维护世界应有地位，欧洲仍是不可或缺的全球治理力量。美国不再是19世纪上半叶托克维尔写《论美国的民主》时的那个"美国"，"盎格鲁—撒克逊"政治文化主体传统日渐式微，所谓"有色人种"比例在未来二十年内超过白人将是大概率事件。虽然特朗普以"退群""砌墙""贸易战""反全球化"等方式力挺保护主义、民粹主义与孤立主义，遭遇国内外不同势力的强力反对，但美国的破坏力不可估量。俄罗斯、日本、印度、巴西等在一些领域的影响力也不可低估。新兴国家虽集体大崛起，但未来前景存在不确定性。区域强国雄霸一方，局部冲突不断。全球政治大觉醒，西方经验在非西方国家出现"水土不服"，各国根据国情走自己道路之风日盛。中国40多年来发展实践的成功，为各国提供了不可或缺的道路选项，但如何学习与借鉴却仍是个问号。国际社会的行为体出现"新中世纪主义"浪潮，非国家行为体如跨国公司、非政府组织、意见领袖，还有"独狼"式恐怖主义者、极端力量，甚至人工智能都日趋成为与国家平行的国际形势影响因子。

相比于1500年以来相继崛起的葡萄牙、西班牙、荷兰、英国、法国、德国、日本、苏联、美国，中国崛起面临的局势复杂性，超过以往任何一个大国。中国须克服的，不只是避免与美国纠缠的"修昔底德陷阱"，应对霸权国的压制、围堵与老牌传统大国的竞争、博弈，还要强化在新时代下的全球强势个体、跨国公司、国际组织的"分权"，以及与新兴经济体可能出现的"同质化竞争"。在各类后现代主义思潮的社会渗透下，中国力求保持国家主体性与民族认同感的延续与稳定，同样也是难题。

历史地看，18世纪前荷兰、葡萄牙、西班牙等国崛起时，人口仅百万级，充其量是当下中国一个"县"的崛起；19世纪英国、法国、德国等国崛起时，人口仅千万级，充其量是当下中国一个"市"的崛起；20世纪美国、苏联、日本等国崛起，人口是亿级，充其量像是当下中国一个"省"的崛起。但21世纪中国和印度的崛起，人口则是十亿级，伟大进展创造出来的影响"吨量"，相较于过去，无异于原子弹与炸药之别，而带来的治理难度也是前所未有的。

对持续崛起70年之久的中国而言，未来要做的工作，已不再是站在中国看中国，而是站在全球的高度看待中国本身的发展与对世界的影响。一方面，中国需要保持长期的中高速或至少是中速增长，才能保证就业、社会稳定、地区平衡与发展方式的可持续；而另一方面，中国需要努力实现与国际社会的制度对接、区域统合、文明对话、共荣共生，使中国作为新型大国的崛起不是重复过往500年大国崛起的老路。

习近平在庆祝改革开放40周年讲话中曾说："建成社会主义现代化强国，实现中华民族伟大复兴，是一场接力跑，我们要一棒接着一棒跑下去，每一代人都要为下一代人跑出一个好成绩。"十九大报告也指出："改革开放之后，我们党对我国社会主义现代化建设作出战略安排，提出'三步走'战略目标。解决人民温饱问题、人民生活总体上达到小康水平这两个目标已提前实现。在这个基础上，我们党提出，到建党一百年时建成经济更加发展、民主更加健全、科教更加进步、文化更加繁荣、社会更加和谐、人民生活更加殷实的小康社会，然后再奋斗三十年，到新中国成立一百年时，基本实现现代化，把我国建成社会主义现代化国家。"

由此看，当下的中国比历史上的任何时期都更加接近实现中华民族伟大复兴的目标，但要谈真正崛起成功，恐怕还为时尚早。中国人一定还要继续保持艰苦奋斗、戒骄戒躁的作风，以时不我待、只争朝夕的精神，奋力走好"崛起时代"的长征路。

总之，"前所未有之大变局"是党中央结合历史和现实、贯通国际和国内、联系理论和实际的一次重大理论与战略判断。诚如伊恩·莫里斯在《西方将主宰多久：东方为什么会落后，西方为什么能崛起》中所说，16 世纪以后，大航海时代引发了全球大变局，但西方真正全面领先于东方是 19 世纪以后的事情了。[①] 所以，对"大变局"的研究才刚刚开始，对"大变局"的把握与应对应防止误解、误判、误行，而应显现中国志怀高远，以及在新时代下的政策执行力与战略远见。对大变局应对成功，中华民族才能最终屹立于世界民族之林的最前沿。

---

① ［美］伊恩·莫里斯：《西方将主宰多久：东方为什么会落后，西方为什么能崛起》，中信出版社 2014 年版，第 189-199 页。

绪 论 500 年？ 400 年？ 300 年？ 200 年？ 100 年？
——如何理解"前所未有之大变局"

013

政势之变

第一编

百年之际回望「一战」
「百年变局」下的国际格局与世界秩序
「百年变局」下的民族复兴与周边外交
「百年变局」下的大国责任与全球治理
从「百年变局」到「人类命运共同体」

2017 年 12 月 28 日，中共中央总书记、国家主席、中央军委主席习近平在北京人民大会堂接见回国参加 2017 年度驻外使节工作会议的全体使节并发表讲话，正式提出了"百年未有之大变局"的重大论断："中国特色社会主义进入了新时代。做好新时代外交工作，首先要深刻领会党的十九大精神，正确认识当今时代潮流和国际大势。放眼世界，我们面对的是百年未有之大变局。"①

仔细考察十八大以来习近平主席的相关讲话和指示，人们就不难发现，"百年未有之大变局"重大论断不仅其来有自，且在中国积极参与全球治理的进程中不断演进、深化、发展。

2015 年 10 月 12 日，中共中央政治局就全球治理格局和全球治理体制进行第二十七次集体学习。习近平主持集体学习并发表讲话，指出："国际社会普遍认为，全球治理体制变革正处在历史转折点上。国际力量对比发生深刻变化，新兴市场国家和一大批发展中国家快速发展，国际影响力不断增

---

① 《习近平接见 2017 年度驻外使节工作会议与会使节并发表重要讲话》，新华网，2017 年 12 月 28 日，http://www.xinhuanet.com/politics/2017-12/28/c_1122181743.htm。

强，是近代以来国际力量对比中最具革命性的变化。数百年来列强通过战争、殖民、划分势力范围等方式争夺利益和霸权逐步向各国以制度规则协调关系和利益的方式演进。现在，世界上的事情越来越需要各国共同商量着办，建立国际机制、遵守国际规则、追求国际正义成为多数国家的共识。经济全球化深入发展，把世界各国利益和命运更加紧密地联系在一起，形成了你中有我、我中有你的利益共同体。很多问题不再局限于一国内部，很多挑战也不再是一国之力所能应对，全球性挑战需要各国通力合作来应对。"[1] 这次会议被普遍认为是党的十八大以来，习近平第一次从"百年"维度回顾中国近代史。

2016 年 9 月，中国在杭州成功举办 G20 峰会，被国际社会认为是中国特色全球治理观的一次伟大实践。[2]

2017 年 10 月 18 日至 10 月 24 日，中国共产党第十九次全国代表大会在北京胜利召开。十九大报告中明确指出："世界正处于大发展大变革大调整时期，和平与发展仍然是时代主题。"如果历史地看，"大变局"这一带有总括性的核心概念，可以被看作此前"大发展""大变革""大调整"这三个分支性概念的凝练与总结。

值得注意的是，据刘洪等学者统计，在十九大报告中，"变"字共出现 43 次。这一出现频率相对此前十八大报告中出现 40 次、十七大报告中出现 34 次都有明显增加。与此同时，与"变"相关联的"改革"一词也出现了 69 次。外界普遍认为，这些有关"变化""改变""改革"的语汇在一定程

---

① 习近平：《推动全球治理体制更加公正更加合理》，新华网，2015 年 10 月 13 日，http://www. xinhuanet. com/politics/2015-10/13/c_1116812159. htm.《关于全球治理，习近平有哪些深刻阐述？》，新华网，2016 年 8 月 30 日，http://www. xinhuanet. com/world/2016-08/30/c_129263290. htm.

② 王洪波、李占英：《G20 杭州峰会：国际舆论的关切与期待》，载《当代世界》，2016 年第 7 期。

度上反映出中国政治高层对世界趋势、国际格局等重大问题的基本看法和应对态度。①

"百年未有之大变局"重大论断自 2017 年末正式提出后，迅速在全国和国际社会引起巨大反响，同时这一理念自身也处于不断发展、演进之中，从而更趋完备、成熟。在 2018 年中国对外关系的重要场合和重大国际会议上，"百年未有之大变局"论断多次出现，并在国内外迅速形成共识。②

2018 年 6 月 21 日，国家主席习近平在北京钓鱼台国宾馆会见来华出席"全球首席执行官委员会"特别圆桌峰会的知名跨国企业负责人，同他们座谈交流。其间，习近平对"百年未有之大变局"的概念做了进一步阐发，并在与会企业界人士中引发强烈共鸣。③当月 25 日，习近平出席在南非约翰内斯堡召开的金砖国家工商论坛，进一步阐述了"大变局"的具体体现：第一，未来 10 年将是世界经济新旧动能转换的关键 10 年，新一轮科技革命和产业变革正在积聚力量，"给全球发展和人类生产生活带来翻天覆地的变化"；第二，国际格局和力量对比将加速演变，新兴市场国家和发展中国家群体性崛起"势不可当"；第三，全球治理体系将深刻重塑，"要合作还是要对立，要开放还是要封闭，要互利共赢还是要以邻为壑，国际社会再次来到何去何从的十字路口"；第四，这一变局，对新兴市场和发展中国家而言意味着实现跨越式发展的机遇，也关乎未来发展空间；第五，习近平呼吁，金砖国家要顺应历史大势，把握发展机遇，合力克服挑战。④

---

① 刘洪：《十九大报告，为什么其中有"43 变"？》，新华网，2017 年 10 月 24 日，http://theory. cyol. com/content/2017-10/24/content_16615886. htm。

② 金灿荣：《如何深入理解"世界正面临百年未有之大变局"》，载《领导科学论坛》，2019 年第 14 期。

③ 习近平：《为改革和优化全球治理注入中国力量》，中央广电总台国际在线，2018 年 6 月 25 日，http://news. cri. cn/20180625/c2688c57-394d-2d6c-6f5d-76dd5152f20b. html。

④ 《世界面临百年未有大变局》，大公网，2018 年 7 月 27 日，http://www. takungpao. com/news/232108/2018/0727/194233. html。

2019 年 3 月 22 日至 4 月 1 日，习近平对荷兰、法国、德国、比利时进行国事访问并出席在荷兰海牙举行的核安全峰会。在与欧洲多国领导人会晤时，习近平多次强调："当今世界正经历百年未有之大变局，人类处在何去何从的十字路口。"与会各国元首也对这一判断表示赞同。①

而在国内外学术界，自习近平"百年未有之大变局"论断提出后，也立刻引发热议。

正如朱锋等学者所总结的，当前国内外学者对"大变局"的认识和分析，大体可以概括为四个方面：一是将"百年未有之大变局"视为国家间加速权力再分配的国际权力结构的"大变局"。即，世界多极化的发展使得国际力量对比更趋平衡，呈现了"东升西降""新升老降"的趋势，西方国家出现了严重的国内矛盾和危机。二是认为"百年未有之大变局"是世界战略格局和全球秩序正在出现的重大调整进程。三是将"百年未有之大变局"看作经济全球化、政治多极化和国际力量多元化在过去 30 年中所引发的全球治理结构的"大变局"。四是着眼于新一轮科技革命（第四次工业革命）对人类世界的重塑作用，尤其是新技术在人类经济活动、生活方式和国家间竞争形态上所引发的"大变局"。② 当然，与此同时，人们对于"百年未有之大变局"这一论断所指向的主体（什么正在发生"大变局"）、属性（这个主体的类别）、时间（从哪一年到哪一年算"大变局"）、效应（对全球、地区、中国等客体将造成何种影响）尚存争议，而这些正是本书将要研讨与厘清的重点。

---

① 《习近平访问欧洲四国出席海牙核安全峰会——欧洲演讲视频集》，新华社，http://www.xinhuanet.com/video/xjpyj/。

② 朱锋：《近期学界关于"百年未有之大变局"研究综述》，载《人民论坛·学术前沿》，2019 年第 7 期。

01 Chapter 1

百年之际回望"一战"

2019 年是习近平主席"人类命运共同体"理念正式提出五周年，是中华人民共和国成立七十周年。同时，2019 年也是第一次世界大战结束一百周年，世界各国都以不同的形式纪念。然而，在种种政治姿态或外交博弈的背后，学者们更需要回答的一个根本性问题是：人类真的从这场战争中汲取足够教训了吗？同样的错误人类真的不会再犯吗？当今人类站在"人类命运共同体"的视角对这场一百年前的空前悲剧进行再反思时，能否得出新的启发和出路？

一、百年前人类对"一战"的反思、处理及其战略后果

1918 年 11 月 11 日，在阴霾的天空下，在法国东北部贡比涅森林的雷东德车站，垂头丧气的德意志帝国政府代表埃尔茨贝格尔同协约国联军总司

令福熙签署停战协定，正式宣告德国投降。停火协议于六小时后生效。而在此前的四年零三个月中，这场原本起于欧洲的战争给全人类带来了巨大的灾难，来自三十多个参战国的 15 亿人被卷入战争；战死军人达 900 万，2000多万人受伤；战争期间平民伤亡达 1000 万人。

《贡比涅森林停战协定》的签订，宣告德、奥、土、保同盟国集团的彻底战败，第一次世界大战至此结束。根据该协定，德国必须在 15 天内从法国、比利时、卢森堡以及从法国手里强占的阿尔萨斯 - 洛林和莱茵河左岸地区全部撤军；同时在欧洲以外的地区，德国也须从土耳其、罗马尼亚、奥匈帝国及非洲撤军。作为战败国，德国必须交出 5000 门大炮、25000 挺机枪、3000 门迫击炮、1700 架飞机、5000 台火车机车、15 万节车皮和 5000辆卡车。

从这一刻起，欧洲、美国以及世界其他地区的人们都开始了长长的反思：这场战争究竟是怎样以及为什么爆发的？这样的悲剧人类又应当如何避免？

作为对"一战"爆发原因最权威的总结，以及这种权威总结最直接的制度性产物——"凡尔赛 - 华盛顿体系"（Versailles-Washington System）在建立之时曾被人们寄予厚望，希望它能够从此一劳永逸地"终结战争"，为欧洲、为世界带来持久甚或康德式的"永久和平"。然而，正如此后爱德华·卡尔在其名著《20 年危机（1919—1939）》中所尖锐批评的那样，被寄望于缔造持久和平的战后安排不仅未能延续现状，反而在欧亚大陆的两端浇灌出民族复仇主义与军事冒险主义的恶之花。

同样，作为该体系重要副产品的"国际联盟"（League of Nations），成立于 1920 年 1 月 10 日。虽然它的生命一直延续到 1946 年 4 月，即"二战"结束后才被解散，但在 20 世纪 30 年代中期的鼎盛期之后，便随着德意日战争铁蹄的迫近而早早淡出历史舞台。

国联的宗旨是减少武器数量、平息国际纠纷、提高民众的生活水平以及促进国际合作和国际贸易。在国联存在的 26 年中，它的确曾协调、处理过一些国际争端，但由于缺乏必要的强制力以及大国的背书，因而在制裁个别成员国侵略行径时往往显得力不从心。

中国人对"凡尔赛-华盛顿体系"和"国际联盟"都没有太好的印象——前者往往被冠以"分赃大会"的头衔，而后者则被作为贯彻列强分赃决议、压制或者迷惑广大弱小国家的"遮羞布"。

中国人民永远不会忘记，在巴黎和会上，西方列强在山东问题上为绥靖日本而无耻出卖中国利益。中国人民更不会忘记，1931 年九一八事变发生后，曾被国人寄予厚望的国联"李顿调查团"的无所作为——尽管他们在调查过程中还算客观公正地揭露了日本侵占中国东北三省的真相，但国联和整个国际社会都既无意愿更无行动去制止日本的侵略行径。终于，在 1933 年3 月 27 日日本宣布退出国联后，《国联调查团报告书》以及在其基础上撰写并公布的《关于中日争端的决议》沦为废纸。当然，中国人民也从这两张"废纸"中习得了现代国际社会的基本游戏规则——弱国无外交。

事实上，在"一战"结束后的那二十年时间里，痛恨该体系与国联的国家也不止徒有"战胜国"之虚名的中国；"战败国"的愤恨尤其强烈。此外，脱胎于战胜国沙俄的红色苏联在 20 世纪 20 年代相当长的时间里也一直遭到国联的孤立，因而也予以对等抵制作为战略回应。

总而言之，凡尔赛-华盛顿体系和国际联盟不仅未能消除各大国之间的矛盾，甚至还在战败国与战胜国之间、战胜国彼此之间、列强与弱国之间不断制造出新的冲突，为未来的残酷大战埋下仇恨的种子。当"二战"的隆隆炮声响起时，幻想通过该体系来消弭战争的人们才如梦初醒，但悔之晚矣。"这不是和平，这不过是 20 年的休战"——法国元帅福煦如是说。

二、百年来人类仍在不断重复"一战"的错误：联盟对抗

在此后的一百年间，人类社会先后见证了"20 年危机 / 休战"、空前残

酷的"二战"、旷日持久的"冷战"以及虽无世界大战却地区冲突不断、"文明冲突"愈演愈烈的"30年后冷战时代"（1989—2019）。人类的愿望或许是良好的，但事实真相总是残酷的。在"一战"结束后的一百年里，人类的和平实践虽然取得了一定成果，但从根本意义上讲仍在不同时期、不同程度地重复着当年的故事，犯着相似的错误。

作为对"一战"痛苦回忆的理性反思，一门现代社会科学——国际关系应运而生。这门学科最初的研究者们主要分布于大西洋的两岸。在他们的早期探索中，大国间的"联盟政治"被广泛认为是造成"一战"悲剧的重要原因之一。譬如，有学者们认为，恰恰是从19世纪末到20世纪第一个十年的欧洲大国军事联盟的形成与反复动荡，终于酿成了1914年的大危机。

早在1882年，成立十年的德意志第二帝国即拉拢奥匈帝国和意大利建立"三国同盟"，也就是后来"一战"期间的"同盟国"的前身。作为应对，"总是成对出现的军事同盟集团"——英、法、俄三国在1892年至1907年的15年间，逐步通过一系列双边或多边协议，组成了日后"三国协约"的雏形。

就此，两大军事集团正式成立，并拉开架势。台已搭好，幕已拉开，只欠萨拉热窝一声枪响。所以，"在各方的久久期盼下，战争终于如愿以偿地爆发了"——在1914年的那个夏天，炽热的战火仿佛一瞬间让所有摩拳擦掌的人们都获得了解脱。

然而，就在各国民众欢欣鼓舞地送走自己的丈夫、儿子，满心以为在圣诞节之前他们就能够赢得这场"必胜"的战争并凯旋时，没有人会料到，一架架绞肉机已经张开血盆大口等待着他们。从马恩河到凡尔登，从索姆河到日德兰，从陆地到海洋，再从海洋到天空，欧洲人的鲜血不仅断送了他们的全球主导地位，促使"世界霸权从欧洲大陆向其两翼转移——向东到苏联，向西到美国"（史家时殷弘语），更给几代人的心灵带来终生无法祛除的阴影。

然而，有道是"知易行难"——欧洲人似乎并没有从中吸取足够教训。无论大西洋两岸的国际关系学者或者政界的有识之士如何苦口婆心地劝解，都无法遏阻欧洲国家在20世纪30年代继续走上结盟对抗的老路、邪路。于是，秣马厉兵、卧薪尝胆的德国"十年生聚，十年教训"，二十年之外，欧其为沼矣。

当"二战"结束的黎明到来时，人类以为从此世界终将和平。然而取而代之的却是长达半个世纪的"冷战"。当"冷战"行将终结时，有西方学者为之鼓与呼："历史已然终结！"然而"9·11"的滚滚浓烟、中东的颜色风暴、世界各地此起彼伏的枪炮声，无疑在向世人宣告：和平仍远未到来。

三、百年后人类出路何在？ "人类命运共同体"视角下的再反思

有学者说："世界上从来就没有所谓'和平的时代'，只有和平的国家。"中国人民在1949年后终于站了起来，并用自己孱弱的军事工业打败了最强大的敌人，从而"打得一拳开，免得百拳来"，为此后七十年的和平建设赢得了大国的尊严与相对有利的国际环境。

当中国人民在四十年前明确认定"和平与发展"将是时代的主题，并郑重选择走改革开放道路时，中国作为一个东方大国，她的抉择本身就是为全世界的和平与发展增添巨大的正能量。

历经四十年改革开放的中国，如今更加自信地大步迈入"新时代"。但正如习近平主席在2018年6月的中央外事工作会议上所指出的，当今世界也正处于"百年未有之大变局"——这对中国人民实现民族复兴的梦想，以及世界人民捍卫和平的愿景，既带来新机遇，也制造了新挑战。面对这样的大变局，有的国家选择了走向封闭，试图用双边谈判的手段取代多边主义，而双边手段背后的精神实质则是极端的单边主义——极端地追求本国国家利益，而全然不顾他国合法权益及国际社会的公益。

"一战"、"二战"爆发前的西方大国，其领导人也说着似曾相识的话语，高举"本国第一""民族利益至上"的旗帜，毫不羞愧地以此为由在国内攫取选票，同时在国际舞台上玩弄纵横捭阖的权谋之术。

人们不禁要追问：出路究竟在何方？如何从根本上消解战争？怎样才能不让悲剧重演？答曰：构建人类命运共同体。

在哲理层面，习近平主席首倡的"人类命运共同体"理念旨在实现以"类"为本位的自由人联合体，建立在个人全面发展和他们共同的、社会的生产能力成为从属于他们的社会财富这一基础上的自由个性形态。事实上，不论人们愿意或不愿意承认，我们实际上都已经身处"类"的统一体系中——人类的共同命运、共同利益成为每个人必须关注和考虑的切身利益和切身命运问题。因此，也只有从"类主体"出发，坚持命运共同体思维，人类才可能有光明的前景。

在上述哲理认识的指导下，"人类命运共同体"在安全领域主张"普遍安全"这一全新安全理念。在经济全球化时代，各国安全相互关联、彼此影响。大发展大变革大调整的当今世界，安全领域面临多重新考验，没有一个国家能够凭一己之力谋求自身绝对安全，也没有一个国家可以从别国的动荡中收获稳定，更不可能像"一战"战前那样，通过军事结盟、在国际社会搞"团团伙伙""拉帮结派"来获得可持续的安全——那样只能重蹈"一战"的覆辙。我们今天站在人类命运共同体的高度重新审视历史、反思"一战"，终于发现一种全新的全球安全治理之道，那就是"各国应该树立共同、综合、合作、可持续的全球安全观"——唯有加强全球安全治理、建设普遍安全的世界，才有可能建成普遍安全的人类命运共同体。

同理，在全球经济治理领域，"人类命运共同体"理念要求我们摒弃"一战"前列强之间的普遍做法——零和博弈、以邻为壑、保护主义、高筑贸易壁垒，坚持相互尊重、互学互鉴、公平贸易、互利共赢的基本原则，把全球的经贸往来重新带回"正和博弈"的正轨上来。

"秦人不暇自哀，而后人哀之；后人哀之而不鉴之，亦使后人而复哀后人也。"（杜牧：《阿房宫赋》）我们今天反思"一战"，需要从中汲取历史的深刻教训，并以实际行动加以改变。否则，如果一面声称反思，却在行动上亦步亦趋、步其后尘，则恐怕人类社会还将面临危机。

02 Chapter 2

"百年变局"下的
国际格局与世界秩序

　　一百年前，中国也是"大国"——但那是腐朽、破败的"老大帝国"、"东亚病夫"，与另一个"老大帝国"、"西亚病夫"奥斯曼土耳其在欧亚大陆的两端遥遥相对。第一次世界大战的结束，同时也敲响了奥斯曼土耳其帝国的丧钟，而"一战"结束后帝国列强之间的分赃会议却激起了中华儿女的高昂斗志，唤醒了沉睡的东方雄狮。从此，两个"病夫"走上了完全不同的自强之路。

　　中华儿女一百年的不懈奋斗，争取到了民族独立，打跑了形形色色的侵略者，让中华民族从此站立起来。中华儿女七十年的努力奋斗，把一个一穷二白的新中国建设成为世界第二大经济体，傲立于世界民族之林。

　　中华儿女四十年的改革开放，让每一个中国人分享到国家发展、社会进步的红利，中国人民富裕起来，开始追求品质更高的美好生活，也更加明白国家富强与个人命运、得失、荣辱之间千丝万缕的密切联系。

本章将从当下最热点的时局入手，借助"国际格局""国际体系"等国际关系基本理念梳理一百年来，尤其是近几十年来随着中国加速崛起而导致的国际力量对比的巨变，以及由此对中美关系、中欧关系、中俄关系等"大国关系"造成的深刻影响，并在后续的章节中进一步探讨这些"变局"与世界秩序变革之间的关系。

一、"国际格局"的定义与判断标准

特朗普政府的对华"贸易战"已经持续一年有余。随着美国将中国指认为"汇率操纵国"，这场旷日持久的纷争又存在向金融、货币领域转移、升级的可能。

对此，国际社会对中美这两个世界上第一和第二大经济体之间的敌对关系深感忧虑，种种有关中美关系走向的负面预测频见报端：有人说中国对美国秘密发动了的"百年马拉松"式的竞争，而美国必须且正在对此进行强硬回应，有人说中美"修昔底德陷阱"已无可避免，有人说中美关系已至"临界点"，更有甚者对"下一次大战"进行预测和评估……

处在十字路口的中美关系究竟将何去何从？我们能否从"百年未有之大变局"的长时段，以及国际格局变化大势的视角来对其进行深度解读并得出有益的启发？本节试做浅析。

在国际关系领域，决策者和理论家们在观察世界、分析问题、制定战略时，都不可避免地要首先对"国际格局"进行判断，然后在此基础上探讨其他具体问题。当年美国学者肯尼斯·沃尔兹作为国际关系理论大师的历史地位也是由其"结构现实主义"所奠定。这是因为，他的研究为人们提供了一个简明、优雅的分析框架，帮助所有的分析者对"结构 / 格局"（structure/

configuration）这个根本性问题做出更有力的回答。那么，究竟何谓"国际格局"？

"国际格局"通常由两个部分构成，一是大国间的实力对比，二是大国间的战略关系。从这个定义来看，通常某个大国的崛起（譬如时下的中国、19 世纪末的美国等）或衰落（如苏联解体、"二战"后的大英帝国等），以及他们之间的战争（如"一战""二战"）、联盟转化（如轴心国、协约国集团的形成）等，都是国际格局变革的原动力。而小国在这些大博弈（Grand Chessboard）中基本没有多少影响或作用。

一般来说，国际格局有单极、两极和多极三种基本形态。所谓"极"（polar）就是指在这个系统内，处于绝对优势地位（predominant）的那些超级大国。单极格局，譬如古代东亚世界里以中国为中心的"朝贡体系"，譬如"冷战"后美国的"一超独霸"。在该格局中，霸主凭借无与伦比的军事 / 经济 / 政治 / 文化优势而处于绝对优势地位，因而受到体系的限制最少，行动自由度也最大。古代中国受制于当时落后的交通和通信条件（或许还有儒家的和平主义思想）而对邻国较少干预；但后"冷战"时代的美国，尤其是小布什时期，则充分利用（或滥用）其"单极时刻"而恣意妄为，譬如在未得联合国授权的情况下发动多场战争。

两极格局下，最强大的两个霸主相互敌对，或直接发起攻击，如东罗马与帕提亚帝国（伊朗）在西亚的竞争；或两者间不发生直接冲突，但通过建构联盟、操纵他国进行"代理人战争"，雅尔塔体系下的美苏"冷战"最为典型；或者兼而有之，如春秋晋楚争霸、西汉与匈奴。而处于夹缝里的中小国家则很难保持中立，时刻面临着选边站队的难题。至于多极格局，最典型的莫过于近代欧洲以及"一战"后所形成的凡尔赛—华盛顿体系。在不少结构主义者看来，两极最稳定，多极最不稳定。人们对高度等级制的单极体系讨论最少，盖因近代以来其鲜有出现；美国曾欲将"单极时刻"延续为"单极时代"的图谋也很快归于失败。

在不同格局下，无论大国还是中小国家，行为模式及其所受限制都大不相同。如果在这个问题上模糊不清或认识偏差，那么将难免犯站错队伍、南辕北辙、事倍功半等"路线错误"，从而给国家带来灾难。所以说，"认清时局、判明大势"怎么强调都不为过。

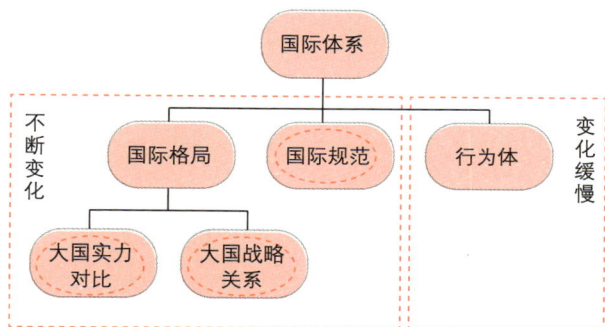

国际体系的构成要素示意图

注：虚线所框定的三个要素（国际规范、大国实力对比、大国战略关系）是比行为体变化更快的变量，因此崛起国可以通过改变它们来推动国际体系的转化。①

二、当前国际格局的"两极化"趋势

目前中国的影响力，除了经济之外，在其他领域都不是全球性的。而美国依然保持其全球霸主的地位。但鉴于中国在东亚—西太平洋地区影响力的剧增，越来越多的战略家开始认识到一个两极格局正在东亚地区逐步显现。其最重要的表现有二：一是美国的"相对"衰落，即其维护世界秩序的能力在下降；二是中国的"相对"崛起，这包括两方面，既拉近了与美国的实力差距，同时还和其他大国拉开了距离（譬如日英法德等传统西方强国，以及

---

① 图片参见阎学通：《权力中心转移与国际体系转变》，载《当代亚太》，2012 年第 6 期。

其他金砖国家）——此二者缺一不可。

先说美国。自 2008 年金融危机之后，华盛顿维护世界秩序的能力明显下降。有学者指出，奥巴马政府缺乏改革能力是美国世界主导地位下降的主要内因，即他对内政和外交政策都无力进行实质性改革，所以美长期无法彻底摆脱危机的影响，经济增长乏力。更重要的是，美国对于海外军事胜利的运用不当，未能使其有利于积累国家财富和提高国际地位。两千年前，玛哈巴尔曾评价迦太基名将汉尼拔："他懂得如何获取胜利，可却不懂得如何利用胜利。"美国亦然。特朗普上台并执政两年后，这一趋势并未从根本上改变。

再说中国和其他强国。尽管中国近两年经济增长放缓，但也只是相对过去每年 8% 左右而言；放眼世界，对比美、欧、日、俄，中国的经济活力仍令人瞩目。用布隆伯格的话说就是"短期起伏无法掩盖中国的巨大潜力"。受中国经济崛起的拉动，东亚地区正在成为世界经济的主要发动机，该地区的 GDP 将很快超过欧洲。受 2008 年以来的经济危机影响，当前欧洲和美国都处于相对衰落之中，但正如阎学通等学者所强调的，"两者的性质不同，因此其对世界中心转移的影响也不相同"。在未来十年内，美国的衰落不会改变其超级大国地位，仍将是世界上最具影响力的国家之一，至少可以保持与东亚的影响力相当，因而仍将是世界中心的组成部分。然而，欧洲的相对衰落则将使其世界影响力小于东亚，于是东亚将取代欧洲成为世界中心的组成部分。包括俄罗斯在内的整个欧洲的相对衰落是导致当前世界中心转移的原因之一。另一个重要原因是，欧洲不存在具有成为世界超级大国潜力的国家，而位于东亚的中国则具有崛起为拥有世界级影响力的超级大国的潜力。

在我国政界和学界，"多极化"仍然是官方的提法，是对未来国际格局的正统判断。但是从美国的种种表现来看，华盛顿已经明确无误地确认了两极化的趋势，只不过出于维护"唯一超级大国"颜面的考量而不愿意公开承认罢了。所以我们对美国，既要听其言，更要观其行。其实际战略行为中最重要的莫过于"亚太再平衡"（Asia Pivot, Re-balancing）战略——明白无误地把中国视为未来最大的威胁，于是从欧洲后撤，同时在亚洲重新布局。特朗普上台后，美国进一步出台了"印太"战略（Indo-Pacific Strategy）。由此，当下东亚两极化的趋势已经愈加明确：在安全上，中俄靠拢，对抗美日；在贸易上，美日提倡 TPP（跨太平洋伙伴关系协定）方案，中国则支持 RCEP（区域全面经济伙伴关系）方案；在金融上，中俄组建的金砖国家银行不包括美日，而美日都不仅拒绝参加中国倡导的亚投行（AIIB），还劝阻韩、澳等盟国不要参加。

三、"两极化"趋势对中美关系的冲击和影响

从经典的结构现实主义角度来看，过去维系中美关系"合作性大于竞争性"的根本因素主要在于中国总体国力长期远逊于美国。然而，自 2008 年全球金融危机后，美国等西方国家恢复乏力，而中国经济则继续保持较高增长，中美实力差距加速缩小。尤其在东亚 / 亚太区域层面上，有学者捕捉到"亚太中美两极格局"的形成趋势。[1] 如杨原和曹玮借鉴国际通行的对"极"的定义和定量测评方法，通过严格的定量计算指出："当前的中国至少可被视为一个'准超级大国'或者'亚超级大国'。事实上，如果根据这 8 个国家 2001—2014 年各自国内生产总值（GDP）和军费开支的年均增长速度计算，中国的相对实力将于 2017 年超过 25%，达到 26%。果真如此，一个新两极体系可以说真的已经近在眼前。"[2]

---

① 阎学通：《亚太已形成中美两极格局》，载《国际先驱导报》，2015 年 2 月 5 日，新华网，http://www.xinhuanet.com/herald/2015-02/05/c_133972187.htm。

② 杨原、曹玮：《大国无战争、功能分异与两极体系下的大国共治》，载《世界经济与政治》，2015 年第 8 期。

如果说中国学界对（亚太）中美"两极化"趋势还存在一定争议[1]，那么，美国政府和战略界、学术界对中美实力差距加速缩小的共识则明显在加速形成。从奥巴马政府 2011 年抛出"重返亚洲/亚太"（pivot to Asia）开始[2]，到 2012 年美国防长帕内塔（Leon Panetta）提出的美国"亚太再平衡战略"（rebalancing）[3]，再到特朗普上台后发布的《国家安全战略报告》和《国防战略报告》，这一系列举措清晰地描绘出这一趋势及其发展、演化的路径。[4]李成在讨论"美国对华政策变化的三股潮流"时指出："在美国官方的战略安全报告、国防报告、特朗普的国情咨文演讲里，都有一段把中国作为对手之一的描述，而且排在俄罗斯前面，在安全领域要对中国加强遏制。"[5]

在安全领域之外，过去长期扮演中美关系"压舱石"的经贸联系现在也正从"问题解决者"变成"问题本身"。

在政府层面，这一改变主要体现在特朗普对经贸、网络等问题的"安全化"处理上。在亚太经合组织领导人非正式会议上，特朗普明确表示，"经济上的安全并不仅仅关联到国家的安全，经济安全就是国家安全。它是

① 相关商榷文章参见李稻葵：《乱世中的大国崛起：中国如何应对金融危机的世界》，中信出版社 2012 年版，第 412 页；肖枫：《世界多极会走向"中美两极"吗？》，载《当代世界》，2016 年第 10 期；袁鹏：《中美：新两极对立？》，载《世界知识》，2012 年第 2 期；凌胜利：《中外学者论中美互动与亚太新格局》，载《和平与发展》，2015 年第 6 期。

② Mike Green，"The Legacy of Obama's 'Pivot' to Asia"，*Foreign Policy*，September 3，2016，http://foreignpolicy. com/2016/09/03/the-legacy-of-obamas-pivot-to-asia/.

③ "FACT SHEET: Advancing the Rebalance to Asia and the Pacific"，The White House，November 16，2015，https://obamawhitehouse. archives. gov/the-press-office/2015/11/16/fact-sheet-advancing-rebalance-asia-and-pacific; Kenneth Lieberthal，"The American Pivot to Asia: Why President Obama's turn to the East is easier said than done"，*Foreign Policy*，December 21，2011，http://foreignpolicy. com/2011/12/21/the-american-pivot-to-asia/.

④ 滕建群：《特朗普"美国第一"安全战略与中美博弈》，载《太平洋学报》，2018 年第 1 期。

⑤ 安然：《美国对华政策的三股潮流——专访美国布鲁金斯学会约翰·桑顿中国中心主任李成》，载《中国新闻周刊》，2018 年第 10 期，中国新闻网，2018 年 3 月 20 日，http://www. chinanews. com/gj/2018/03-20/8471898. shtml.

生死攸关的——对于我们的国家实力来说"①。美国商务部长威尔伯·罗斯（Wilbur Ross）在另一场合也表示："经济安全就是军事安全。没有经济安全，就没有军事安全。"②美国政策精英认为，"中国制造 2025"将从根本上挑战美国的科技与经济优势，从而使美国在对华竞争中处于极其不利的地位。而特朗普政府对中兴、华为等中国企业的打击则是为上述表态做出的注脚。③

在商界，根据袁鹏的观察，过去美国政府每次欲制裁中国都会遭到企业界的批评和游说，但现在这些企业则保持缄默，甚或支持对华制裁。因为他们认为，随着中国制造业的全面升级、对外资优惠政策的减少，中国市场正变得越来越难以进入。因此，他们的对华立场也从"接触""融华"向"遏制""打压"转变。④

正如前文所论，在这个两极化的态势中，东亚中小国家的安全战略已有"选边"趋势。譬如，曾寄希望于美、日等"第三邻国"的蒙古，已经逐渐意识到只能依靠中、俄；柬埔寨、老挝、马来西亚、泰国等向中国靠拢；还有一些国家在美国压力下，试图与中国拉开距离，但目前还靠不上美国；新加坡、越南明确依靠美国；菲律宾从阿基诺三世的亲美立场上后撤，转而在

---

① "The United States has been reminded time and time again in recent years that economic security is not merely related to national security. Economic security is national security. It is vital — (applause) — to our national strength." Donald Trump, "Remarks by President Trump at APEC CEO Summit | Da Nang, Vietnam", The White House, November 10, 2017, https://www. whitehouse. gov/briefings-statements/remarks-president-trump-apec-ceo-summit-da-nang-vietnam/.

② Berkeley Lovelace Jr, "Commerce Secretary Wilbur Ross on auto import probe: 'Economic security is military security'", CNBC, May 24, 2018, https://www. cnbc. com/2018/05/24/wilbur-ross-on-auto-import-probe-economic-security-is-military-security. html.

③ John de Nugent, "Why Does Everyone Hate Made in China 2025?", Council on Foreign Relations, April 26, 2018, https://www. cfr. org/blog/why-does-everyone-hate-made-china-2025.

④ 袁鹏：《现在感觉比撞机炸馆还糟》，凤凰网，2018 年 4 月 4 日，http://news. ifeng. com/dacankao/yuanpeng/1. shtml。

杜特尔特治下对华采取务实政策；印尼和文莱存在观望情绪；韩国维持美韩同盟的大政方针不会改变，但显然中韩关系也已经走出了"萨德"的低谷。

必须指出的是，中美竞争并不必然意味着"重回冷战"，因为，第一，中美早已不在意识形态领域对抗；第二，不同于苏俄，中美不断加深的经济合作和人员往来将两国绑定、互嵌而难以切割。中国经济在世界的巨大比重以及与美国—西方经济体千丝万缕的有机联系也使他们无法采取类似对普京的制裁与抵制措施——因为那种伤敌一千自伤八百的代价实在高昂。质言之，西方大国对我国崛起、"做大"心有不甘，但又不愿或/且不能公开抵制、对抗，正所谓芥蒂已深、颜面犹存。

明确这一点，我们将看到中美之间"斗而不破"的"冷和平"（Cold Peace）或曰"和平竞赛"（Peaceful Competition）的局面早已形成：一方面，两国安全竞争加剧、外交关系屡遭波折，但最为敏感的军事交流仍可以得到有效维持。举例而言，尽管中美近年来在地区安全等问题上存在较大摩擦，但 2014 年 12 月 12 日在亚丁湾两国海军舰艇仍然首次实现海上"意外相遇"演练，这不仅是两国军事交流史上具有里程碑意义的事件，而且也是和平竞争的重要标志。同理，当前中美经贸、金融摩擦加剧，且有成为"持久战"的趋势；但中美目前依然在军事领域积极管控危机，以避免在两个核大国之间爆发直接军事冲突。

四、中欧全面深化战略合作的挑战与潜力

欧盟是世界上最大的经济体之一。欧洲诸国也是"一带一路"的重要合作伙伴。在中美贸易摩擦尚未止息、逆全球化与保护主义盛行、区域合作受阻的背景下，中欧"一带一路"合作的意义尤其重要，因为它不仅有利于中欧双方自身的利益，更能为全球经济的可持续发展提供新的原动力，为最终建成人类命运共同体打下坚实的基础。

千里之行始于足下。虽然中欧"一带一路"合作潜力巨大，但当前中欧关系仍面临诸多现实挑战。

1. 中国外交版图中的欧盟与欧盟报告中的中国

2019 年 3 月 21 日至 26 日，中国国家主席习近平对意大利、摩纳哥、法国进行国事访问，由此开启他 2019 年的首次出访行程。

4 月 8 日至 12 日，中国国家总理李克强赴布鲁塞尔欧盟总部出席第二十一次中国—欧盟领导人会晤、赴克罗地亚出席第八次中国—中东欧国家领导人会晤并正式访问克罗地亚。此访是李克强总理今年首访，也是继国家主席习近平 3 月下旬对意大利、摩纳哥和法国成功进行国事访问之后，中欧之间又一次重要高层交往。

在如此短的时期内，中国两位最高级别官员都将其新年首访日程如此密集地排布在欧洲，在中国近年来的外交活动中是罕见的——这显然不是巧合。中国当下对欧洲的重视由此可见一斑。

然而，就在中国日益提升欧洲在其外交议事日程中的地位的同时，欧洲的反应却耐人寻味。就在中国领导人高访前夕的 3 月 12 日，欧盟委员会发布了《欧中战略展望》报告，并向欧洲理事会、欧洲议会等决策机构提出"十点行动建议"，旨在实现"深化欧中接触、保证经济互惠均衡、维系欧盟长期繁荣"等目标。

报告认为，当前欧中"全面战略伙伴关系"正在发展；但同时，随着中国经济实力和政治影响力提升，中国在给欧盟带来机遇的同时，也伴随巨大挑战——对此，欧盟需要审慎应对。报告一方面承认中国在诸多领域是欧盟的"天然合作伙伴"，但另一方面，也同样是其在经济和政治体制 / 治理模式上的"竞争对手"。

对此，当时的中文舆论一时哗然。毕竟，在过去相当长的时间里，中欧关系都保持着稳定、健康的良好发展势头。欧盟、欧洲国家和人民在中国的媒体形象也颇为正面，给中国受众以友好、平和的形象。如今，尤其是在中美贸易战正酣的当下，欧盟抛出此论，难免不让中国民众或认为"欧盟终于抛下了伪装，图穷匕见"；或认为"美国已经成功'统战'欧盟，携手共同遏制中国"；甚至更夸张的说法是"这既是欧盟递给美国的'投名状'，也是对中国的'宣战书'"。然而，事实真是如此吗？

2. 中欧矛盾的性质

与媒体"友邦惊诧"论形成鲜明对照的是，当时的中国国际关系学者，尤其是一些长期钻研欧洲、跟踪中欧关系、美欧关系的资深学者，反应非常淡定。这种淡定在笔者看来是不难理解的。回溯最近一年多来中国欧洲研究界发表的文章、报告，以及笔者所参加的会议、论坛，事实上，这份《欧中战略前景》报告中所认定的所谓"事实"、提出的对华指责，以及提供给欧盟的"政策建议"，很早就被中国的欧洲研究者们所预先研判，并相应地在其论述中给出政策建议。所以，《欧中战略前景》中一些在媒体看来似乎"耸人听闻"的观点，在学术界、欧洲研究界，不过是老生常谈，或者说是欧盟对中国存在已久的"老积怨"，在中美贸易战处于最微妙的时机——征税大棒被再度推迟，但中美领导人峰会还在观望，不确定性因素高企——以一种看似突兀却又处处都在情理之中的形式爆发。

早在 2018 年年末，一位笔者熟悉的欧洲问题权威专家曾谈到，根据他们团队对欧洲进行密集调研的结果看，此前中美贸易战初起时中国人幻想的"联欧抗美"策略，几乎没有任何可行性。欧洲人巴不得借美国之手在（强制）技术转让、市场份额争夺、知识产权保护、劳工权益保障，以及所谓的"中国借'一带一路'与中东欧国家合作，阴谋'分裂欧盟'"等问题上狠狠教训一下中国人。过去因为种种主客观原因，欧盟即便对此不满，也没有如此公开而集中地表露。而今天，"蛮牛"特朗普终于让他们如愿以偿了。所以，这份报告可以看作是欧盟对华，尤其在经贸、科技、全球治理等问题上积年不满、怨恨的一次总爆发。

3. 中欧合作的基础与潜力

然而，即便上述欧洲对中国的种种"积怨"都属实，我们也同样应该看到，中欧之间的友好合作具有厚重的历史基础与巨大的未来潜力。

首先，在政治与安全领域，中欧之间共同利益非常多，却没有战略性、结构性的矛盾——这是中欧"一带一路"战略合作深层推进的政治前提。

上述前提决定了中国不会提防、嫉妒欧洲。恰恰相反，对中国而言，欧洲越发达、越富有，欧盟越团结，一体化进程越深入，就越符合中国的国家利益。在过去的数十年里，在第二次海湾战争等典型案例中，中国和欧盟、欧洲大国都分享了众多共同的理念和目标，同时在国际舞台保持了高度一致与战略默契。

而在这次中国国家主席、总理的两次连续高访中，中欧领导人都明确声明，欧中应该加强合作，以维护联合国三大支柱（和平与安全、发展和人权）、深化和平与安全事务接触、延续伊朗核问题全面协议积极合作势头等。显然，这些说法与欧盟长期坚持的对华政策是一致且连贯的，而且是在多年的双边和多边外交实践中，中欧双方不断摸索出来的具有高度共识和共同利益的交叉点。正是在这些领域，中欧双方共享相类似的价值观念：双方都重视和平与安全；都认为发展权是人权的重要组成部分；都反对以武力手段解决"伊核"问题；都坚持通过谈判在已经签署的《伊核协议》的基础上推进中东无核化与和平进程；都希望保持独立自主、符合自身核心利益的对外政策，而不是被第三方所利用或绑架……正如欧盟外交和安全政策高级代表莫盖里尼所总结的："作为战略合作伙伴，欧中通过双边或多边渠道，在贸易、互联互通、气候变化、伊核问题等领域展开强有力合作。"

其次，在经济领域，欧洲领导人也同意，欧洲应该且可以更加积极地利用现有协定和金融工具与中方加强合作，落实欧盟欧亚互联互通战略等——这与中国的"一带一路"合作倡议、"五通"目标显然不谋而合。此次高访中，作为欧盟仅次于德、法"第三发动机"的意大利在面临美方重重阻挠的情况下"顶风"与中国签署"一带一路"合作协议，就是明证。

此外，在高新技术、网络安全、外资审查、政府与市场关系等关键领域，中欧同样是共同利益大于分歧。当下，全球技术革命方兴未艾：从人工智能到纳米技术，从生物科技到能源革命，它们在深刻改变人类社会、为各国人民的日常生活带来史无前例的便利的同时，也给世界秩序的维系、各国政府与社会的治理带来了新的挑战。从这个意义上讲，中欧之间存在巨大的合作空间，双方可以且已经在技术发展以及相关的法律法规革新等多个层面开展务实合作，并取得了初步成效。尤其是在网络技术发展与合作、网络安全保障、投资合规性检查等诸多领域，中国正虚心地借鉴国际上一切先进经验，以加强自身的政府治理能力，从而为本国公民提供更好的服务，为国际社会提供更好的公共产品。可见，这些领域都将成为未来中欧合作的新亮点、新高地。

综上所述，中欧双方都不妨理性地看待新形势下的双边关系。双方既要冷静客观地看到可能存在的问题和矛盾，并用实实在在的行动去化解、弥合，与对方共同维护好双边关系的大局，又要有一定的战略定力，即面对困难、矛盾、不和谐的声音，都不要过于敏感、紧张，同时面对第三方的挑拨、离间，都要有"主心骨"，不要听信谗言，而需力排干扰。

当前，中欧都面临一系列全球性的共同挑战——从保护主义、民粹主义到分裂主义、恐怖主义，国际社会正遭受重大威胁，"二战"以来已经维系七十余年的世界秩序正不断遭受挑战。正如习近平主席所强调的，当今世界正面临"百年未有之大变局"，无论是中国还是欧洲都无法单独应对。因此，努力管控分歧、求同存异、加强协作、面向未来，在"一带一路"的框架中扎实推进务实合作，当属中欧共同的不二抉择。

五、中俄关系正处于历史最好时期

当前世界正面临前所未有之大变局，全球发展不平衡日趋严重，贸易保护主义等进一步加剧了世界经济的"中心—边缘"差异。[①] 为了扭转不公平的贸易格局，以中俄为首的发展中国家需要塑造有利于自身发展的国际政治、经济新秩序，"一带一盟"对接是中俄两国顺应世界发展潮流提出的国际合作倡议。俄罗斯是欧亚经济联盟的主导者，也是该联盟区内与中国贸易最为紧密的国家[②]，"一带一盟"对接中俄两国将会发挥引领作用。

当前，中俄"一带一盟"对接工作已经取得初步进展。"一带一盟"对接符合中俄两国现实利益，乌克兰危机后，在西方制裁压力下，俄罗斯加速向东转。"欧亚经济联盟"成员国独特的地缘优势、资源优势以及经济发展潜力都有助于推动"一带一路"发展。"一带一盟"对接日益成为两国双边甚是多边合作的重要领域，两国首脑层迅速达成共识，重大项目落地生根，围绕"一带一盟"开展的多边合作也取得显著成果。

"一带一路"与"欧亚经济联盟"是中俄各自提出的国家复兴与发展的重大方略。2011年10月，时任俄罗斯总理普京在《消息报》撰文《新的欧亚一体化项目今天诞生了》宣称，俄罗斯、白俄罗斯和哈萨克斯坦在推动欧亚经济一体化上迈出了重要一步，三方将在俄白哈关税同盟基础上创建欧亚

---

① 李稻葵、任慧媛：《多事之秋到此为止，"百年变局"正在形成》，载《中外管理》，2018年第12期。

② 李金叶等：《中亚俄罗斯经济发展报告（2016年）》，经济科学出版社2017年版，第138页。

联盟，俄白哈关税同盟成为"欧亚经济联盟"的雏形。2013年9月，中国国家主席习近平在哈萨克斯坦纳扎尔巴耶夫大学发表演讲，正式提出共建"丝绸之路经济带"的倡议。2014年5月29日俄白哈三国元首签订《欧亚经济联盟条约》，并于2015年1月1日生效，"欧亚经济联盟"正式成立。

2015年5月8日，中俄元首在莫斯科发表《中华人民共和国与俄罗斯联邦关于丝绸之路经济带建设与欧亚经济联盟建设对接合作的联合声明》。该协议的签署表明中俄两国在欧亚地区取得战略共识，为推进欧亚区域发展提供了政治保障。"一带一盟"对接合作已经被提到中俄两国全面战略协作旗舰项目的新高度。

经过一年发展，"一带一路"和"欧亚经济联盟"对接逐渐进入落实阶段。2016年6月25日，中俄两国在北京发布《中华人民共和国和俄罗斯联邦联合声明》，两国元首强调两国具体部门应该研究两大倡议对接具体落实措施。作为两国促进欧亚一体化的重要举措，"一带一路"与"欧亚经济联盟"对接开始从战略的高度逐渐落实到实践层。2018年5月17日，中国与"欧亚经济联盟"及其代表共同签署了《中国与欧亚经济联盟贸易合作协定》。该协定是中国与"欧亚经济联盟"及其成员国合作领域的一项具有实质性的制度安排。

为进一步推动"一带一盟"对接，中俄两国将对接工作视为双边关系的优先发展方向。2018年11月7日，中俄总理第二十三次定期会晤期间再次声明，"一带一路"建设与"欧亚经济联盟"对接将会是中俄今后合作的重要方向。

与此同时，中俄多个重大项目也得到落实。中国是世界上最大的发展中国家，也是最大的能源消费和进口国，能源是保障经济可持续发展的重要动力。长期以来，俄罗斯在世界能源体系中占据重要地位，是全球第二大石油生产国和出口国、最大天然气生产国和出口国。目前，能源项目是两国两大倡议的重要对接点，两国优先落实一些重大能源合作项目，主要集中在加强油气上游项目合作，开展储气库、天然气发电和天然气发动机燃料合作、推进能源领域的标准互认和合格评定等方面达成一致。2014年，俄罗斯天然气股份有限公司与中国天然气集团签署时长30年、价值高达4000亿美元的供气合同，计划于2019年年底开始供气。截至2018年11月7日，中俄东线天然气管道水压测试成功，俄罗斯天然气总裁阿列克谢米勒表示，2019年12月20日前天然气将被运往中俄边境。2018年7月31日，中俄能源合作重大项目——亚马尔LNG项目的液化天然气首次运往中国。2018年10月12日，中国葛洲坝集团和中石油有限公司参与建设的世界上最大的天然气加工厂——俄罗斯阿穆尔天然气加工处理厂项目进入第三阶段建设中。

此外，"一带一盟"在高科技领域对接也初现成果，2018年11月6日，中俄国际商用飞机有限责任公司研制的CR929远程宽体客机在第十二届中国国际航空航天博览会展出1:1样机，这标志着中俄大飞机联合研发基本完成设计工作。此外，莫斯科——喀山高铁与中哈高铁合作两大战略性互联互通项目取得重大进展，前者已正式签署并进入勘探和前期施工阶段；后者达成意向性合作协议，涉及金额150亿美元。

第三，中俄"一带一盟"对接多边合作取得进展。"一带一路"由六大经济走廊构成，经济走廊建设是"一带一路"的重要物质载体[1]，中蒙俄经济走廊是中俄两国与第三方合作的重要项目，也是中俄"一带一盟"对接多边合作的重要切入点，自提出以来取得了重大进展。2014年，中蒙俄三国元首在杜尚别举行首次三边峰会，讨论三国三边发展规划。2015年7月，中蒙俄三国元首在乌法会晤期间签署了《关于编制建设中蒙俄经济走廊规划的谅解备忘录》，标志着中蒙俄经济走廊建设达成共识。2018年6月9日，上海合作组织青岛峰会期间，中俄蒙三国元首强调深化政治互信和战略协作，并支持中蒙俄天然气管道建设。

---

① 刘伟：《读懂"一带一路"蓝图》，商务印书馆2017年版，第35页。

以国际会议为平台的多边合作也成为商讨"一带一盟"对接的重要平台。2015 年 11 月 11 日，阿斯塔纳举办了首届"一带一路"与"欧亚经济联盟"对接讨论会。来自中国、俄罗斯、欧盟、中东、中亚国家的政治、经济、投资精英围绕"一带一盟"对接具体问题进行讨论。2016 年 5 月 25 日，作为博鳌亚洲论坛的重要组成部分，以"'一带一路'对接欧亚经济联盟"为主题的"能源资源可持续发展会议暨丝绸之路国家论坛"在哈萨克斯坦首都阿斯塔纳独立宫举行。来自中国、哈萨克斯坦、塔吉克斯坦、拉脱维亚、新加坡、欧亚开发银行等国家和机构的代表就"一带一盟"对接战略的新机遇、互补优势和可行路径进行了深入研讨，达成多项共识。

03 Chapter 3

"百年变局"下的
民族复兴与周边外交

一百年前，觉醒的中国人看着这张《时局图》，心情无比沉重、沉痛。[①]那时，环顾中国周边，竟无一处不被外敌侵略，无一省可以与民生息。

谢缵泰这幅漫画最早曾刊于 1898 年 7 月香港《辅仁文社社刊》上，后托好友带到日本、印成彩图，然后交给上海别发洋行发行。为唤起国人对东三省前途问题的关注，1903 年 12 月 25 日由蔡元培等人主编的《俄事警闻》在上海创刊，《时局图》被刊登在其创刊号上。[②]

作为中国近代时事漫画的杰作，《时局图》把 19 世纪末中国面临的被帝国主义列强瓜分豆剖的严重危机，及时地、深刻地、形象地展示在人们面

---

① 图片来源：http://img1. cache. netease. com/catchpic/A/AC/ACEA4CD21C6A30B33DA4080BE2EE115D. jpg。

② 陈忠信：《〈时局图〉的作者——谢缵泰》，载《历史教学问题》，1984 年第 5 期。

前，给人以"亡国灭种"的危机感，起到了警世钟的作用。如图所示，横霸无忌的狗熊——沙俄霸占中共东三省；狂吠之犬——英国占有长江一带；贪婪肥大的香肠——德国抢占山东；左顾右盼的蛤蟆——法国侵略广东、广西、云南以及原为中国藩属国的越南；毒辣的太阳——日本从东向西侵蚀中国；不甘人后的老鹰——美国大谈"门户开放"，飞来啄食，要分一杯羹。图上代表清政府的三个人物，一个手举铜钱，他是搜刮民财的贪官；一个不顾民族安危，正寻欢作乐；还有一个昏昏似睡者，手中拉着网绳，网中一人正念着"之乎者也"，另一人在马旁练武，揭示昏聩无能的清政府用文字狱、八股文等手段压迫思想之自由，愚弄、奴化人民。图旁题词曰："沉沉酣睡我中华，哪知爱国即爱家！国民知醒宜今醒，莫待土分裂似瓜。"[1]

---

① 程薇薇：《中国近代史上重要漫画〈时局图〉》，载《档案与建设》，2012 年第 1 期。

一百年后的今天，中国早已摆脱了被他国"瓜分""亡国灭种"的威胁。加速崛起、日益走进世界舞台中央的"中央之国"，更加自信从容地发扬中国人睦邻友好的传统美德。习近平主席多次在会议上引用儒家经典《尚书·虞书·尧典》："克明俊德，以亲九族。九族既睦，平章百姓。百姓昭明，协和万邦。"这就是说，告别百年屈辱近代史、日益走向强盛、复兴的中国，绝不会把自己过去所遭受的不公待遇又加诸他国，尤其是近邻身上。正所谓"己所不欲勿施于人"，走在民族复兴大道上的中国不会侵略、霸凌他国，而是倡导、协调不同国家之间的关系，让各个国家都能够相互尊重、相互合作、共同发展。中国如是说，中国如是做。

2013 年 10 月 24 日，中共中央总书记、国家主席、中央军委主席习近平在周边外交工作座谈会上发表重要讲话。他强调，做好周边外交工作，是实现"两个一百年"奋斗目标、实现中华民族伟大复兴的中国梦的需要，要更加奋发有为地推进周边外交，为我国发展争取良好的周边环境，使我国发展更多惠及周边国家，实现共同发展。[①] 这是一次划时代的重要会议和重要讲话。它标志着党和国家领导集体的高度重视，将周边外交的重要性提高到国家战略的层面。

回顾过去六年来中国在维护睦邻关系上所取得的成果，足以证明习近平主席周边外交战略方针的成功：在半岛——中朝两国领导人实现历史性互访，将两党、两国、两军在过去 70 多年共同奋斗历史所凝结的友谊提升到新的高度。看东方——中日之间实现领导人互访，中断了 7 年之久的战略对话得以重启。望东南——中国—东盟自由贸易区（CAFTA）取得新发展，而由东盟十国发起，邀请中国、日本、韩国、澳大利亚、新西兰、印度共同参加的区域全面经济伙伴关系（Regional Comprehensive Economic Partnership,

---

① 《习近平在周边外交工作座谈会上发表重要讲话》，人民网，2013 年 10 月 25 日，http://politics. people. com. cn/n/2013/1025/c1024-23332318. html。

简称 RCEP）也在加紧谈判中。顾西南——中印在两国领导人的审慎把控下，有效管控了洞朗危机并在一年之后实现武汉"习莫会"，为东亚和南亚两个最大且最具潜力发展中国家之间关系的健康、稳定、可持续发展奠定政治基础。望西北——中国与俄罗斯更进一步，建立"新时代全面战略协作伙伴关系"意义深远，而连接中俄欧的北极"冰上丝绸之路"、串联中俄蒙三国的"草原丝绸之路"以及涵盖中俄与中亚五国的"一带一路"与俄罗斯"欧亚经济联盟"对接项目（简称"带盟对接"）正在三头并进、全面铺开。①

正如习近平所总结的：新中国成立后，以毛泽东同志为核心的党的第一代中央领导集体，以邓小平同志为核心的党的第二代中央领导集体，以江泽民同志为核心的党的第三代中央领导集体，以胡锦涛同志为总书记的党中央，都高度重视周边外交，提出了一系列重要战略思想和方针政策，开创和发展了我国总体有利的周边环境，为我们继续做好周边外交工作打下了坚实基础。党的十八大以来，党中央在保持外交大政方针延续性和稳定性的基础上，积极运筹外交全局，突出周边在我国发展大局和外交全局中的重要作用，开展了一系列重大外交活动。② 而习近平周边外交思想、理论也与中国周边外交的实践与时俱进、同步发展，逐步自成体系，成为习近平治国理政和全球治理博大精深思想体系中不可或缺的有机环节。

一、南海局势的回转

就在几年前，有关"南海仲裁案"的风波还闹得沸沸扬扬。而今，中国

---

① 《中俄新时代全面战略协作伙伴关系意义深远》，新华网，2019 年 6 月 9 日，http://www. xinhuanet. com/world/2019-06/09/c_1210154013. htm。

② 《习近平在周边外交工作座谈会上发表重要讲话》，2013 年 10 月 25 日，人民网，http://politics. people. com. cn/n/2013/1025/c1024-23332318. html。

与菲律宾的双边关系恢复正轨，并得到充分的加强与巩固。而曾经作为国际斗争与舆论旋涡中心的南海，也成为了区域合作的新热点。

从地缘政治与经济的角度看，南海位置极其重要。它扼守着西太平洋和印度洋的"咽喉"，是当下战略地位愈发重要的"印度—太平洋地区"（Indo-Pacific Region）国际航道的交汇区。而在经济贸易领域，正如澳大利亚国立大学张锋教授所指出的，南海作为印太经济圈的"心脏"，每年全球货运的一半和所有海运的三分之一要通过南海的四大海峡：马六甲、巽他、龙目及望加锡海峡。从印度洋经过南海运到东亚的原油总量，是经过苏伊士运河的三倍和巴拿马运河的 15 倍。中国原油进口的 80%、韩国能源进口的三分之二、日本能源进口的 60% 需要经过南海。①

既然南海对其周边的国家，乃至全球经济与地缘战略的稳态都如此重要，那么面对中国提出的"一带一路"合作倡议，尤其是其中经过南海及其邻近地区的"21 世纪海上丝绸之路"，一些西方大国和周边邻国产生疑惑、不解，甚至一定程度的恐慌，似乎也不难理解。这需要中国在携手各国共商共建共享"一带一路"时做好功课，以增信释疑。当然，也不排除个别国家是"揣着明白装糊涂"，明明知道"21 世纪海上丝绸之路"的合作性、利他性、公开性，却非要硬生生地将其斥责为"中国控制南海的手段"，并以此来挑拨离间、混淆视听。对此，我们需要用有力的逻辑和雄辩的事实加以回应，让谣言在真相面前不攻自破。

六年来，"一带一路"在南海及其周边地区的实践，已经充分证明：

第一，中国并没有试图将"21 世纪海上丝绸之路"建设成一个封闭的、排他性质的"私货"，而是一个高度透明、开放的"朋友圈"。它一方面不断地吸收新兴力量，向整个国际社会开放，同时又不断地在融资、基建、联合

---

① 朱翠萍：《中国的印度洋战略：动因、挑战与应对》，载《南亚研究》，2012 年第 3 期。

搜救、海上反恐等关键领域提供越来越多的国际公共产品。

第二，六年来，中国也从来没有利用"一带一路"建设谋求对某个或某些南海周边国家进行所谓的"渗透""控制"。各国的政治发展都依据其自身的国家法律、政治议程在稳步推进。各国人民也依照其自身的利益与意愿选举出自己中意的政党和领导人。所以，六年后的今天，如果还有域外势力声称"中国靠'一带一路'控制南海周边国家"，这句话本身就是对众多东南亚国家合法政权的挑衅，以及对当地人的不敬。而与此同时，各国在依据自身国情与实际需要选择适合自身的发展道路时，也从与中国的"一带一路"合作中借鉴经验、同创机遇，以促进自身的经济发展与社会进步。

进一步追问：既然"一带一路"并非中国用于"控制南海"的手段，那么它究竟又是什么呢？对南海周边国家意味着什么？

按照中国政府的规划，"21世纪海上丝绸之路"（以下简称"海丝"）经过南海向西到印度洋和地中海，向南到南太平洋。它的目的是要贯通欧洲和亚太经济圈，但重点是面向东南亚国家。显然，南海是扼守海上丝绸之路的要冲。南海是否风平浪静，关系到推进"21世纪海上丝绸之路"的进程和速度。①

"一带一路"是促进中国与南海周边各国政策沟通的"外交官"。不可否认，在推进"一带一路"与南海周边国家携手共建的过程中，有一些国家当时和中国正因为一些领海问题，在域外大国的干预、怂恿之下，处于一定程度的对抗状态。但我们更要看到，在过去三年的外交实践与政策沟通中，中国与相关争端国成功管控了彼此的分歧，并且在充分沟通、平等协商的基础上，不断强化互信，维护双边、多边关系的稳定、健康发展。更重要的是，

---

① 鞠海龙、林恺铖：《南海地区推进"一带一路"建设的经济基础与政策空间》，载《国际问题研究》，2017年第6期。

在相关各方的共同努力下，《南海各方行为宣言》（DOC）正朝着"南海行为准则"的方向稳步发展、升级。而在这一过程中，"一带一路"促进各国政策沟通，功不可没。[①]

"一带一路"是促进中国与南海周边各国设施联通的"建设者"。包括中国在内，南海周边的国家有着勤劳的人民和丰富的物产资源，然而至今依然不够发达。其中，一个重要原因就是我们的基础设施尚不够完备，重要的铁路干线、港口基建尚未跟上该国发展、出口的实际需要。正是基于这一准确认知，中国携手菲律宾、越南、马来西亚、文莱、印度尼西亚等东南亚友邻，共同投资重要港口的基础设施建设，从而让南海周边各国共商共建共享由"一带一路"所带来的贸易畅通与资金融通。[②]而在这个共商共建共享的过程中，各国人民自然而然地走到一起，民心更加相通。

二、中印关系的转圜

与南海转圜有异曲同工之妙的是中国与印度关系的大幅改善，尤其是两国领导人实现历史性的会晤——武汉东湖峰会，更是为两个亚洲大国间战略关系的健康、稳定、可持续发展奠定了坚实的基础。

当然，不可否认，在边界、西藏、中巴关系、谋求联合国"入常"以及地区大国影响力等问题上，中印存在一定矛盾，短期内难以彻底消除，且长期为美、日等国所利用。近年来，中印关系恶化的高潮体现在 2017 年夏的洞朗对峙事件中。此后虽然两国和平结束对峙，但双边关系仍较冷淡。

---

① 王光厚:《中美南海博弈与"一带一路"倡议在东盟的推进》，载《东南亚纵横》，2017 年第 5 期。

② 邓妮雅:《"一带一路"倡议下南海资源共同开发的模式选择》，载《中国海洋大学学报（社会科学版）》，2018 年第 2 期。

至少到2018年春节前夕，两国关系尚未转圜：印度总理莫迪以"挑衅者"的姿态对所谓"阿鲁纳恰尔邦"（即我国藏南地区）进行访问。当邻国马尔代夫国内政局出现动荡后，印度又加紧活动，并将中国在印度洋地区的正常海洋活动斥责为"旨在包围印度"的行为。

但2018年3月以后印度开始调整。譬如，3月初，印度政府建议各邦高级官员与达赖活动保持一定距离，以避免与即将到访孟买参加亚投行会议的中方高级官员产生冲突。3月26日至30日中印两国专家在杭州会晤，以讨论重启共享跨境河流信息的事宜。4月13日至15日，中国发改委与印度"国家转型委员会"（NITI Aayog）举行战略与经济对话。4月下旬，上合组织国家外长在北京会晤。

顺着这个趋势，中印缓和的高潮发生在4月27日和28日印度总理莫迪访华。中国国家主席习近平在武汉东湖宾馆同莫迪举行非正式会晤。两国领导人同意，应构建中印间更加紧密的发展伙伴关系，增进政治互信，扩大利益交融，妥善管控分歧，实现共同发展。

由此可见，中印关系从洞朗对峙的谷底上升到两国领导人会晤，经历了一个先长期冷淡而后加速变化的过程。而在此过程中，美中、美印关系也在发生变化。特朗普于3月8日宣称愿与朝鲜最高领导人会晤，使得此前半岛地区面临战争的可能性大大降低，从而使中国可能在其他战略方向相应地提高关注度。

而此后中美贸易战的打响也极大地恶化了中美两国关系，使中国在不断加强的美国压力下产生了与周边竞争对手转圜关系的客观需要。需要注意的是，中国并不是特朗普经济战的唯一打击目标。譬如，特朗普也曾公开将印度与中国相提并论，声称如果这两个国家不降低美国进口商品关税，则将对他们征收报复性关税。美国财政部的半年度外汇政策报告也没有将中国或任何其他国家列为汇率操纵国，反而把印度列入了观察名单。

美国在战略和经贸上的一系列单边主义行为，以及"印太"口惠而实不至的做法，让期望被一度调高的印度再度失望。此前，印度相继提出"香料计划""季风计划"等，但由于其国内实力的限制，并不能在国际舞台上产生较大的实质性影响，只能在话语层面对中国"一带一路"产生一定的对冲作用。美国虽乐观其成，但强调"美国第一"的特朗普政权也没有为印度的区域经济计划提供实质性帮助。与之相反，对中国的"一带一路"建设，印度虽存有一定疑惧心态，但加强在亚投行支持下的基础建设合作，仍使中印有了更强动力去转圜双边关系。

同样在经济领域，美、以的中东政策导致地区局势紧张，进一步加剧了油价上升的趋势，这便使得同样依赖石油进口的发展中大国印度倍感压力。对此，与拥有原油期货合约且为世界第一大原油进口国的中国在进口问题上加强协调显然是符合印度利益的。

综上所述，可能导致印度从"支持印太、抗衡中国"向"保持平衡、转圜关系"转变的动力主要是：第一，与中国合作可能带来巨大收益，而继续与中国对抗不仅没有收益，而且可能会有新的损失。第二，美国印太战略的实施并没有给予印度实质性回报。

三、中日关系的融冰

中日两国首脑间的高层互访已经中断了八年。在此期间，日本"修宪"、"国有化"钓鱼岛等事件持续恶化着两国关系。此前日本也一贯追随美国，对中方提出的"一带一路"倡议表现冷淡；相反，对美国的"印太"战略则报以欢迎和追随的姿态。甚至早在美方正式提出"印太"战略前，安倍就已提出针对中国的"亚洲民主安全之钻"构想（Asia's Democratic Security Diamond）。

然而，近年来事情却在起变化：2018年4月16日，中国国务委员兼外交部长王毅在东京会见日本首相安倍晋三。5月4日，习近平主席与安倍通话，肯定了近期日方就对华关系释放积极信息并采取相应行动，强调 2018 年是中日和平友好条约缔结 40 周年，中日关系承前启后，时机难得。希望双方落实原则共识，管控矛盾分歧，确保两国关系重回正轨并有新进展。安倍呼应习主席讲话，做了积极表态。

2018 年 5 月 9 日，国务院总理李克强、日本首相安倍晋三、韩国总统文在寅齐聚日本东京，出席第七次中日韩领导人会议。会晤后，三国发表《第七次中日韩领导人会议联合宣言》。

造成日本对华态度转变的因素有多种。半岛局势的突变可能是最近的诱发因素。美朝首脑行将会晤，使得半岛局势出现戏剧性转折。而此前一直强调对朝严厉制裁的日本，面对朝韩美中等国的热络联系，也有自身被疏远、孤立的担忧，因而有必要缓和与中国的关系，以便在中日韩框架下取得一定协调。

更长远一点看，近两年来，安倍的对华政策也在由"全面防范牵制"逐步转向"有条件的选择性合作"。日本逐渐认识到中国崛起的不可逆性，因此必须放弃遏制、敌视中国的政策，转而选择加入、合作。这一点在日本对"一带一路"倡议的态度转变上尤为明显。

反观美国的"印太"战略，以强化日中矛盾为手段利用日本强化对中国的围堵，对日本本身却未必有益处。正如何亚非所观察到的，近年来日本对美外交政策正产生微妙变化，由"亦步亦趋"开始转向"主动配合"；在遵守和制定国际秩序规则上，开始由"积极参与"转为"尝试引领"。这意味着日本对美国的独立性在增强。虽然这并不表示美日同盟的松懈，但日本政府在对美、对华外交上已经表现出更多的务实精神，即从日本自身的利益出发。也正因如此，在认识到"一带一路"建设可能给经济增速缓慢的日本所带来的巨大收益时，日本开始选择参与。

总结上述两个典型案例，本章推测可能存在两个原因，导致美国"印太"战略在实施后产生了非预期后果：一是特朗普印太区域战略与"美国优先"

总体方略之间的矛盾，二是中、印、日等国领导人的务实智慧与良性互动。

从"印太"战略来看，特朗普的确敏锐地观察到中印、中日间的固有矛盾并加以利用，但他也有可能低估了中印、中日间巨大的合作潜能。而且，特朗普在利用中印、中日矛盾时，也不是采取提供支持、援助盟友的传统模式，而是靠强化中印、中日矛盾来达到既遏制中国又强化对盟友、准盟友影响力的目的。

这是因为特朗普政府奉行的总方略是"美国优先"（America First），即美国利益优先、美国内政优先。在安全领域，该原则必然导致美国在处理与盟友（如日本）和试图联合的国家（如印度）的关系时，表现出一定的单边倾向，譬如要求日本支付更多的防务开支以分摊美军负担。如此则日本、印度等国因为并未得到实质性利益而对美国产生疏离。

在经贸领域，"美国优先"同样以单边的、只服务于美国的方式，在世界自由贸易框架之外重构了基于双边谈判的特朗普经贸模式。美国经济、军事及外交的巨大实力使得该模式对包括中日韩在内的所有国家都构成一定挑战。与之相反，中国坚持在世贸组织、世界银行等多边框架下的自由贸易体制，而日本、韩国也同样是该多边贸易体制的受益者和维护者。所以，在特朗普式一对一"交易"方案与中国支持全球化、倡导互利共赢的方案两者间，印、日、韩等国做出了自己的选择。

此外，特朗普的善变和不确定性降低了美国的国际战略信誉，使得日、印等国对其意图判断不明，或即便判清意图也不敢过于相信，从而严重削弱了美国的国际动员能力。与之相反，中国政府的外交战略与政策具有高度的确定性、可靠性和互惠性，其代表就是"一带一路"倡议和"人类命运共同体"理念。这些话语的传播与相应行动、政策的落实，使参与国（如巴基斯坦等）获得了实实在在的收益，于是产生正面吸引的效应。而近年来中国在涉及领土、领海、主权等问题上的强硬立场与果断措施，也使试图挑战中国这一底线的国家付出了一定代价，遂同时从反方向产生了吓阻的效应。这意味着任何试图追随美国"印太"战略对抗中国的国家，都可能为该行为而面临相应的成本与风险。

综上，人们现在看到，日、印等国作为理性的行为体，在权衡比较了"追随美国印太战略对抗中国"与"团结中国互利共赢"两种方案的成本、收益与风险后，做出了符合其国家利益的选择。

04 Chapter 4

"百年变局"下的
大国责任与全球治理

2019 年 6 月 28 至 29 日，二十国集团（G20）第 14 次首脑峰会在日本大阪召开，中国国家主席习近平与世界多国政府首脑出席峰会。自 1999 年正式成立以来，二十国集团（G20）机制已经走过 20 年。从早期的部长级会议（财长和央行行长会议机制）到 2008 年以后的首脑峰会，其层级不断提高、影响力稳步扩大，业已取代七国集团（G7）成为"全球经济治理的首要平台"。而中国则在这一"历史转折中发挥了独特的重要作用"[1]。

作为国际社会应对 2008 年全球经济危机的制度性产物，G20 峰会机制在过去 11 年中为全球经济金融的发展与改革提供了新的动力。[2]然而，在

---

[1] 何亚非：《风云激荡的世界：从全球化发展看中国的机遇与挑战》，人民出版社 2017 年版，第 137 页。

[2] 崔志楠、邢悦：《从"G7 时代"到"G20 时代"——国际金融治理机制的变迁》，载《世界经济与政治》，2011 年第 1 期。

G20 机制自身固有缺陷、当前全球经济低迷、贸易保护主义泛滥、民粹主义盛行等因素的共同作用下，机制本身以及包括中国在内的全球治理主体都面临新挑战。[①]

鉴此，本章在文献研究以及近两年来对美国、欧盟、日本、印度、印尼、土耳其、澳大利亚等 G20 国家以及伊朗、巴基斯坦等非 G20 重要国家进行密集调研的基础上，首先回溯作为全球（经济）治理重要平台的 G20 机制成立 20 年来所取得的成就，重点评估 2008 年 G20 升级为首脑峰会后的机制化建设与演进逻辑并做历史分期；然后研讨近两年来 G20 机制所遭遇的最新困境，重点考察杭州共识的国际接受度与当前所面临的最新挑战；最后就如何延续"杭州共识"，并进一步优化 G20 架构、推进全球治理改革提出新的中国思路。

一、G20 的发展及当前面临的问题与挑战

促成二十国集团（G20）机制产生的机缘是两场冲击全球的金融危机。[②]1997 年的亚洲金融危机使"富国俱乐部"认识到"既有 G7/8 及更早的国际货币基金组织（IMF）已无力为一个新的全球化金融时代提供金融稳定；同时，需要建立一个既包括既有强国又包括新兴经济体的更广泛和更长期的集团来提供这一全球公共产品"，于是建立了 G20 财长及央行行长会议机制以共同应对。[③]

---

① 曹帅、许开轶：《逆全球化浪潮下"全球风险社会"的治理困境与中国方案》，载《理论探索》，2018 年第 6 期。

② Wilson, Peter., *Challenges for the Singapore Economy after the Global Financial Crisis*, Singapore; Hackensack, N. J. : World Scientific, 2011，pp. 10-11.

③ [加] 约翰·科顿：《二十国集团治理的成长——一个全球化了的世界使然》，载《国际展望》，2013 年第 5 期。

而十年后的 2007 年美国次贷危机则使 G7 自身沦为金融危机的发源地与重灾区。为尽快恢复本国经济以摆脱危机，发达国家不得不借助新兴经济体的资源和支持，因而促成了 G20 从部长级会议升级为领导人峰会机制，并由此逐步取代 G7/8 峰会在讨论国际经济金融事务中所发挥的核心作用。[①]

1. G20 机制 20 年：治理成果与演进逻辑

按照联合国全球治理委员会 1995 年在《天涯成比邻》报告中的经典定义，"全球治理"（Global Governance）是指在全球化时代各种各样的个人、团体（公共的或个人的）处理其共同的全球事务的持续过程。这个过程不仅试图调和各种互相冲突的不同利益主体并促成其采取合作行动，还授予公认的团体或权力机关以强制执行力，以及达成得到人民或团体同意或者认为符合他们的利益的协议。[②] 下文将借助有效性和代表性两条主线，观察 G20 作为全球治理平台的演进逻辑，评估各阶段成果并做历史分期。

（1）部长会议时期（1999 年 9 月至 2008 年 10 月，共 9 次部长级会议）

G20 机制于 1999 年 12 月 16 日在德国柏林成立，由原八国集团（G8）以及包括欧盟在内的另外 12 个重要经济体组成，形式为非正式财长和央行

---

① 王文、王瑞晶：《G20 框架中的利益阵营及新兴国家的战略空间》，载中国人民大学重阳金融研究院主编：《谁来治理新世界：关于 G20 的现状和未来》，社会科学文献出版社 2014 年版，第 159 页。

② ［瑞典］英瓦尔·卡尔松、［圭亚那］什里达特·兰法尔主编：《天涯成比邻——全球治理委员会的报告》，赵仲强、李正凌译，中国对外翻译出版公司 1995 年版，第 2 页。英文版参见 Our Global Neighborhood: The Report of the Commission on Global Governance, http://www.gdrc. org/u-gov/global-neighbourhood/（访问时间：2019 年 3 月 28 日）。

行长会议，宗旨为在布雷顿森林体系框架内提供一个非正式对话的新机制，以扩大在具有系统重要性的经济体之间就经济、金融核心议题进行讨论并合作，以取得惠及所有人的稳定、可持续的世界经济增长。[1]

G20 机制最终成员名单主要考虑了成员国在世界经济中的地位和影响力，以及作为一个会议协调机制的最大容量。[2] 这使得 G20 在代表性以及由此所产生的"国际合法性"（Internationallegitimacy）上较 G7/8 都有了大幅提升。[3]

但正如有学者所批判的，G20 在该阶段仍局限于扮演 G7"外围组织"的角色。[4] 会议本身即明确规定，G20 的创设只是在布雷顿森林体系框架内部提供一个新的非正式对话机制；它只是 IMF 和世界银行框架内的一种机制。它所发布的联合公报也多为长期问题，且并不对实施这些目标所需要推进的具体步骤进行严格规定。以上种种特质共同导致了在成立最初的十年中，G20 在国际社会所受关注较为有限，一直笼罩在 G7/8 的光环之下，因而也无法在全球经济治理中发挥任何主导性作用。[5]

（2）危机应对时期（2008 年 11 月至 2010 年 6 月，共 3 届峰会）

2008 年 G20 举行首次全球经济治理峰会，"面临的首要挑战是共同应对

---

① 余永定：《崛起的中国与七国集团、二十国集团》，载《国际经济评论》，2004 年第 5 期。《二十国集团在柏林创始》，载《世界贸易组织动态与研究》，2000 年第 1 期。

② 张海冰：《G20 机制的发展历程与前景展望》，载《人民论坛》，2016 年第 25 期。

③ YuYongding，"The G20 and China: a Chinese perspective"，*L20 Project*，2004，https://www. uvic. ca/research/centres/globalstudies/assets/docs/publications/G20andChina. pdf （访问时间：2019 年 3 月 28 日）。

④ 宫力：《国际金融危机与国际秩序的变革》，载《现代国际关系》，2009 年第 4 期。

⑤ Peter I. Hajnal，*The G8 System and the G20: Evolution, Role and Documentation*，England: Burlington, VT: Ashgate, 2007.

金融危机"①。而金融危机对各成员国所造成的巨大共同威胁，也迫使各成员国产生更强烈的动机求同存异，弥合彼此间的认知差异与主张分歧，因而大幅提升了机制的有效性。效用的提升反过来又吸引更多国际关注与支持，从而进一步加强了该机制的国际代表性与合法性。②

2008 年 11 月 14 日至 15 日，20 国国家元首齐聚美国华盛顿，一致决心加强合作，共同努力恢复全球增长，实现世界金融体系必要改革。③此后，G20 告别了上一阶段作为松散、非正式国际组织的状态，转而开始在协调各国政策、应对金融危机方面发挥实质性作用。

2009 年，G20 做出决议，在 2011 年之后将成为年度性、制度化的论坛，专注于探讨全球经济议题。作为一个多层次的全球论坛，G20 的会议在该阶段已逐步发展、细分为内部与外围两个相互关联的体系。④内部机制的细分发展以及外围配套机制的逐步完善被认为是 G20 机制成熟化、规范化的重要特征。

（3）预防机制转型时期（2010 年 11 月至 2015 年 11 月，共 7 届峰会）

在危机应对期之后，随着 G20 治理效用的逐步显现，世界经济开始恢复、发展，应对危机的紧迫性随之下降，大国 / 主要经济体间的差异和矛

① ［土耳其］费伊楠（FerideInan）：《全球治理新格局：G20 的中国贡献与未来展望》，新世界出版社 2017 年版，第 3 页。

② 金灿荣：《G20 的缘起与前景》，载《现代国际关系》，2009 年第 11 期。

③ 陈素权：《二十国集团在全球金融与经济治理中的角色分析》，载《世界经济与政治论坛》，2009 年第 4 期。

④ 内部体系包含四个层次，分别是（1）领导人峰会，（2）协调人会议，（3）部长及副部长级会议（财长和央行行长会议、劳工和就业部长会议、贸易部长会议、农业部长会议、发展问题部长会议、旅游部长会议，共 6 种），（4）专家工作组会议（就业工作组、发展工作组等，共 9 种）。外围体系包括 G20 商业峰会、G20 智库峰会、G20 公民峰会、G20 妇女峰会等相关专项论坛。参见中国人民大学重阳金融研究院：《2016：G20 与中国》，中信出版社 2016 年版，第 9-10 页。

盾重新凸显。与此同时，表现出较强治理能力与潜力的 G20 机制则相应地从"应激性""救急性"向预防性常规机制转型。成员国以及国际社会希望 G20 在完成逐步治愈全球危机创伤的基础上，进一步为未来全球性经济危机的预防工作做出新的机制性贡献。

在该阶段，G20 在国内政治治理、审议结果、方向确立、决策和承诺、承诺落实、全球治理制度建设等细分领域不断形塑共通理念，强化国际社会的凝聚力，并逐步打造出一个有更强代表性、认可度和高效性的全球治理网络。[①] 圣彼得堡峰会后，G20 的议题和目标也变得更加广泛，除了关注中长期全球经济增长的质量外，也加入了气候变化、反腐败、就业、联合国千年发展目标等新议题。[②]

（4）"新全球化"时期（2016 年 9 月至今，共 4 届峰会）

在危机应对期与之后的预防转型期，以中国为代表的发展中国家，凭借较有效的经济刺激政策以及对国际社会"公益"的切实维护，已经逐步超越美欧传统发达经济体，而成为拉动世界经济复苏、增长的主要引擎。[③] 而中国等新兴经济体对大宗商品的巨大需求，也带动世界经济快速增长。这些不

---

① [加] 约翰·科顿：《二十国集团治理的成长——一个全球化了的世界使然》，载《国际展望》，2013 年第 5 期。Peter I. Hajnal, *The G20: Evolution, Interrelationships, Documentation. Global Governance*, 2nd Edition. ed. New York: Routledge, 2019，pp. 12–13.

② "ICC summary of the St. Petersburg G20 Leaders' Declaration"，International Chamber of Commerce (ICC)，https://iccwbo. org/publication/icc-summary-of-the-st-petersburg-g20-leaders-declaration/（访问时间：2019 年 4 月 17 日）。

③ GeoffreyGarrett, "G2 in G20: China, the United States and the world after the global financial crisis", *Global Policy*, Vol. 1, No. 1, 2010, pp. 29–39. David J. Lynch, "Economic growth is slowing all around the world", *The Washington Post*, December 25, 2018, https://www. washingtonpost. com/ business/economy/economic-growth-is-slowing-all-around-the-world/2018/12/25/e2337206-0491-11e9-b5df-5d3874f1ac36_story. html?utm_term=. 4d4722cb3bc8（访问时间：2019 年 4 月 19 日）。

仅导致了世界经济力量对比与总体格局的变化，而且使国际社会对中国等新兴经济体进一步改革 G20 机制充满期许。①

这些期许集中体现在 2016 年杭州峰会的共识上：在贸易领域，各国达成《G20 全球贸易增长战略》，共同声明反对贸易保护主义，推动尽快实施世贸组织《贸易便利化协定》；在投资领域，达成《G20 全球投资指导原则》；在金融领域，达成《迈向更稳定、更有韧性的国际金融架构的 G20 议程》；在发展领域，各国就推动包容与联动式发展、推动落实 2030 可持续发展议程达成共识；在创新领域，峰会首次将"创新增长"纳入 G20 核心议题并就"G20 创新增长蓝图"达成共识；在结构改革方面，杭州峰会完成了 G20 结构性改革的顶层设计；确定了结构性改革的九大优先领域和四十八条指导原则，制定了衡量改革进展和成效的指标体系。②

尤其难能可贵的是，在中国的推动下，G20 机制不仅致力于推动全球发展事业的前进，更自觉将自身议程与联合国可持续发展目标（SDG 2030）对接，以推动全球包容、联动式发展，使经济增长更加公平公正地同时普惠发达国家和欠发达国家。在杭州峰会上，G20 机制不仅首次将发展问题置于全球宏观政策框架的突出位置，而且也首次就落实 SDG 2030 制订出有一定可操作性的集体行动计划。③ 对此，国际社会普遍认为，G20 推动落实 SDG 2030 是一项"双赢"的选择：一方面，落实 SDG 2030 不仅可以为 G20 整合其发展议程提供难得的契机，而且有助于推动 G20 成功转型为全球经济治理

---

① 东艳、张琳：《二十国集团与全球经济治理：杭州峰会成果评估及发展展望》，载《浙江学刊》，2017 年第 1 期。Ren Xiao, "A reform-minded status quo power? China, the G20, and reform of the international financial system", *Third World Quarterly*, Vol. 36, No. 11, 2015, pp. 2023-2043.

② 《二十国集团领导人杭州峰会公报》，载《人民日报》，2016 年 9 月 6 日第 4 版。

③ 周世骐、周世镕、刘洋：《中国成功推动可持续发展首次作为 G20 领导人杭州峰会核心议题》，载《环境与可持续发展》，2016 年第 5 期。

的长期性平台；另一方面，G20 杭州峰会在推动国际社会落实 SDG 2030 上迈出了关键的第一步，对推动愿景的全面实现具有开创和引领意义。[①]

面对西方所推动的"旧"全球化缺乏动力和国际合法性的困局，日益走近国际舞台中心的中国在十八大以后提出了一系列有关全球治理的新方案、新思路。正如中国国家领导人所指出的，所谓"新全球化"的目的就是构建人类命运共同体，也就是建设一个持久和平、普遍安全、共同繁荣、开放包容、清洁美丽的世界。[②] 对 G20 机制而言，在历经危机应对期、危机预防转型期之后，以杭州峰会的召开为标志，转向推动世界经济的"新全球化"，即"让经济全球化进程更有活力、更加包容、更可持续"。而在这一历史进程中，正如习近平所强调的，中国"要主动作为、适度管理，让经济全球化的正面效应更多释放出来，实现经济全球化进程再平衡。我们要顺应大势、结合国情，正确选择融入经济全球化的路径和节奏；我们要讲求效率、注重公平，让不同国家、不同阶层、不同人群共享经济全球化的好处"[③]。

2. 全球治理的最新困境

习近平主席 2017 年 12 月 28 日在人民大会堂接见回国参加 2017 年度驻外使节工作会议的全体使节时指出："放眼世界，我们面对的是百年未有之

---

① AlexHeand Xingqiang He, *The Dragon's footprints: China in the global economic governance system under the G20 Framework.* Montreal: McGill-Queen's Press-MQUP, 2016, pp. 8-9. 东艳、张琳:《与历届 G20 峰会相比，杭州 G20 峰会有何特色》，载《人民论坛》，2016 年第 25 期。

② 习近平:《共同构建人类命运共同体——在联合国日内瓦总部的演讲》，载《人民日报》，2017 年 1 月 19 日第 1 版。

③ 习近平:《共担时代责任共促全球发展——在世界经济论坛 2017 年年会开幕式上的主旨演讲》，载《人民日报》，2017 年 1 月 18 日第 3 版。

大变局。"[1] 而这一变局给人们最直观的感受就是"世界已经步入更加动荡的多事之秋"[2]。

（1）低速增长的新常态

全球经济发展总体趋势为低速增长，新的危机和风险却在上升。[3]2019年1月24日的英国《经济学家》杂志专门创造了一个新词"慢全球化"（Slowbalisation），以概括当前及未来全球经济与全球化的基本特征与趋势。[4] 布鲁金斯学会（Brookings Institution）与英国《金融时报》编制的跟踪指标的最新数据显示，自2018年秋季以来，发达经济体及新兴经济体的情绪指标和经济数据都在持续恶化，全球经济已进入"同步放缓"（synchronised slowdown）阶段，且2019年也难见逆转。[5] 至于全球经济放缓的原因，世界贸易组织（WTO）认为是"贸易冲突的持续威胁削弱了预期"；而经济合作与发展组织（OECD）也同样直言不讳地指出："2019年的全球经济放缓就

①　习近平：《放眼世界，我们面对的是百年未有之大变局》，中国新闻网，2017年12月29日，http://www.chinanews.com/gn/2017/12-29/8412268.shtml（访问时间：2019年3月28日）。

②　中国现代国际关系研究院世界政治所课题组：《世界步入更加动荡的多事之秋》，载《现代国际关系》，2017年第1期。

③　David J. Lynch, "Economic growth is slowing all around the world", *The Washington Post*, December 25, 2018, https://www.washingtonpost.com/business/economy/economic-growth-is-slowing-all-around-the-world/2018/12/25/e2337206-0491-11e9-b5df-5d3874f1ac36_story.html?noredirect=on&utm_term=.b2fa4b1d829e（访问时间：2019年3月28日）。

④　"Slowbalisation:The steam has gone out of globalisation", *The Economist*, January 24, 2019, https://www.economist.com/leaders/2019/01/24/the-steam-has-gone-out-of-globalisation（访问时间：2019年3月28日）。

⑤　Chris Giles, "Global economy enters 'synchronised slowdown'", *Financial Times*, April 28, 2019, http://www.ftchinese.com/story/001082204/en?ccode=LanguageSwitch&exclusive（访问时间：2019年4月10日）。他们认为：该指数下跌的部分原因在于，显示实体经济活动的硬性数据有所减弱，意大利等国陷入衰退，德国勉强避免了衰退，而随着唐纳德·特朗普(Donald Thump)减税政策的影响逐渐消失，美国经济也失去了动力。

是由贸易战所导致。"[1]

G20峰会机制在2008年成立之初，曾在引领世界摆脱危机、提振信心等方面发挥重大作用。然而近年来其对各国经济政策的协调作用呈现一定的下降趋势。

（2）争夺存量的新博弈

在全球经济增长趋缓的背景下，各国都倾向于加紧"多分蛋糕"，而不是想办法"做大蛋糕"。各国都试图从现有的经济增长中攫取更多份额，而非通过加强合作等手段促进全球经济的全面复苏与可持续增长。包括世界第一经济体美国、本届峰会东道国日本在内，发达国家大多谋求通过修改全球经济治理的游戏规则，以便从现有的经济存量中进行利益再分配，占有更大份额。[2] 譬如，美国当前所奉行的贸易保护主义，其执行力度便是"冷战"结束以来所罕见。[3]

（3）科技外溢的新效应

科技革命尽管有力提升了全球生产力，但由此在收入分配方面造成的新鸿沟未能有效弥合，于是在发达国家产生新的国内矛盾，同时还向国际社会外溢。

---

[1] "World economy to slow down in 2019 due to trade wars: OECD", *Al Jazeera*, November 21, 2018, https://www. aljazeera. com/news/2018/11/world-economy-slow-2019-due-trade-wars-oecd-181121110001129. html（访问时间：2019年3月28日）。

[2] 康杰：《美国正在抛弃现有国际制度吗》，载《中国国防报》，2018年7月4日第4版。

[3] Steve Liesman, "Trump's protectionism biggest threat to US economy's growth, CNBC Fed Survey respondents say", *CNBC*, January 31, 2017, https://www. cnbc. com/2017/01/30/trumps-protectionism-biggest-threat-to-us-economys-growth-cnbc-fed-survey-respondents-say. html（访问时间：2019年3月28日）。

近年来，权力政治、霸权护持、地缘争夺、资本扩张等传统因素，在网络、大数据、生物等新兴技术的冲击下，科技创新发展、全球性问题的增多与扩散、非国家角色地位上升、思想观念的多元化发展等新因素交织，导致国际进程中各种变量的结构发生了重大变化。[①] 这些变化给全球治理及其重要平台 G20 机制带来新挑战。[②] 而最根本的肇因则根植于全球主要经济体的国内治理困境与矛盾。以美国为例，科技革命一方面带动新的经济增长模式，催生新的利益集团，但同时也"创造性破坏"了旧有的经济结构和附着其上的利益集团，从而引发新的社会矛盾和政治冲突。正如张运成所指出的，美国的经济呈现典型的"二元结构"特征，即一方面以硅谷为代表的创新驱动型经济为美国经济发展、全球霸权护持提供强劲动力。但另一方面，美国创新经济与传统制造业各走各路，渐行渐远，导致经济社会陷入结构性困境。与创新经济竞争力全球领先相比，美国传统经济由传统制造业和低端服务业构成，竞争力弱，无法提供优质岗位，遂不得不寻求政府高关税保护。"二元经济"壁垒森严，传统经济释放出大量过剩劳动力无法被创新经济吸收。可见，特朗普当选总统及其政策的国内转向，正是美国经济"二元结构"在政治上的真实反映。该困境也并非美国所独有，其他西方国家也不同程度地受其制约。[③]

（4）世界秩序的新乱象

近二三年来，世界秩序出现了新的乱象。在国际层面，英国脱欧对英国、欧盟/欧洲乃至全球经济和金融体系都产生了远超此前预估的巨大冲

[①] 张蕴岭、杨光斌、魏玲、朱锋、金灿荣、谢韬：《如何认识和理解百年大变局》，载《亚太安全与海洋研究》，2019 年第 2 期。

[②] 李计广、郑育礼：《G20 转型的困境：拉美视角及对中国的启示》，载《拉丁美洲研究》，2018 年第 6 期。

[③] 张运成：《当前国际经济新形势与新动向》，载《前线》，2018 年第 8 期。

击；乌克兰与俄罗斯在刻赤海峡的对峙激化了乌俄、俄欧、俄美、俄—北约矛盾；面对更加动荡的中东局势，美既插手中东事务又不想陷入泥潭的模棱两可态势将使中东乱象加深，难民危机、伊朗核危机、巴以冲突等问题的解决前景更加黯淡。[①]

在国家层面，右翼政党执政在不少欧洲国家特别是东欧国家已然成风；而在欧洲的核心地带，起源于法国的"黄背心"运动正延续和放大欧洲各国的排外和孤立主义现象，并向欧洲其他国家、世界其他地区蔓延；由难民、移民问题所引起的矛盾和冲突此起彼伏；防不胜防的"独狼"式袭击正利用最新科技给无辜平民造成巨大杀伤。[②]

（5）小结：全球治理正面临四大"赤字"的威胁

2019 年 3 月 26 日，习近平主席在巴黎出席中法全球治理论坛闭幕式并发表重要讲话，明确提出四大"赤字"：治理赤字、信任赤字、和平赤字和发展赤字。[③] 而前文中所归纳的全球治理所面临的最新困境与之不谋而合。在发展领域，"低速增长"是当前以及未来一段时期内世界各国必须直面的现实问题。"存量争夺"的背后本质上是国与国之间的"信任赤字"。高科技发展所带来的非预期负面后果，暗示人类需要消除国内与国际层面的治理赤字，使科技发展所带来的巨额红利能够普惠到一国之中不同阶级、工种的民众，同时也相对公平地普惠各个国家，而非为某一特定利益集团或国家集团所把持，从而在国内社会和国际社会造成新的不公与贫富"两极分化"。而

[①] Thomas J. Knock, *To End All Wars, New Edition: Woodrow Wilson and the Quest for a New World Order*, New Jersey: Princeton University Press, 2019, pp. 11-12.

[②] 何亚非：《2019，世界面临哪些重大挑战》，环球时报网，2019 年 1 月 10 日，http://opinion. huanqiu. com/hqpl/2019-01/14023171. html?agt=15435（访问时间：2019 年 4 月 17 日）。

[③] 《新华国际时评：凝聚多边共识　破解"四大赤字"》，新华网，2019 年 3 月 27 日，http://www. xinhuanet. com/2019-03/27/c_1124291840. htm（访问时间：2019 年 4 月 17 日）。

种种乱象、血腥冲突无不警示世人，国际社会必须对"和平赤字"给予高度关注。正如习近平主席所指出的，国际社会只有坚持公正合理、互商互谅、同舟共济、互利共赢的原则，才能破解上述"赤字"，达致大治。[①] 而在破除上述四大"赤字"的过程中，作为全球治理重要平台的 G20 机制能发挥何种作用？当前它又面临何种挑战？

3. 当前 G20 峰会机制所面临的挑战

在 G20 峰会机制发展的早期阶段，正如约翰·科顿等学者所总结的，围绕它在全球治理模式和成效方面的批评可归纳为"多余论、拒绝论、强化论、替代论、衰退论"五大类。[②] 而近年来，随着反/逆全球化、民粹主义、孤立主义、贸易保护主义等思潮的兴起，以及大国间结构性矛盾的上升，全球治理面临新困境，G20 机制也同样面临新挑战。

（1）G20 峰会的国际影响力陷入低潮，沦为"清谈馆"的风险在增加

这首先是由 G20 机制自身性质和组织形式所固有的缺陷所造成的。G20 内部存在三个组合：一是 G7，就世界经济和金融面临的主要问题在发达国家内进行协调；二是金砖国家组织，在 G20 期间也将就重大国际议题协调立场；三是中等国家或者中等强国组成的称之为"MITKA"的集团，成员包括墨西哥、印尼、土耳其、韩国和澳大利亚。它们游离于前两者之间，希望

---

① 习近平：《关于坚持和发展中国特色社会主义的几个问题》，求是网，2019 年 3 月 31 日，http://www. qstheory. cn/dukan/qs/2019-03/31/c_1124302776. htm?from=timeline&isappinstalled=0（访问时间：2019 年 3 月 31 日）。

② [加] 约翰·科顿：《二十国集团治理的成长——一个全球化了的世界使然》，载《国际展望》，2013 年第 5 期。

"抱团取暖",增加发言权。①

因此,G20 具有先天的临时性、非正式性和不稳定性,譬如三个集团间权力不均衡、缺乏凝聚力、合力不足等。这些特性又共同导致了 G20 的低效性,如议程的泛化等。②峰会本身作为一个松散的国际论坛,其能否形成合议、公报本身依赖于出席该次峰会的首脑们能否达成共识;不仅效率不高,而且每年的公报内容也因为参与方数量较多而较为庞杂。此外,即便达成共识并发表公报,也不能对签署国未来的行为构成任何实质性约束。

峰会创始初期,目标明确,就是为了应对 2008 年经济危机,且各国政策储备手段也相对充足。而 11 年后的今天,各国能够使用的政策抓手已经用尽,其效果还在逐年递减;而刺激经济发展和协调各国立场的新手段尚未成熟。

更重要的是,国际社会近年来受美、英等强国的影响和带动,民粹主义、贸易保护主义、新孤立主义在多国抬头,更削弱了作为多边全球治理架构的 G20 的影响力,使它作为"全球经济治理首要平台"的作用遭遇空前淡化,难以维系。譬如,欧美国家对 G20 重视度已经大幅降低。欧盟内部的分裂更使其仅关注与自身有关的议题,而忽略全球治理。而日本则希望借 2019 年大阪峰会为 2025 年大阪博览会预热、铺垫,遂提出"社会 5.0"概念。③博

---

① 何亚非:《中国应在 G20 展现领导力》,第一财经日报 / 东方财富网,http://finance. eastmoney. com/news/1371,20160829659044485. html(访问时间:2019 年 3 月 28 日)。

② Andrew F. Cooper, "The G20 and Its Regional Critics: The Search for Inclusion", *Global Policy*, Vol. 2, No. 2, May 2011, pp. 203–209.

③ "Toward realization of the new economy and society – Reform of the economy and society by the deepening of 'Society 5. 0'", *Keidanren (Japan Business Federation)*, April 19, 2016, www. keidanren. or. jp/en/policy/2016/029_outline. pdf. "B20 Tokyo Summit: Joint Recommendations – 'Society 5. 0 for SDGs'", *Global Business Coalition*, March 15, 2019, http://www. globalbusinesscoalition. org/global-governance-news/b20-tokyo-summit-joint-recommendations-society-5-0-for-sdgs/(访问时间:2019 年 3 月 28 日)。

览会主题是"构建未来社会，想象明日生活"。显然，日本在议题设定上旨在把峰会的主题引入国内公共事务管理，而非 G20 职责所在的全球治理领域。[1]

G20 创始之初，中国对其功能地位也做出了较高的估计，认为西方已经整体衰落、全球治理正出现新转折。而现在来看，美国其实并没有衰落。过去十年，是中美共同崛起的十年。G7 中除了美国之外的 6 国以及俄罗斯、巴西在全球经济大盘中衰落，所占比例总共降低 9%。这个多出来的9% 份额，被中美所取代。中国所占全球经济的比例上升尤其明显，可见中国的确是在快速崛起。但美国占全球经济总额的比例并未变化，可见美国并未衰落。[2]

然而，依旧保有全球第一大经济体地位的美国，在特朗普时代，对全球治理、G20 峰会的认知、立场和行为都产生了质变。在峰会初创时期，美国总体上仍奉行国际主义，强调双边及多边合作。但近两年来，特朗普政府调整美国对外总体战略，奉行"国家主义"，强调"美国也是民族国家(nation state)"，其国内甚至出现了"抛弃 G20"的声音。初创时期，美国尚能放下身段，为寻求合作而适度让权、放权；但现在随着美国经济的复苏，特朗普政府正谋求从多边国际组织中"强行收权"；如不答应，则以"退群"回应。[3]

美国保守主义势力在国内事务中历来主张"小政府、大社会"。现在的特朗普共和党政府正使该偏好加速外溢到国际社会和全球治理中，因而削弱、制约了 G20 这类依赖各国政府通力合作的全球治理平台的影响与效用。2019

① "From Industry 4. 0 to Society 5. 0: the big societal transformation plan of Japan", *i-SCOOP*, https://www. i-scoop. eu/industry-4-0-society-5-0/（访问时间：2019 年 3 月 28 日）。

② 王文、刘典：《中美博弈与中国复兴——基于两国实力消长的视角》，载《东北亚论坛》，2019 年第 2 期。

③ 韩一元：《美国退出联合国教科文组织背后的逻辑》，载《世界知识》，2017 年第21 期。

年年初，特朗普政府在有关美国经济事务的多次表态中，点明了三家国际经贸组织作为其制定经济政策时的参考重点，包括 WTO、OECD 和 APEC，但没有 G20。这也进一步说明 G20 峰会机制不受特朗普政府的重视。[①]

综上所述，尽管中国等国家已做出种种努力，试图"让二十国集团成为行动队而不是清谈馆"[②]；但由于种种结构性客观因素的存在，当前峰会沦为"清谈馆"的风险正在增加。

（2）G20 峰会沦为大国博弈"角斗场"的风险在增加

自 2018 年上半年以来，受中美两国贸易摩擦加剧的负面冲击，G20 在沦为"清谈馆"的同时，又平添了沦为大国角力之战场的风险。[③]

2018 年，中美两国在另一重要跨区域多边主义平台亚太经合组织（APEC）峰会上的拉锯战，以及由此导致的大会共同宣言流产，给当年的 G20 峰会敲响了警钟。[④] 也正是鉴于对大国拉锯战对多边协调平台巨大损伤的防范与规避，在 APEC 峰会后不久召开的 2018 年阿根廷 G20 峰会上，中美两国以及

---

① Peter S. Rashish，"The United States, Germany, and WTO Reform: An Answer to the Rise of China?" *The American Institute for Contemporary German Studies (AICGS)*，March 28，2019，https://www. aicgs. org/2019/03/the-united-states-germany-and-wto-reform-an-answer-to-the-rise-of-china/. Thomas J. Duesterberg，"The Importance of WTO Reform from a Transatlantic Perspective"，*Washington International Trade Association (WITA)*，February 19，2019，https://www. wita. org/atp-research/the-importance-of-wto-reform-from-a-transatlantic-perspective/（访问时间：2019 年 3 月 28 日）。

② 王鹏：《以"行动队"助力全球治理新变革》，载《人民日报》，2016 年 9 月 13 日第 5 版。

③ Aaron L. Friedberg，"Competing with China"，*International Institute for Strategic Studies (IISS)*，May 2018，https://www. iiss. org/publications/survival/2018/survival-global-politics-and-strategy-junejuly-2018/603-02-friedberg（访问时间：2019 年 3 月 28 日）。

④ Katsuji Nakazawa，"US and China ruin Asian cooperation with their battle for supremacy: 25 years on, APEC turns into a finger-pointing exercise"，*Nikkei*，November 22，2018，https://asia. nikkei. com/Editor-s-Picks/China-up-close/US-and-China-ruin-Asian-cooperation-with-their-battle-for-supremacy（访问时间：2019 年 3 月 28 日）。

国际社会都做出了一定努力，避免同类事件的再次发生。①

　　然而即便如此，在阿根廷峰会上所暴露出来的中美矛盾与分歧，依然成为会内会外的舆论焦点。从国际媒体的报道量来看，全球对中美关系的关注远远压制了对峰会本身议程的关注，且认为阿根廷 G20 峰会"已经变成了中美战略与经济摩擦的协调平台"②。在经贸摩擦之外，美国在台海、南海的行动，以及特朗普政府出台的"印太"地缘战略也对中美关系的稳定性造成冲击，从而增加了两国在 G20 等多边框架内的竞争强度。③ 为此，中国有必要调整其对 G20 未来峰会的预期与策略。

二、中国方案的提出及推进情况

　　如前文所回顾的，以 2016 年杭州峰会的召开为标志，在中国等发展中国家的共同推动下，G20 机制作为全球经济治理的重要平台，正朝着推动"新全球化"的目标迈进，并取得了一定成果。然而，在最近三年的全球治理实践中，"杭州共识"在加强各国政策协调、创新增长方式、改革经济金融治

---

　　① Mark Landler，"U. S. and China Call Truce in Trade War"，*The New York Times*，December 1, 2018，https://www. nytimes. com/2018/12/01/world/trump-xi-g20-merkel. html. "What to expect from the G20 summit in Buenos Aires"，*Al Jazeera Media Network*，November 30，2018，https://www. aljazeera. com/news/2018/11/expect-g20-buenos-aires-2018-181129025216292. html（访问时间：2019 年 4 月 10 日）。

　　② Roberta Rampton, Michael Martina，"U. S.，China agree on trade war ceasefire after Trump, Xi summit"，*Reuters*，December 1，2018，https://www. reuters. com/article/us-g20-argentina-idUSKCN1O031C. Roland Rajah，"The G20 in a Zero-Sum World"，*Lowy Institute*，November 29，2018，https://www. lowyinstitute. org/publications/g20-zero-sum-world（访问时间：2019 年 3 月 28 日）。

　　③ 王鹏:《"对冲"与"楔子"：美国"印太"战略的内生逻辑——新古典现实主义的视角》，载《当代亚太》，2018 年第 3 期。

理机构、促进贸易和投资便利化、推动包容和联动式发展等领域的努力也遭到了一定阻力。而作为推动 G20 落实"杭州共识"最重要的行为主体，中国尽管通过该平台积极参与全球治理，积累经验并取得成效，但西方老牌发达国家在全球治理的经验、资源、手段上仍明显优先于中国。这就导致当前中国通过 2016 年 G20 杭州峰会对全球治理体系贡献的增量改革面临被西方大国"开倒车"、污名化、边缘化的风险。

1. 西方在全球治理各领域中的经验、资源和手段仍强于中国

作为西方政治经济架构的自然产物，"全球治理"本质上可被理解为某种"朋友圈"。其中，英语国家（美、英、加、澳、新所谓"五眼"同盟）、法德等西欧大国以及日本仍居于核心位置。[①] 他们在国家层面通过一系列同盟关系相互绑定，同时在次国家层面，甚至在家族、个人层面上具有上百年的实践和交往网络，自然形成一个较为封闭的小圈子，彼此在情报、资源、理念、政策上存在一定的共识与共享。[②]

尽管他们之间存在矛盾，但面对"外来者"时则往往表现出高度一致性，试图共同"驯服""规制"作为全球治理"新来者"的中国。[③] 全球治理本质上乃"全球公器"，应该为全人类的共同命运和福祉服务。但当前在西方强国的霸权阴影下，作为国际社会最重要"公共产品"的全球治理仍在相当程

---

① 李洪兴：《"五眼"情报联盟必须加速情报共享》，载《现代军事》，2017 年第 8 期。

② "The G7 and the Future of Multilateralism", *Council on Foreign Relations*, January 24, 2019, https://www. cfr. org/backgrounder/g7-and-future-multilateralism（访问时间：2019 年 3 月 28 日）。

③ Andrew F. Cooper, Asif B. Farooq, "The Role of China and India in the G20 and BRICS: Commonalities or Competitive Behaviour?" *Journal of Current Chinese Affairs*, Vol. 45, No. 3, (December 2016), pp. 73–106.

度上被某些小圈子、小集团"公器私用"。因此，中国仍需漫长的时间以积累全球治理经验和根基。

一个必须承认的事实是，G7仍将在G20框架内发挥主导作用。G7通常先行开会，讨论对重大问题的共同立场，然后在G20峰会上体现出一致性。欧美之间的一些争执本质上并非他们彼此间的直接矛盾，欧洲一些官员认为，美国不应将贸易战矛头指向自己，而应欧美"联手"对付中国。可见，这种所谓的"欧美矛盾"与中方此前的设想、期望相比，存在较大距离。故此次大阪峰会以及之后的G20会议上，都不能排除美欧在G7框架下事先达成协议，而后在大会上针对中国的可能。

2. 中国与西方的全球治理理念仍存在相当差异；而全球治理的"中国方案"正面临被西方曲解和污名化的威胁

在习近平主席2015年9月26日在联合国大会上对中国全球治理观系统阐述的基础上，金灿荣等学者总结出中美两国在全球治理的主张上的若干差异：第一，在全球治理的主体上，中国比较强调联合国的作用，而美国则强调自己的联盟体系优先；第二，在全球治理的议题上，中国坚持发展优先，美国坚持安全优先；第三，在参与全球治理的主权国家地位上，中国强调所有国家不分大小都是平等的"全球伙伴关系"，而美国则分出等级，认为其本国及盟友的利益要优先满足；第四，在全球治理的方法上，中国强调"不干涉内政"原则，而美国是要干涉内政的。[1] 还有学者从外交、经济、社会

---

① 金灿荣：《希望全球治理的贡献能够延伸到网络空间》，国际在线，2017年12月4日，http://news. cri. cn/20171204/a1e45fca-c6b3-5cef-f684-8bc9cc50767b. html. Li Baodong, "China, G20 and Global Governance", *Ministry of Foreign Affairs, the People's Republic of China*, November 18, 2015, https://www. fmprc. gov. cn/mfa_eng/wjbxw/t1316064. shtml（访问时间：2019年3月28日）。

政策三个维度考察中美全球治理观的差异，认为他们在全球治理的方式、价值观以及对全球治理各类行为体的重视程度上都存在较大差异；如果说美国是"带有霸权色彩的自由主义"全球治理观，则中国的价值理念可被视为"主权基础上的平等主义"①。价值理念与行为方式上的巨大差异在网络空间规则制定、气候合作等重大议题中都有明显体现。②而当前中美战略竞争的加剧更放大了上述差异。③

正是由于西方在全球治理的主体、参与者关系、议题目标、具体手段等方面与中国的理解存在相当差异，目前在西方"全球治理"的研究圈子中并没有按中国本意去理解"中国方案"一说。甚至一些西方智库、媒体或有意或无意地把全球治理"中国方案"等同于"一党专政"、"共产主义"、"国有企业"等，刻意制造"中国方案"与西方传统政治理念和治理框架间"不可调和的冲突"，进而使"讲好中国全球治理故事"面临重大挑战。④

近年来，西方国家屡屡在发展模式、贸易补贴、市场经济地位等领域向中国发难。⑤鉴于这一事实及趋势，在大阪峰会及此后的 G20 峰会上，西方

---

① 赵晨：《中美欧全球治理观比较研究初探》，载《国际政治研究》，2012 年第 3 期。

② 王联合、耿召：《中美网络空间规则制定：问题与方向》，载《美国问题研究》，2016年第 2 期。康晓：《多元共生：中美气候合作的全球治理观创新》，载《世界经济与政治》，2016 年第 7 期。薄燕：《中美在全球气候变化治理中的合作与分歧》，载《上海交通大学学报（哲学社会科学版）》，2016 年第 1 期。

③ 寿慧生：《中美冲突的本质及前景》，载《现代国际关系》，2018 年第 6 期。

④ Louisa Lim, Julia Bergin, "Inside China's audacious global propaganda campaign", *The Guardian*, December 7, 2018, https://www. theguardian. com/news/2018/dec/07/china-plan-for-global-media-dominance-propaganda-xi-jinping（访问时间：2019 年 3 月 28 日）。

⑤ Amalina Anuar, "Taming Big Brother: G20 Push to Reform SOEs", *S. Rajaratnam School of International Studies (RSIS)*, November 8, 2018, https://www. rsis. edu. sg/rsis-publication/cms/taming-big-brother-g20-push-to-reform-soes/#. XKFmT6R5tPY（访问时间：2019年 3 月 28 日）。

媒体将大概率对中国及其发展模式展开一定程度的舆论抵制。同时，先于G20峰会召开的G7峰会也存在预先在上述议题上达成某种合谋、共识的可能。而在过去的多次峰会上与中国形成密切战略协作与互动的国家，譬如作为"金砖国家"之一的巴西，也可能在右翼总统当选后，转向亲美，从而进一步削弱G20框架内支持中国方案、中国主张的声音。①

3. 杭州峰会上所确立的若干原则正面临被边缘化的风险

"二十国集团的行动力与引导力，正在于持之以恒落实成果，确保各项议程的延续性。"② 杭州G20峰会中的多项核心内容，如重视基建、加强反腐、促进增长、互联互通、契合联合国可持续发展目标等，属于长期以来G20峰会一以贯之的传统议题，中国为其延续做出了巨大贡献。然而，另外一些具有鲜明中国特色的主张、理念，却正在被西方国家淡化、稀释和边缘化。③ 譬如，在杭州峰会上所确立的"贸易部长会议机制化""绿色金融""发展中国家地位""通过基础设施建设提振经济"等，已在后续的峰会中被陆

---

① 雅伊尔·博索纳罗当选巴西总统后，态度亲美。他于2019年3月19日与特朗普会晤并发表联合声明，宣布巴西将在WTO谈判中放弃作为发展中国家的"特殊和差别待遇"。国际社会普遍认为，此举将冲击巴西与其他发展中大国的合作。因此在未来的G20框架中，巴西有可能进一步被美国拉拢；同时在联合国"入常"等议题上又与日本结成更加紧密的"统一战线"。这对金砖国家群体的团结一致形成一定挑战。而杭州峰会上所确定的有利于金砖国家、广大发展中国家的内容也可能被进一步抛弃或淡化。

② 《在杭州共识引领下坚定前行》，载《人民日报》，2017年7月7日第10版。

③ "Carrie Gracie, Hangzhou G20: China's ambitions for global leadership", *BBC*, September 2, 2016, https://www.bbc.co.uk/news/world-asia-china-37241315（访问时间：2019年3月28日）。

续淡化或剔除。[①]

以贸易与投资领域为例，国际贸易与投资规模的不断萎缩、国际贸易投资体系的不断分化，都给国际贸易投资的治理带来严峻挑战。为此，中国政府在 G20 杭州峰会上积极推动与会各国就推进贸易投资增长、强化 G20 贸易投资机制、促进发展中国家全面参与全球价值链等方面推动成员国达成共识。[②]

为使上述努力制度化、常态化，在中国的推动下，杭州峰会还通过了《G20 全球投资政策指导原则》。该原则作为国际社会首次在多边机制下就全球投资规则的制定达成共识，在全球多边投资体制缺失的情况下，有效地填补了国际经济治理领域的空白，在全球多边投资规制的历史上取得了重大突破。[③]"指导原则"提出的九项原则不仅覆盖了国际投资体制的所有核心板

---

① 相关论述可参见：程实：《G20 杭州峰会开启绿色金融新篇章》，载《金融博览》，2016 年第 10 期。苏庆义、李春顶：《解读 G20 贸易部长会议成果》，载《国际金融》，2016 年第 8 期。裴超：《批准"三份文件"达成"两项共识" G20 贸易部长会议为贸易投资立新规》，载《中国会展（中国会议）》，2016 年第 14 期。徐凡：《G20 机制化建设与中国的战略选择——小集团视域下的国际经济合作探析》，载《东北亚论坛》，2014 年第 6 期。朱杰进：《非正式性与 G20 机制未来发展》，载《现代国际关系》，2011 年第 2 期。王国兴、成靖：《G20 机制化与全球经济治理改革》，载《国际展望》，2010 年第 3 期。沈铭辉：《G20 国家基础设施投资：现状、挑战及其合作战略》，载《天津社会科学》，2016 年第 2 期。中国人民大学重阳金融研究院、中国人民大学生态金融研究中心：《绿色金融与"一带一路"》，中国金融出版社 2017 年版，第 206 页。贾晋京：《让发展中国家共享发展》，载《人民日报》（海外版），2016 年 8 月 30 日第 1 版。Zhou Xin, "China's long journey to centre stage at G20 summit", *South China Morning Post*, August 28, 2016, https://www.scmp.com/news/china/diplomacy-defence/article/2004987/chinas-long-journey-centre-stage-g20-summit（访问时间：2019 年 3 月 28 日）。

② 潘晓明：《G20 杭州峰会对国际贸易投资体系发展的影响》，载《国际经济合作》，2016 年第 11 期。《中国呼吁 G20 加强五大领域贸易投资合作》，载《信息技术与信息化》，2016 年第 4 期。

③ 詹晓宁：《全球投资治理新路径——解读〈G20 全球投资政策指导原则〉》，载《世界经济与政治》，2016 年第 10 期。

块和要素，同时还纳入全新的国际投资规则核心要素，为对现行国际投资协定体系的增量改革提供了有效的政策指引，给国际贸易投资体系发展带来了新的契机，推动国际贸易投资的国际合作进入新阶段。①

然而，在此后的两届峰会上，上述杭州峰会共识与成果并未被东道国在大会议程中努力延续，相关的研讨、热度明显下降。各峰会主办方更倾向于将本国所关注的内容设为核心议程。②至于对杭州共识做后续的推进和落实，则面临更大挑战。③

尤其需要指出的是，在 2016 年杭州峰会举行时，尽管中美在全球治理目标和手段上存在一定分歧，但当时的美国奥巴马民主党总体上仍然赞成国际合作，因而与中国明确反对贸易和投资保护主义的主张存在一定共识。④然而近两年来，随着特朗普共和党政府所强力推行的"美国优先"原则、贸易保护主义，中美上述共识正受到全面侵蚀。

三、应对与思考

尽管 G20 面临种种挑战，但它仍然是中国积极参与、引领全球治理的重

---

① 詹晓宁、欧阳永福：《〈G20 全球投资政策指导原则〉与全球投资治理——从"中国方案"到"中国范式"》，载《世界经济研究》，2017 年第 4 期。

② Karl P. Sauvant，"After successes at Hangzhou G20, it's Germany's turn to keep momentum going"，*Shanghai Daily*，January 13，2017，http://ccsi. columbia. edu/files/2017/01/KPS-op-ed-China-G20-Shanghai-Daily-13-Jan-17. pdf（访问时间：2019 年 3 月 28 日）。

③ 《落实 G20 杭州峰会成果要"知行合一"》，新华社，2016 年 9 月 8 日，http://www. xinhuanet. com//world/2016-09/08/c_1119535011. htm. "What to expect from US and China at G20 summit"，*CNN*，November 29，2018，https://edition. cnn. com/videos/world/2018/11/29/g20-summit-argentina-preview-trump-us-china-trade-war-matt-rivers-pkg-vpx. cnn（访问时间：2019 年 3 月 28 日）。

④ 王受文：《商务部副部长王受文——G20 明确反对贸易和投资保护主义》，载《南方企业家》，2016 年第 10 期。

要平台。而作为负责任大国，中国不仅需要利用好这个平台为国家发展、民族复兴创造更好的国际环境，同时也是为国际社会，尤其是广大发展中国家提供更多的公共产品，携手构建更加公平、合理的国际新秩序，为最终建成"人类命运共同体"奠定基础。

基于上文的分析，中国在现阶段可以从以下措施入手，在进一步夯实杭州共识、捍卫国家利益的同时，推动全球治理的发展与 G20 机制的进一步优化：

1.中短期延续杭州共识、捍卫中国方案的策略思考

（1）借助 G20 峰会促进大国协调

首先，大国协调中最重要的显然是中美协调，即避免两个大国对彼此的战略意图和能力产生致命误判。中国需要审慎处理特朗普政府"美国第一"贸易保护主义政策与中国所高举的全球化大旗间的关系。

其次，借助参加 G20 峰会与东道国拉近距离，开展公共外交也是题中之义。譬如，在大阪峰会上，中国可以从不同层面夯实中日关系，促进政策沟通和民心相通，尤其是形塑日本下一代对中国的正面认知。

再次，中国可以借 G20 峰会夯实与新兴大国的关系，继续与它们一起寻找共同利益和共同语言，如和印度等国可以在大数据、医药、知识产权等领域就国际贸易规则公平化改革等议题达成共识。在 G20 框架中应注意团结发展中国家，协调立场，一齐发声。

（2）以 G20 峰会为平台占据国际道义制高点，推动国际制度和国际组织改革

中国不妨在 G20 峰会平台全面阐述有关 WTO 改革、提高政策透明度、鼓励市场竞争、捍卫公平贸易原则等中国主张，作用在于：第一，占据国际

社会的道义制高点；第二，对外，通过在一定程度上"统战"美欧国内的部分工商金融界人士来缓和与美欧间的战略矛盾；第三，对内，进一步借助扩大开放来加速国内改革。

（3）高度重视G20配套活动，以打造更加丰满、立体的国际形象

中国国家智库、高校智库、社会智库都应积极参与G20峰会的筹办、参会和后续工作，在二十国工商论坛（B20）、二十国智库论坛（T20）、二十国青年论坛（L20）、二十国妇女论坛（W20）等平台上继续发力，从而打造更加丰满、立体的中国国际形象与影响力。

（4）借助"一带一路"、亚投行等政策抓手落实"杭州共识"，不断扩大国际社会的接受度，并在促进"五通"的共同实践中加以打磨、完善

马克思主义认为，物质交往是精神交往的前提。作为"一带一路"建设的"血脉经络"，基础设施投资计划将建设亚欧地区以海陆空交通线、油气管道、输电线路和通信网络等为构成要素的综合性立体交互网络，为沿线国家的民间文化"思想交流"奠定"物质交往"基础。[1]而在"逆全球化"大潮下，加强世界各国基础设施建设合作，促进互联互通，本身就是"探索一种全新的开放性经济发展方式的尝试，为密切国家间经贸的往来和抵御全球化风险提供更强大的战略依托"[2]。

以作为杭州峰会亮点的"绿色发展与绿色金融""以基础设施建设促进经济社会发展"为例，可以在"一带一路"建设以及亚投行融资支持等领域

---

[1] 刘伟、王文：《新时代中国特色社会主义政治经济学视阈下的"人类命运共同体"》，载《管理世界》，2019年第3期。Ferdinand Tönnies, *Community and Society*, Michigan: Michigan State University, 1963.

[2] 刘伟：《读懂"一带一路"蓝图》，商务印书馆2017年版，第70页。

加强政策倾斜与扶持。[1]譬如，不妨借助"一带一路"的建设，向全球推广"要致富，先修路"的中国发展理念，并将生态文明融入绿色基建项目之中。[2]创新绿色金融机制不仅有助于绿色基础设施建设，而且能够引领多边开发银行参与绿色基础设施建设。因此也不妨以亚投行为牵头单位，联合世界银行、亚洲开发银行、欧洲复兴开发银行、欧亚开发银行、伊斯兰开发银行、非洲开发银行等在"一带一路"沿线有业务交集的多边银行，建立包括基础设施投融资在内的合作关系，更好地发挥多边开发银行资金优势互补的协同效应。

加强中国绿色金融国际标准的制定与全球推广工作是重中之重。伴随着国际社会对于气候变化、资源保护、生态平衡等问题的日益重视，未来绿色金融业务将有更大的发展空间，全球绿色金融业务正处在同一条起跑线上。作为绿色金融服务核心的绿色标准，其内容与规范的发展也都在起步阶段。而在绿色金融标准上，较之于国际"自下而上"的自愿性标准，中国的绿色金融标准更多采用了政府引导和市场化约束相结合的方式，通过"自上而下"的指导性准则，对绿色金融从绿色产业项目界定、募集资金投向、存续期间资金管理、信息披露认证等问题进行引导和规范。因此，推动绿色金融的中国标准国际化，正面临着一个重要的历史机遇，并拥有政策支持优势。[3]

与此同时，在话语层面亦宜建立"一带一路"生态文明传播机制，扩大沿线国家对中国生态发展理念的认同，加强民心相通，为建成"一带一路"的最终愿景——人类命运共同体奠定基础。[4]在上述过程中，"杭州共识"将

---

① 马中、周月秋、王文主编：《中国绿色金融发展报告 2017》，中国金融出版社 2018 年版，第 48 页。

② 张俊杰主编：《"一带一路"投资绿色标尺》，人民出版社 2018 年版，第 48 页。

③ 绿色金融工作小组：《构建中国绿色金融体系》，中国金融出版社 2015 年版，第 94 页。

④ 郭业洲、金鑫、王文主编：《"一带一路"民心相通报告》，人民出版社 2018 年版，第一章第一节"环境保护部：以碧水蓝天换融洽无间"。

在双边、多边的建设实践中被国际社会"内化"。

2.中长期进一步优化 G20 架构、推进全球治理改革的策略思考

从中长期看，未来五到十年将是全球治理"中国方案"全面推进、开花结果的十年。尽管仍面临空前的挑战和阻力，但中国崛起的国家实力、中国方案自身的价值与全球吸引力，都为中国推进更加公平、包容、可持续的全球治理提供新动力。① 为延续杭州峰会的成果，同时因应新的挑战，切实推进全球治理中国方案的落实，具体可从如下方面入手：

（1）针对世界大国实力消长与全球治理架构的现实，确立更加符合实际的全球治理目标和战略预期；适度调整对 G20 的认知与心态，在全球治理中聚焦力所能及的重点领域

中国在继续利用 G20 平台积极参与全球治理的同时，宜把重点锚定在联合国、国际货币基金组织、WTO、APEC 等多边和区域机制，且仍以双边外交和双边经贸关系为基础。不可否认，G20 的产生本身带有一定的应急性和临时性。中国需对 G20 自诞生之日起就自带的制度性、结构性先天缺陷，以及民族国家的自立性、自助性有充分、全面的认识；同时其自身也需用更长时间适应全球治理的"深水区"。

当下，全球治理盘根错节，复杂异常，中国作为新手仍需关心观察、虚心学习。西方一些舆论过度宣扬"中国领导权""中国模式主导 / 引导全球治理"，对此中国尤应谨慎。世界银行、国际货币基金组织、世贸组织等仍由美欧主导。中美贸易摩擦的长期性也将影响国际体系的改革。美欧、美日经贸之争并不会完全使西方撕裂。国际体系未来恐将长期陷于"斗而不破"

---

① ［英］罗思义：《别误读中国经济》，天津人民出版社 2018 年版，第 275-278 页。

的摩擦"新常态"。因此，中国尤其需对国际体系改革的漫长性、挫折性有足够的心理准备。中国参与国际治理，将经历一个长期的"干中学"过程。

习近平总书记2013年1月5日在新进中央委员会委员、候补委员学习贯彻党的十八大精神研讨班上指出："我们要深刻认识资本主义社会的自我调节能力，充分估计到西方发达国家在经济科技军事方面长期占据优势的客观现实，认真做好两种社会制度长期合作和斗争的各方面准备。在相当长时期内，初级阶段的社会主义还必须同生产力更发达的资本主义长期合作和斗争，还必须认真学习和借鉴资本主义创造的有益文明成果，甚至必须面对被人们用西方发达国家的长处来比较我国社会主义发展中的不足并加以指责的现实。我们必须有很强大的战略定力，坚决抵制抛弃社会主义的各种错误主张，自觉纠正超越阶段的错误观念。"该文于2019年3月31日重新刊载于《求是》杂志和《人民日报》头版头条，不仅展示出中国国家领导人对世界大局的最新观察，更体现出其高瞻远瞩的战略远见与一以贯之的正确研判。[①] 而认清这一点，有助于中国进一步审慎研判包括G20在内的全球治理平台的实际价值，以及中国在其中的角色与地位，从而确立更加符合实际的全球治理目标和战略预期。在重新调整对本国实力、全球治理能力与G20潜力的认知之后，中国不妨将G20作为中国展示形象与主张的外化特色与传播平台，从而更加务实、有效地使用该平台。

（2）借助金砖国家、上海合作组织等多边架构，加强与新兴经济体在国际经济金融治理领域的协调协作

全球日益高涨的"反全球化"浪潮源于西方国家在当前特定阶段出现的

---

① 《〈求是〉杂志发表习近平总书记重要文章关于坚持和发展中国特色社会主义的几个问题》，《人民日报》2019年4月1日第1版。习近平：《关于坚持和发展中国特色社会主义的几个问题》，求是网，2019年3月31日，http://www. qstheory. cn/dukan/qs/2019-03-31/c_1124302776. htm?from=timeline&isappinstalled=0（访问时间：2019年3月28日）。

区域和周期性倒退。该浪潮已经在发达经济体中引发交叉传染式的贸易保护主义、贸易增长缓慢、移民政策收紧，从而间接导致全球化的引擎从发达经济体转向新兴经济体。因此，中国不妨借助金砖、上合等多边组织，加强与新兴经济体在国际经济与金融治理的协调与协作，共同捍卫自由贸易、开放市场的价值观，并抓住下一轮全球化将带来的机遇。[①]

在国际金融领域，世界经济已经进入动荡不定的"美元退潮"期。长期来看，美元加息可能迫使西方企业债市场被迫持续去杠杆化，从而形成"债务悬崖"，从而因遏制创新而间接打击世界经济。[②]除了美元自身的问题，美国政府恶意利用其美元霸权，频繁使用金融手段制裁、打压他国，也迫使更多国家从国家安全与战略的角度警惕美元。尤其是俄罗斯、伊朗等近年来饱受美国金融制裁之苦的国家正谋求加强国际金融合作，希望通过强化在国际支付与清算领域的协调来破除制裁，从而捍卫本国金融经济主权。

由上述诸多因素所引发的"去美元化"（De-Dollarization）趋势也在客观上为人民币国际化、中国加强与新兴市场经济体金融货币协作提供了一定的有利的外在条件。为了逐步发展起自己的供应链和价值链系统，中国也不妨在国际货币结算清算系统中加强与俄罗斯、欧盟等方的协作，适度、逐步递减对美元的过度依赖，从而加强中国的货币—经济主权，并推动全球经济金融治理朝着更加公平、正义的方向发展。

---

① 中国人民大学重阳金融研究院主编：《新丝路·新格局——全球治理变革的中国智慧》，新世界出版社 2018 年版，第六章。

② 王文、贾晋京、卞永祖、陈晨晨：《大相变："美元退潮"下的世界变局与中国应策》，载《现代国际关系》，2017 年第 1 期。

05 Chapter 5

从"百年变局"到"人类命运共同体"

一、全人类的共同愿景与共同挑战

历史事件往往充满巧合，而在巧合背后又往往存在某种逻辑上的必然联系。就在"一带一路"倡议提出整整两年后，联合国 193 个成员国于 2015 年 9 月 25 日在纽约总部召开可持续发展峰会。大会正式通过了 17 项可持续发展目标（Sustainable Development Goals, SDG）。其目的是在原先的"千年发展目标"（Millennium Development Goals, MDG, 2000—2015 年）到期之后，继续指导 2015—2030 年的全球发展，并以综合方式彻底解决社会、经济和环境三个维度的发展问题，走可持续发展道路。

中国作为负责任大国，理所当然地积极参与联合国可持续发展目标的创建活动，并自觉将其提出的"一带一路"全球合作与发展倡议与联合国指针无缝对接。

从联合国推动全球可持续发展的历程看，2015年当然是不平凡的一年。同时，2015年也是多灾多难的一年。早在年初，2月25日，莫桑比克中部和北部地区发生洪涝灾害，造成至少158人死亡。2月27日，连日发生在阿富汗各地的暴雪和雪崩，造成至少216人死亡，27人受伤。

4月25日，尼泊尔中部地区突发8.1级强烈地震，造成9000余人死亡，2.2万多人受伤。这场该国80年来发生的最大自然灾难，还导致该国历史文物严重损毁。

6月1日，印度持续一周的多地高温天气造成2200多人死亡。当地媒体称，这种高温是印度有气温记录以来最严重的一次。无独有偶，6月12日，印度尼西亚北苏门答腊省的锡纳朋火山喷发。

8月9日，缅甸持续大雨导致全国大面积水灾，造成100多人死亡。8月14日，南美洲的厄瓜多尔科托帕希火山喷发，腾空而起的蘑菇云高达8千米，大量火山灰弥漫在空中。厄政府遂宣布全国进入为期60天的紧急状态。

10月26日，阿富汗东北部发生7.8级强烈地震，巴基斯坦、印度、乌兹别克斯坦等邻国均有强烈震感。地震造成阿富汗境内至少115人死亡，538人受伤；巴基斯坦境内至少272人死亡，2123人受伤……

面对从天而降的灾难，即便是在科技昌明的21世纪，人类也依然会时不时地产生一种无力感：每当在抢险救灾的关头，我们怎样才能将救援人员、器材以及巨量的物资在第一时间穿越复杂地形的重重阻碍投送到灾区和灾民手中？这又需要怎样的基础设施的支持？而当人们进一步反思造成这些悲剧、灾难的深层原因时，我们人类对大自然的过度开发利用，是否也是重要原因之一？全球性的地质、气候灾难是否已然将人类强行纳入一个休戚与共的"命运共同体"（Community of shared death and life）——而无论他们是否已经认识到或者愿意承认这一点？人类究竟需要一种怎样的发展理念以在自身文明的进步与生态的可持续保护之间保持一种微妙的平衡？人们曾一心指望更加发达的科技能够对所有的自然挑战与社会问题提供一揽子解决方案,可当网络、大数据、人工智能、基因编辑等一系列高新科技问世后,人们才突然意识到,它们的确解决了很多"老难题",但也无可回避地带来诸多"新挑战"——从技术自身到伦理冲击再到难以估量的复杂效应……为解决上述问题以达至更高的全球治理水准,世界各国应如何加强彼此间的"互联互通",尤其是"政策相通"与务实合作?更具体地讲,联合国的"2030可持续发展目标"、中国的"一带一路"等各类方案、倡议能够为解决上述难题提供哪些启迪与支持?人类未来的命运终将何去何从?

这些正是联合国发展议程迈入 21 世纪第二个"十五年规划"时所不得不直面的现实问题。它们如暮鼓晨钟日夜拷问着人类的良知,挑战着各国政府和社会精英,同时也鞭策着每一个希望有尊严、有保障、有幸福感地生活的人们……人们因此而万分焦虑,联合国更是如此——因为他们不知道十五年后,也就是到了 2030 年,SDG 的 17 个目标是否能够全体实现。他们更迫切地想知道,世界大国和主要经济体能否真正拿出足够的诚意和气量,以共同的实际行动去推动上述全球性问题的解决落实。

尽管很多在纽约联合国总部大楼工作的人都愿意相信"作为大势所趋的全球化是不可逆的"这一信念,可当 2017 年汹涌澎湃的"逆全球化"浪潮裹挟着经济民族主义、新孤立主义、贸易保护主义以及各色民粹主义扑面而来时,即便最坚定、最自信的全球主义者恐怕也不得不正视此前历史学家的一些忠告:在 19 世纪、20 世纪的人类历史中,所谓的"全球化"或者经贸上的"相互依赖"也曾多次达到相当高的程度,以至于那时的人们都坚信这种趋势势不可当;然而随之而来的大危机不仅一次次中止了全球化进程,甚至还以世界大战的形式将人类文明的道德底线与国际交往的基本礼仪打回粗鄙的原形,使过度乐观的情绪如梦幻泡影消逝。

2015 年,联合国的发展规划以及人类的历史进程又进入了一个"新时代",也提出了自己的新目标、新构想。在接下来的十五年中,以 SDG 17 个目标为核心的可持续发展进程究竟将如何展开？它与"一带一路"的全球推进又将产生何种互动、关联与"化学反应"？

让历史为之见证。

二、友谊的鲜花绽放在喜马拉雅山脚下

1. 瓜达尔：从小渔村到国际大港的传奇

东经 62.26 度，北纬 25.17 度。

在南亚次大陆的西端，在印度洋北缘与阿拉伯海的交汇处，正风起云涌。

在繁忙的施工现场，建设者们憧憬着一座西南亚—北印度洋地区第一大港破土而出，展现出壮美的轮廓并装备全球最先进的设施。

在当地的乌尔都语里，瓜达尔港意为"风之门"。18 世纪末，渔村瓜达尔属于阿曼王国。1958 年，巴基斯坦以 300 万英镑的价格从阿曼手里"购买"了这一地区，并于 1964 年决定把它建成港口。然而，因为种种原因当地的开发总是一再拖延。

瓜达尔港虽然欠缺开发，但它得天独厚的条件及地理位置却使它极具开发潜力。它是一个深水不冻港，位于巴基斯坦西南部俾路支省瓜达尔市，东距卡拉奇约 460 千米，西距巴伊边界约 75 千米，南临阿拉伯海，距霍尔木兹海峡出海口约 400 千米。地处欧亚大陆与印度洋相衔接的位置的瓜达尔港，沟通着亚洲内陆与印度洋，是处于海陆之间的边缘地带。它既是中亚、东亚国家内陆地区对外出海的可能通道，又是影响到霍尔木兹海峡及印度洋航道的重要战略支点。这些都构成了该港巨大的战略潜力。[①]

---

① 杨航：《试析瓜达尔港开发对"一带一路"战略的影响》，载《发展研究》，2015 年第 9 期。

20世纪90年代，美国 Uncol 等公司曾计划投标巴基斯坦的输油管工程。但由于阿富汗内战、俄罗斯买断土库曼斯坦境内 80% 油气储量开采权等原因，上述开发被迫终止。

进入 21 世纪，中国作为巴基斯坦最可信赖的邻国友邦广泛参与到对巴投资与共同建设中来。2001 年起中国开始参与俾路支省开发，重点就在瓜达尔深水港及其经济特区。

早在习近平正式提出"一带一路"构想之前的 2013 年 5 月，国务院总理李克强就曾正式访问巴基斯坦，并与巴方领导人就进一步加强中巴全天候战略伙伴关系进行深入探讨。①

如果说当时的"中巴经济走廊"还只是中巴双方加强战略规划、实现共同发展的蓝图，那么两年后的 2015 年 4 月 18 日，当中国国家主席习近平首次访问巴基斯坦时，中巴经济走廊则由意向逐渐变为现实。②

历史证明，习近平主席的这次访问极大地推动了中巴经济走廊的建设速度。中国政府承诺在中巴经济走廊项目中投资 450 多亿美元。这一巨额投资为当地居民创造了大量的就业机会，巴国 GDP 增长率也被提升至 8% 以上。③

如果说中巴经济走廊是一条横越喜马拉雅山脉的玉带，那么镶嵌其上的第一枚宝石无疑正是中巴走廊的起点——瓜达尔港。走廊的建成，尤其是瓜达尔港设施的全面提升，将使巴基斯坦曾经最贫困、动荡，甚至时刻面临分离主义和恐怖主义威胁的俾路支省在经济、社会等多个领域得到提升，甚至由此

---

① 《李克强抵达巴基斯坦进行访问　6 架枭龙战机全程护航》，人民网，2013 年 5 月 22 日，http://politics. people. com. cn/n/2013/0522/c1001-21577451. html。

② 《李克强会见巴基斯坦总理时强调打造中巴经济走廊旗舰项目》，中国政府网，2014 年 11 月 8 日，http://www. gov. cn/guowuyuan/2014-11/08/content_2776366. htm。

③ 《习近平主席到访中巴经济走廊提速》，载《光明日报》，2015 年 4 月 18 日第 5 版，http://epaper. gmw. cn/gmrb/html/2015-04/18/nw. D110000gmrb_20150418_1-05. htm?div=-1。

成为巴国乃至整个南亚—中亚地区的国际贸易中心。

2016 年 11 月 13 日，巴基斯坦中资港口瓜达尔港正式开航，包括巴基斯坦总理谢里夫、陆军参谋长拉希勒及中国驻巴基斯坦大使孙卫东在内的中巴官员见证了首批中国商船从瓜达尔港出海。这一联结中国西部与阿拉伯海的港口已经成为投资 460 亿美元（约合人民币 3132 亿元）的中巴经济走廊的重要环节。①

从 2018 年起，中巴在瓜达尔的合作开始从港区建设向工业园区建设不断升级、扩展。当年 1 月，瓜达尔自由区正式开园并成功举办了第一届瓜达尔国际商品展销会。两天时间里，共有超过 200 家中巴企业和 3 万多名客商参会。瓜达尔自由区占地面积共 923 公顷，分南北两个区共四期进行建设，已开园的是一期项目——位于南区的起步区。

2.中巴建设者们：亲历历史，共建家园

2013 年，"一带一路"倡议的重大先行先试项目——中巴经济走廊建设正式启动。随后，中巴经济走廊框架下一批能源、交通、基建项目相继落地，项目建设如火如荼。同年，巴基斯坦政府决定将瓜达尔港运营权移交给中国海外港口控股有限公司。瓜达尔自由区有限公司副总经理胡耀宗是瓜达尔港发展的见证者。他回忆说："当时瓜达尔一片荒芜，从空中向下看，一面是蓝色的大海，另一面全是土黄色的沙漠地带，飞机落地仿佛登陆火星。"也就是在这"土黄的火星"，胡耀宗认识了一群志同道合的巴基斯坦朋友和建设者们，他们因为共同的事业而相识，并结下深厚的情谊，成为中巴世代友好的鲜活象征。

---

① 《巴基斯坦中资港口瓜达尔港正式开航，首批中国货船出海》，澎湃新闻，2016 年 11 月 14 日，https://www.thepaper.cn/newsDetail_forward_1560635。

那年，贾玛尔迪尼刚刚出任瓜达尔港港务局主席。他认为自己非常幸运见证了这段历史奇迹以及中巴友谊。贾玛尔迪尼出生于俾路支省一个叫 Nushiki 的小镇，这个小镇与阿富汗和伊朗接壤，而俾路支省正是瓜达尔港口所在地。在担任瓜达尔港港务局主席之前，他曾担任俾路支省财政部常务秘书长，之前还担任过能源厅副厅长，并管理过宗教事务，也在俾路支省经济等部门工作过。由于中巴合作建设瓜达尔港，贾玛尔迪尼经过层层遴选，终于成为瓜达尔港口第十任主席。这是他第一次从事港口管理工作。[①]

在"走廊"开工后的五年里，贾玛尔迪尼、胡耀宗，还有其他千千万万瓜港建设者们共同见证了整个港口面貌焕然一新。老化、生锈的设备拆除了，换上了现代化的崭新设备。自贸区建起来了，会展中心、商务中心、医疗中心、培训中心等大厦拔地而起，成为亮丽的风景线。随着港口吞吐量的增加，瓜达尔又新增 5 台集装箱岸桥、修建 10 万平方米堆场并配置集装箱扫描仪等设施。自此该港终于具备了处理包括散货、集装箱、滚装货物等全作业能力。瓜港处处都倾注着胡耀宗、贾玛尔迪尼等一代创业者们的艰辛与汗水。

3. 中尼印走廊：雪域"天路"直下西洋

与中巴走廊几乎平行的另一条连通中国与南亚次大陆的大通道——中尼印走廊也初具规模。早在 2015 年 5 月莫迪总理访华期间，习近平主席就曾提出中印共同帮助尼灾后重建，探讨建立中尼印经济走廊的可能性，莫迪总理对此做出积极回应，并提议建立联合研究小组探讨中尼印经济走廊倡

---

① 本报首席记者赵忆宁：《中巴经济走廊成功与否，取决于瓜达尔港的发展》，载《21 世纪经济报道》，2015 年 4 月 21 日。

议。此后，中、尼、印三国政府和工程人员开始研讨兴建中尼印走廊的可能性。

如果走廊能够最终建成，那么这条通道将北起中国西藏首府拉萨，在穿越喜马拉雅崇山峻岭皑皑白雪后终于抵达尼泊尔首都加德满都，然后穿城而过，继续南下，直到大洋。它使得尼泊尔——这个曾经被两个大国所"包夹"的内陆小国头一次如此高效而又和谐地与当今世界上最具活力的两大经济体内——中国与印度贯通对接。

从此，尼泊尔人、孟加拉人以及印度东北诸邦人民引以为豪的无公害蔬菜、高品质水果、新鲜肉类等极具国际市场竞争力的农牧产品，都可以沿着这条蜿蜒穿行的铁路送到拉萨、成都乃至重庆、西安、武汉、乌鲁木齐千家万户的餐桌上，当地农民、牧民的收入也因此显著提升。

与此同时，尼泊尔人民梦寐以求多年的出海口也将头一次如此触手可及。从拉萨集结并开出的中国班列，可以将精美的产品和充沛的人力、财力资源输送到尼泊尔和印度东北地区，或供当地人使用，或转道南下，通过孟加拉湾的海港而输送到全球海运贸易的网络中。

这条双向流动的南亚大陆东部大动脉纵贯南北，彻底改变了沿线国家和城市的面貌，在教育、医疗、淡水、能源等方面全面惠及当地民生。中尼印走廊一旦建成，印度和尼泊尔当地民众都将感受到生活中实实在在的变化。

人们有理由期待：脱胎于中国对尼泊尔 2015 年大地震医疗援助小组的"中国医院"，以及后来逐步兴办起来的孔子学院，将更加深入当地人的日常生活。通过参与中尼共建项目赢取全额奖学金到北京、上海读书深造，也将成为当地年轻人的新时尚。印度医药、巴基斯坦和尼泊尔的诊疗术等，也都能够在与中国汉药、藏药同行的业务交流、互学互鉴中获得共同提升。

4. 泛喜马拉雅可持续发展共同体

中国外交历来倡导多边主义而非"单边主义"，即在"正确义利观"的引领下，把国家利益与世界利益、人类的共同命运有机结合起来，从而做到"义利兼顾，要讲信义、重情义、扬正义、树道义"[①]。在双边合作中，中国也历来重视第三方的感受和利益。中国从来不搞"团团伙伙"，不拉拢某个国家去针对其他国家。这一点在"一带一路"的合作中处处都有体现。

譬如，在中尼印走廊的合作中，中国深切理解印度方面对其在南亚地区的传统影响力的重视。因此在与尼泊尔等国的合作中，每一阶段都对包括印度在内的国际社会保持了高度的透明度，以期增信释疑；同时更诚挚邀请有关方面加入到现有的双边合作中，从而搭建一个更广泛、更有包容性的多边合作大框架，为共同体的最终建成奠定坚实的政策沟通、民心相通之基础。

同理，在中巴走廊的建设中，正如习近平主席所倡导和推动的，两国充分发挥中国经济走廊建设对其务实合作的引领作用，以走廊建设为中心，以瓜达尔港、能源、基础设施建设、产业合作为重点，逐步形成了"1+4"产业布局，让发展成果惠及巴基斯坦全体人民，进而惠及周边各国人民。

譬如，作为中、巴两国共同的友好国家，伊朗同样积极参与到中巴走廊的建设与维护中。中国也在瓜达尔附近的伊朗恰巴哈尔港进行投资，并兴建连接该地区与瓜达尔港的油气管线。此外，中国还和伊朗共同建设霍尔木兹海峡内的格什姆岛石油码头，并大幅升级该码头油库的设施和使用率。

---

① 《习近平出席中央外事工作会议并发表重要讲话》，新华网，2014 年 11 月 29 日，http://www.xinhuanet.com/politics/2014-11-29/c_1113457723.htm。

可见，中巴经济走廊不仅是中巴经济合作的重要内容，还实现了与巴基斯坦提振国内经济发展战略的良好对接。它也是"一带一路"的旗舰项目，为"一带一路"起到示范和引领作用，能够提振"一带一路"沿线国家和地区的信心。从地缘经济的宏观角度看，中巴经济走廊的贯通，把南亚、中亚、中东、北非等国家通过经济、能源领域的合作紧密联合起来，在喜马拉雅山的东西南北打造出可持续发展的共同体。

推而广之，以中巴经济走廊、中尼印走廊等为代表的中国与周边国家"一带一路"合作项目，绝不仅仅是中国与这些东道国两国之间的合作典范，而更是一项基于地区多边主义的公共物品。它们的正面外溢效应已经普惠到南亚次大陆、中西亚，乃至整个环印度洋地区，推动区域各国经济的大协同、大发展。在哲学层面，它所体现的正是"一带一路"首倡者习近平所一贯主张的"亲诚惠荣"周边外交之精神理念。

三、一路向西：三条"丝绸之路"上的文明复兴与交融

在古老的欧亚大陆，先民们曾建立并维系着若干条不同的商路。这些商路大体可以分为两拨：一拨是人们所熟悉的从古都长安出发，经由西域（现新疆）至中亚、西亚，再转至地中海、欧洲；另一拨则更为靠北，主要是通过北方的游牧民族在东西方文明间互通有无。前者因为多途经大漠，故被称为"驼铃丝绸之路"；后者则为"草原丝绸之路"。

在欧亚大陆千年的历史脉络中，这些商路时而繁盛，时而因战火、瘟疫而衰落、改道；时而齐齐聚向那些崛起帝国的华丽新都，时而又分道扬镳，如毛细血管般朝着不同文明交界的边地款款延伸，然后织起一张流动着财富、知识与规则的大网。

欧亚商路的兴衰离合本身就早已成为沿线诸文明共同命运的一部分。近代以降，随着海洋文明的兴起，陆上曾经繁盛无比的都会、绿洲纷纷走向衰

败。驼铃声声纵然被绿皮火车的轰鸣所取代，却终究不敌大船海运的成本优势；古道西风瘦马，断肠人在天涯。

然而，有道是"三十年河东，三十年河西"，随着新一代高铁技术的日趋完善以及相关管理技术的整体跃迁，一个"新欧亚大陆时代"正如旭日般喷薄欲出。随着中俄"一带一路"与"欧亚经济联盟"项目对接的纵深推进，随着以"义新欧"为代表的新时代欧亚大陆桥经济走廊的持续推进，古老的丝绸之路在未来科技的激发下终于重焕青春。与此同时，受益于人类航海、破冰技术的进步，以及中、俄等国对和平利用北极资源之共识的达成，一条亘古未有的"冰上丝绸之路"已然破冰前航，将欧亚大陆的东西两端更紧密地连接在一起。从此，三桥飞架东西，天堑变通途。

1. 驼铃丝绸之路：携手中亚走向"光明"

"我认为'一带一路'就是'光明之路'，能够通向未来。"

"不，未来已来。'光明'就在脚下，就在我们手中。"

这是一位纳扎尔巴耶夫大学教授与阿特劳市市长之间的"辩论"，在台下引发热烈的掌声。

2013年9月7日，还是在这座大礼堂，习近平主席发表了那篇划时代的演讲。[①] 几年来，中国人民的"一带一路"与哈萨克斯坦总统于2014年11月正式提出的"光明之路——通向未来之路"新经济计划无缝对接，双方倾力合作，不仅有利于完成联合国 SDG 目标，而且通过区域合作惠及中亚其他国家，复兴古老的驼铃丝路。

---

① 《习近平哈萨克斯坦大学演讲（全文）》，2013年09月07日，央视网，http://news.cntv.cn/2013/09/07/ARTI1378531506771407.shtml。

"光明之路"旨在通过建设哈萨克斯坦基础设施来保障经济与社会的可持续发展。基础设施项目主要涉及交通、工业、能源、社会、文化等领域。在共同合作中，中哈两国政府和建设者共同强化了对本地区运输和物流基础设施的投资，并成功将其国内运输网络升级改造为能够向东承接中国、向西对口欧洲及中东等各大市场的主要运输枢纽和交通大动脉，从而有力地推动了区域经济整合。

　　此外，交通和基础设施的建设，也推动了哈国内交通线沿线的中小城镇和广大农村地区的经济社会可持续发展，缩小了地区间的发展差距。

　　从阿拉木图州穿越美丽的巴尔喀什湖到卡拉干达州，再从阿克托别州到通往西欧和地中海世界的西哈萨克斯坦州；或者拐向西南，来到里海北岸的阿特劳州，来到乌拉尔河美丽出海口阿特劳市，处处都是一派欣欣向荣。

　　中哈两国的建设者们在设计规划这些沿线的新兴城镇时就充分考虑到联合国 SDG 2030 计划的相关指导和要求，同时与当地居民的实际需求有机结合起来，让每一个哈萨克公民都能够从"一带一路"与"光明之路"的对接合作上分享红利。譬如，建设者们着重在"建设包容、安全、有风险抵御能力和可持续的城市及人类住区"上下功夫，使得这些沿线城市在整个国家的观念、商业、文化、科学、生产力、社会发展进程中起到枢纽和榜样的作用。

　　以阿特劳市为例，当前这座城市正处于最佳运行状态，每个市民都在社会和经济方面得到提高。当初在开启"一带一路"与"光明之路"对接项目时，他们就准确预计到新的大规模投资和油气管线、铁路公路建设可能对城市饮用水、电及土地供应方面所带来的挑战，于是预留了大量的"提前量"，即与中国工程师们商量，适度超前提升城市的基础设施和公共服务供给水平。

　　事实证明，多年前双方建设者的决策是多么地富有历史远见。譬如，居民的人均饮用水在量与质上都有了显著提高；而工作岗位的增加更是喜人。与此同时，更加绿色环保、可持续且容易给当地中下层居民带来明显收入提升的旅游业，也由于交通的畅通而空前繁荣起来。如今，越来越多的来自俄罗斯、中国、欧美以及邻国的旅游者们蜂拥而至，尽情享受里海之滨的美丽与怡人。

事实上，阿特劳市也只是一个缩影，在哈萨克斯坦的"光明之路"上还有更多、规模更大的城镇与都会正走向可持续繁荣。类似地，在乌兹别克斯坦的塔什干与古城不花剌，在吉尔吉斯斯坦的比什凯克、巴特肯、贾拉拉巴德，在塔吉克斯坦的杜尚别，还有越来越走向开放和富强的土库曼斯坦，奇迹每天都在发生，"驼铃丝路"正在复兴。

2. 草原丝绸之路：义新欧续写的北国传奇

在驼铃丝绸之路以北，在千百年的东西方交流史上，还活跃着另外一条重要的商路——草原丝绸之路。它勃兴于欧亚大陆的北纬 40 度至 50 度之间的中纬度地区，那里也正是游牧文明与农耕文明的冲突与合作、交汇与融合之地。

过去，东方人骑驴赶马，驮着人参、绸缎、茶叶等特产，从汉朝的右北平、元朝的大都以及明清的山西太原、大同等地，向北越过古阴山（今大青山）、燕山一带长城沿线，再由西北穿越蒙古高原、中西亚北部，直达地中海欧洲地区。今天，义新欧一桥飞架东西，欧亚天堑变通途。2014 年 7 月 1 日，一辆满载着浙江及周边省份生产的机电产品和小商品的 81018 号"义新欧"铁路国际联运班列从义乌——中国东南最具经济活力的小商品生产与转运基地开出，运载着 88 个标箱，以 120 码的速度直奔新疆的阿拉山口转关。这些物美价廉的商品很快被摆上哈萨克斯坦、乌兹别克斯坦和俄罗斯等国的货架。与此同时，"义新欧"继续一路向西，最终抵达波罗的海东岸最耀眼的明珠——圣彼得堡。

"义新欧"在被纳入序列后便有了固定的发车时间,且频次还在逐年增加。与此同时,车速也在不断提升:当车速提至 120 码时,从义乌到达阿拉山口的运行时间就可严格控制在 5 天之内,比以往压缩 3 至 4 天。而且,中、俄、蒙、哈萨克斯坦、吉尔吉斯斯坦等国的海关也同步入驻,全面实行现场施封、验放等通关服务,以提高通关效率。义新欧高铁的运行,省去了以往义乌小商品通过宁波、上海走海运再到俄罗斯海参崴转运的环节,因而运输成本减少了三分之一。

作为"新丝绸之路"的新起点,同时借助中俄"一带一路"与"欧亚经济联盟"对接的东风,义乌终于在整合欧亚大陆经济力量的历史进程中找到了自己的位置。

"一带一路"与"欧亚经济联盟"是中俄各自提出的国家复兴与发展的重大方略。2014 年 5 月 29 日俄白哈三国元首签订《欧亚经济联盟条约》,并于 2015 年 1 月 1 日生效,"欧亚经济联盟"正式成立。2015 年 5 月 8 日,中俄元首在莫斯科发表《中华人民共和国与俄罗斯联邦关于丝绸之路经济带建设与欧亚经济联盟建设对接合作的联合声明》。这表明中俄两国在欧亚地区取得战略共识,为推进欧亚区域发展提供了政治保障。

此后,在 2016 年 6 月 25 日、2018 年 5 月 17 日、2018 年 11 月 7 日,中俄两国首脑多次进行会晤并发表联合声明,逐步提升"一带一路"和"欧亚经济联盟"的对接层级与合作深度,并做出实质性制度安排。

作为中蒙、中俄 70 年友谊的结晶,作为三国共同发展、合作多赢的最新成果,草原丝绸之路的建立进一步加强了三国的互联互通,促进了它们的共同发展。我们有理由期待,在不久的将来三国人民所组成的建设大军将共同打造从中国华北、东北经蒙古、西伯利亚直抵莫斯科、圣彼得堡近9000 千米的公路、铁路、航空、水路以及光纤通信"通道"综合互通工程,更将以此带动中俄双方在走廊沿线开展重大项目、基础设施、能源资源、农业水利、信息通信等多个领域的合作，创立更多工业园区和自贸区，让更多的当地人民能够找到条件更好、收入更高的工作，从而摆脱贫困，走上可持续发展的道路。

3. 冰上丝绸之路：亘古未有之创举

从草原丝绸之路继续往北，来到一望无垠的北冰洋，本以为只有冰雪荒原，却不料"柳暗花明又一村"，另一条亘古未有的新丝绸之路顿时展现在眼前——冰上丝绸之路。

2015年12月，在中俄总理的第二十次会晤联合公报中，"冰上丝绸之路"的雏形开始出现——双方表示要共同"加强北方海航道开发利用合作，开展北极航运研究"；而到第二十一次联合会晤公报中，表述则提升为"对联合开发北方海航道运输潜力的前景进行研究"。

在2017年5月举行的"一带一路"国际合作高峰论坛上，普京明确表示："希望中国能利用北极航道，把北极航道同'一带一路'连接起来。"两个月后，习近平主席在莫斯科会见梅德韦杰夫时，双方达成共识："要开展北极航道合作，共同打造'冰上丝绸之路'。"

2018年9月5日傍晚，经过33天海上航行，中远海运"天恩"号货轮抵达法国西北部港口城市鲁昂。这是"天恩"号货轮首次沿"冰上丝绸之路"取道北极访问欧洲。由此，一场多国携手共同开发北极、探索人类文明极致的史诗正式拉开序幕。这条旷古未有的全新的丝绸之路，西起西北欧北部海域，途经巴伦支海、喀拉海、拉普捷夫海、新西伯利亚海和白令海峡，一路向东抵达符拉迪沃斯托克（海参崴）。从航行距离看，它无疑是连接东北亚与西欧最短的海上航线。

为此，中俄两国近一步通过多个重大项目推进北极航线的务实合作。譬如在交通领域，中远海运集团和俄航运公司及科考人员正在考虑通过多次试航，来不断拓宽北极航道的可航性，同时加强沿线港口基础设施建设。

在制度合作层面，两国交通部门正通过多次协商谈判，逐步就北极航线开发、俄极地水域海事合作等重大问题达成高度共识，并拟定共同行动纲领和行为准则，不断完善北极开发合作的政策和法律基础。由中国商务部和俄罗斯经济发展部所牵头成立的北极共同开发专项工作机制也在有条不紊地统筹推进北极航道开发利用。

在制度建设的基础上，中俄两国企业一方面积极开展北极地区的油气勘探开发合作，同时也与联合国等组织为保护当地生态环境而采取切实行动。由此，一条起于航运与基础设施建设，然后逐步向矿产、能源、旅游、科考、环保等多领域全面发展的产业链已开始初具规模。中、俄以及其他北极国家正携起手来，在联合国可持续发展理念的引领下，为了全人类这个最大共同体（Community of humankind）的共同利益（commoninterest）和共享未来（shared future），共同开发北极航线与自然资源。

一条亘古未有的全新丝路正在地球的最北端破冰前行。

四、海上生明月

1. 从中国到南洋：海内存知己，天涯若比邻

2013 年在印度尼西亚，习近平主席正式提出了"21 世纪海上丝绸之路"的合作构想和倡议。此后，中国"一带一路"（BRI）与印尼时任总统佐科·维多多（Joko Widodo）倾力打造的"全球海上支点"（Poros Maritm Dunia, PMD）战略逐步实现对接，有力地促进了两国乃至整个东亚—东南亚地区的经济整合与可持续发展。

印度尼西亚是东南亚地区最大的经济体。在 21 世纪的头二十年中，大多数时间都保持着年均 5% 以上的经济增长率。同时，印尼作为二十国集团

（G20）中唯一的东盟国家，在东南亚乃至亚太地区都有着重要的影响力。[①]

在中、印尼两国领导人的精心呵护下，两国各自发展战略规划的对接工作正有条不紊地向前推进。

最开始，两国的战略对接从海外经贸合作寻求突破。2014 年，中国已经成为印尼最大的贸易进口国，但两国贸易在中国与东盟国家的贸易中只位列第四位。同年，印尼对中国的出口占其出口总额的 12%，位居第二；低于位列第一的日本（15%），但高于位列第三的美国（8.4%）。这意味着，两国贸易中印尼对中国的依存度要远远高于中国对印尼的依存度。而且，中国对印尼的贸易中主要以出口工业制品为主，同时进口能源和原材料。[②]

随着印尼经济的发展，产业不断升级，这种模式显然不可持续，因此两国贸易必须向着更加全面、均衡的方向发展。经友好协商，在 BRI-PMD 对接的战略框架下，中国和印尼都拿出诚意和实际行动，努力改善两国间不均衡的贸易关系，以投资带动产业升级，从而增加从印尼的进口额。对此，不仅两国政府和国际社会深表赞赏，两国人民更是获得实惠。[③]

与此同时，中资公司最为擅长的基础设施建设也为当地政府和人民带来福利。在亚投行的大力推动下，基础设施投资成为 BRI 与 PMD 对接的重要推动力。

早在 2014 年，印尼就已经连续四年成为中国在东南亚第一大工程承包市场，当时的泗马大桥、加蒂格迪大坝等一批项目都在进行之中。2015 年 10 月，中国企业在与日本企业的竞争中胜出，获得了修建全长 150 公里的

---

① 张洁：《"一带一路"与"全球海洋支点"：中国与印尼的战略对接及其挑战》，载《当代世界》，2015 年第 8 期。

② 李星、王金波、佟继英：《中国—东盟贸易结构的测度与分析》，载《技术经济与管理研究》，2018 年第 9 期。

③ 王辉：《中国与印度尼西亚双边货物贸易的潜力研究》，载《当代经济》，2018 年第 8 期。

雅加达至万隆的高铁合同，再次证明了基础设施在两国战略对接方面的重要性。在此后的施工建设中，虽然雅万高铁项目遭遇到一定挫折，但在中国和印尼两国政府的鼎力支持与沿线人民的密切配合下，有望在 2020 年前后全线竣工。届时，雅万高铁将把印尼最富活力的两座国际大都会更紧密地联系在一起。①

与此同时，中国也不断加强对印尼的直接投资，直接带动当地多部门产业的迅猛发展，尤其是石油、天然气、矿产、家电和通信等领域。而在颇有印尼海洋国家特色的造船业，两国的互利合作更是迈上新台阶。中国在造船与航运业的富余产能，以及它在国际上相对领先的建造和经营能力，与印尼市场的旺盛需求一拍即合，产生了巨大的"化学反应"。中、印尼两国还通过相互投资、合资等多种经营模式，共同打造出一大批有代表性的重大工程，既树立了中国企业在印尼的品牌和声誉，更为当地人民带来工作岗位与收入的提升。②

2. 从南洋到西洋：续写郑和的传奇

六百年前，中国伟大的航海家郑和七下"西洋"，航行远至现今的印度、斯里兰卡、东非沿岸各国，写下了人类航海史的壮丽诗篇。

今天，沿着郑和的足迹，怀抱着同样的和平、平等、公平理念，中国人再下"西洋"，与东南亚、南亚、东非的友人们共建美好家园。

位于中欧海上航线之间的汉班托塔港，曾是斯里兰卡人的伤心之地，但

---

① 潘玥：《"一带一路"倡议下中国企业投资印度尼西亚的深层问题——以雅加达—万隆高速铁路项目为例的分析》，载《东南亚纵横》，2018 年第 2 期。

② 张洁：《海上通道安全与中国战略支点的构建——兼谈 21 世纪海上丝绸之路建设的安全考量》，载《国际安全研究》，2015 年第 33 期。

如今却成为该国面向未来的新地标与新骄傲。

2009 年，斯里兰卡的漫长内战终于结束，由此开始了大规模的战后重建工作。为此，斯里兰卡政府多方寻找资金来源。作为斯里兰卡人民的老朋友，中国责无旁贷地及时提供帮助，积极参与斯里兰卡的基础设施建设，其中就包括拉贾帕克萨总统的"马欣达愿景"——将汉班托塔建设成世界级港口，重新恢复斯里兰卡在亚洲丝绸之路中的重要地位，使其成为连接东西方的海运、航空及商贸中心。

在当时斯里兰卡向邻国与国际组织借贷无果的情况下，中国方面毅然拿出资金与技术，与斯里兰卡达成汉班托塔港的建设意向。该港一期主体工程于 2012 年 12 月完成，工程合同额 3.61 亿美元，实际总造价 5.80 亿美元，当地政府出资 15%，另外 85% 的资金来自中国进出口银行提供的买方信贷。二期工程于 2012 年 11 月开工，2015 年年底基本完工，合同额 8.08 亿美元，全部资金来源于中国进出口银行贷款。[①]

2015 年后，中国和斯里兰卡在"一带一路"合作的框架下，大大提升了双边合作的深度与广度，而汉班托塔港则成为中斯众多合作项目中的旗舰、标杆。[②]

汉班托塔深水港的建成，极大提升了斯里兰卡在马六甲海峡与苏伊士运河航线中的战略地位，并对该国经济产生巨大的拉动效应。据专家估算，深水港的建设和运营将为当地人提供超过 1 万个就业机会，同时至少惠及周边城镇乡村 30 万人口。

从斯里兰卡国家发展的大战略来看，科伦坡港和汉班托塔港如果能够通

---

① 唐鹏琪：《斯里兰卡汉班托塔港股权转让的背景、目的及其意义》，载《南亚研究季刊》，2017 年第 3 期。

② 王腾飞：《斯里兰卡国内关于汉班托塔港运营协议的争议及启示》，载《印度洋经济体研究》，2018 年第 4 期。

过高铁连通，便可以形成以科伦波和汉班托塔为"两翼"、科伦坡—汉班托塔经济带为核心的"两翼一带"国家发展模式。两大港口互动将形成巨大的"协同效应"，不仅推动整个国家社会与经济的快速发展，更能够强化斯里兰卡在国际航运中的战略地位。[①]

为了进一步落实联合国可持续发展目标，为当地人民的未来福祉提供可持续的财富之源，中斯两国的政治家高瞻远瞩地认定，必须将汉班托塔港真正建成世界航运的中转中心。而这也意味着港口所在的城市将成为继首都科伦坡之后斯里兰卡的第二大工业、贸易与文化中心，即通过自身强大的产业来支撑日益繁荣的国际贸易。

同时，中斯两国也借助建设产业基地发展外向型经济。2017年1月，中国—斯里兰卡产业园区正式奠基。预计2022年，园区将初步建成，占地50平方千米，主要用以发展船舶业，以及以海产品、农副产品等为主的加工制造业。该园区虽然是中斯双边经贸合作的典范，但同时也对全世界所有企业开放。预计到2030年园区全部建成时，将有多家来自印度、印尼、巴基斯坦、美国、俄罗斯、欧盟的大型公司入驻园区。在优惠的政策和优良的营商环境、园区服务的共同促进下，这些跨国公司在斯—中园区运营良好，既赢得了更多的利润，也为当地提供了就业岗位，同时又反过来"反哺"港口、机场、公路等基础设施的建设，从而通过提高港口利用率来实现投资与产能合作的良性互动。[②]

中斯两国建设者的精诚合作，不仅见证了一个战后荒芜与凄凉的小渔村发展为南印度洋最具经济潜力的优良深水港的传奇，更见证了中、斯两国

[①] 朱翠萍：《汉班托塔深水港：重塑斯里兰卡海上丝路地位》，载《世界知识》，2017年第20期。

[②] 孙艺：《中国对"一带一路"沿线国家基础设施建设及投资策略研究——以斯里兰卡汉班托塔港为例》，载《中国商论》，2017年第13期。

人民在"聚精会神搞建设、一心一意谋发展"的历史进程中所结下的深厚情谊。

3. 从南洋到南太：亚太合作再上新台阶

2018 年 11 月 14 日，在巴布亚新几内亚首都莫尔兹比港，亚太经贸合作组织（Asia-Pacific Economic Cooperation, APEC）第二十六次领导人非正式会议在此举行。

对巴布亚新几内亚这个长期地处欧亚大陆边缘的岛国而言，这次峰会的举行意义非凡。因为大会不仅代表着 APEC 各成员国对过去巴新在联合国框架下推进减贫与可持续发展所取得成就的集体认可，更是以此为契机，为其在亚太区域框架下的新经济大发展提供强劲推力。而在这个伟大的历史进程中，中国的"一带一路"南太平洋项目同样功不可没。

其实，早在 APEC 峰会的数月之前，中国和巴布亚新几内亚就于同年 6 月 21 日签署"一带一路"合作文件，巴新也随之成为首个加入中国"一带一路群"的太平洋岛国。

两国谅解备忘录认为，中巴两国在基础设施建设、高端食品销售方面具有高度互补特性。由此，在此后的十多年里，两国政府和工商界齐心合力，在经贸、投资、农业、旅游、基础设施等领域加大了双边和多边合作。

巴新国土面积为 46.28 万平方千米，由 600 多个岛屿组成，西与印度尼西亚接壤，南隔托雷斯海峡与澳大利亚相望，是南太平洋岛国中陆地面积最大的国家。

巴新拥有丰富的自然资源和巨大发展潜力，矿产、石油和经济作物种植是其支柱产业。巴新已探明铜矿储量 2000 万吨，居世界第 10 位。黄金储量 3110 吨，居世界第 11 位。此外还有富金矿、铬、镍、铝矾土、海底天然气和石油等资源。巴新还拥有丰富的农、林、渔业资源，是太平洋岛国地区最大的椰油和椰干生产国，是南太平洋地区第三大渔区，盛产金枪鱼、对虾和龙虾。[①]

而对巴新而言，中国作为距离并不算太遥远的超级大市场也同样充满吸引力。自两国正式开启"一带一路"南太线合作以来，两国经贸交往日益频繁。如今，巴新已经成为中国在南太平洋最大的投资目的地，尤其是两国合作投产的瑞木镍矿项目，不仅成为中国在太平洋岛国地区最大投资项目，更为巴新当地居民带来上千个工作岗位，有力地改善了民生。

不仅如此，为响应并达到联合国 2030 可持续发展目标中有关环境保护的相关要求，中—巴新合作从一开始也秉持着高标准、高起点的环保理念，并通过大量运用高新科技和严格管理来予以切实保障。

譬如，为了给相关的镍矿开采项目及时配套上合适的治污设备，巴新于2018 年 5 月就正式加入亚洲基础设施投资银行，并在此框架下与中方积极开展绿色金融合作。通过亚投行的融资渠道，为中国与巴新的一系列大型矿产、能源合作项目配备高标准的"环保安全帽"。

在这一过程中，巴新政府制定的《2010—2030 年发展规划》得以落实，使巴新经济在过去十二年里实现连续较快增长，同时自然环境也得到有效保护，社会发展、人文风俗都取得了长足的发展，其合作成就得到了联合国的高度评价。

五、结语：为新的篇章做序

2013 年，一个明媚的秋日，在哈萨克斯坦的首都阿斯塔纳，一位来自中国的领导人发表了一篇简短的演说，却从此开启一个崭新的时代。

---

① 《巴新签署"一带一路"合作文件，首个太平洋岛国人群!》，凤凰网，2018 年 6 月 22日，http://wemedia. ifeng. com/66137508/wemedia. shtml。

在那段注定被历史铭记的演讲中，他深情地回忆起过去两千年里中国的先民们沿着那条古老的"丝绸之路"，不畏艰难险阻，一路披荆斩棘，途径中亚、西亚，直抵欧洲腹地的伟绩。在和平共处、公平贸易、平等互利等原则下，这条纵贯欧亚、横绝大漠的商路宛如一条"玉带"铺陈在这片广袤的土地上。而沿着这条"玉带"星罗棋布的一座座美丽富饶的绿洲城市、一个个生机勃勃的文明，则如璀璨的明珠、宝石点缀其间。

在这条"玉带"上，千百年来各国商贾川流不息，驼铃声声不绝于耳。他们来自五湖四海，原本素昧平生，却因为这条合作之带、友谊之带、富饶之带汇聚在一起。他们的生命、安危、财富、幸福、荣辱都彼此密切交织、相互依存，而后又都与这条"玉带"的兴衰枯荣紧紧相连，在千百年的交往实践中自然演化成一个你中有我、我中有你、同呼吸共命运的共同体。

千年繁华与灿烂，已为历史之陈迹。而站在 21 世纪的地平线上，新时代的中国人正重拾他们祖先的光荣与梦想，携手当年那些好邻居、好伙伴的后裔们，矢志在这片各国先祖都曾共同奋斗过的热土上，再现并超越昔日的辉煌。

仅仅一个月后，还是这位中国领袖，在欧亚大陆的东南角，又画下一个圈。这次，他在享有"千岛之国"美誉的印度尼西亚再度发表演讲，提出要和那些海上的伙伴们共建"21 世纪海上丝绸之路"。

中国古典名著《红楼梦》对来自爪哇的奇珍异宝有着形象描述，而印度尼西亚国家博物馆则陈列了大量中国古代瓷器。这既是古代中国与东南亚先民友好交往的生动例证，更是对"海内存知己，天涯若比邻"的真实诠释。而最令世人印象深刻的无疑是中国古代伟大航海家郑和的壮举：携珍带宝，扬帆远航，与沿线的国家、部落平等贸易、童叟无欺；拥有强大武力却从不占人一寸土地，不掠一名奴隶，而是清扫海盗、打通航线，为南洋、西洋的"国际社会"提供"公共物品"，履行大国责任。

海上生明月。600 年后的今天，中国人——这个航海民族的后裔再度携手五洲四海的好伙伴们，带着关于他们先祖和平交往、亲密无间的美好回忆，正扬起新的风帆，朝着共同的未来远航。

今天，当我们站在新时代的地平线上眺望更加遥远的未来并为之憧憬、擘画时，更有必要回顾过去共同的奋斗历程。

无论是世界各国参与"一带一路"建设，还是对"联合国可持续发展目标2030"的孜孜以求，都既承载中国人民对世界的担当与责任，又象征着人类作为一个你中有我、我中有你、同呼吸共命运的共同体之理性自觉。

多少艰辛与不易，多少险阻和克服，多少智慧与果敢，多少团结与希望，领导人的高瞻远瞩与每一个普通建设者的辛劳汗水都凝聚在这一"带"与一"路"上。作为一项"倡议"，"一带一路"固然发端于中国。但作为人类谋求改变自身命运、减少贫困与痛苦、推动可持续发展、在保护地球环境与实现人类文明进步之间保持适度张力与和谐的伟大创举和艰辛探索，"一带一路"早已成为一项国际公共产品，成为了全人类的共有记忆、共同责任和共享财富。

所以，我们今天站在新的起点上回眸往昔，不是为了某一个国家、某一个党派、某一种理念而背书；而是站在全人类前途与命运的高度上，用未来的眼光审查历史——"人类对过往事物有教养的记忆"，以期汲取经验，点亮前程。

We, the People, are on the Road.

This is just a beginning，a preface for the next chapter，for the humankind civilization as a whole，for our shared future.

第二编

经济之变

图景：从公司史看经济史
演进：现代化的第五层楼
变革：金融化时代的经济
博弈：获取规则话语权
趋势：未来道路的可能性

06 Chapter 6

图景：从公司史看经济史

讨论"百年变局"，要定义什么是"局"。

在我看来，"局"是各种关系的总和，这些关系可能包括生产关系、流通关系、国际关系乃至法律关系、家庭关系等，总之社会生活中的一切关系。"百年变局"意味着各种以"百年"为单位衡量起来都不曾变化的关系，在同一个时期都发生了巨大变化。

"百年变局"意味着各种关系都在变化，那从何处讨论起呢？既然"关系"太多，那我们不妨换个思路：关系是主体与主体之间的联系，可以从主体讨论起。市场经济的主体是企业，因此，讨论当今全球经济的百年变局，可以从企业发展变化角度开始。

讨论全球经济，我们可以选择跨国公司作为故事展开的载体，事实上，跨国公司——而非中小企业，才是现代企业发展史上更早出现的事物。

如果说，一家跨国公司的发展历程就是一部缩写版全球经济史的话，那么跨国公司体系的历史就是一部全球经济体系演化史。当前的格局是从 16 世纪"地理大发现"时代滥觞，历经殖民史、工业革命直到 20 世纪末"新经济革命"等时代演化而成，是既往各个时代历史成果的积累。

不同历史时代的跨国公司差异悬殊，并且，每一家跨国公司乃至整个全球经济体系都在随着时代的变迁而不停地改变形态。如果把一家跨国公司看作一种生物，全球经济体系就是由各个物种构成的"生态系统"。生物进化论认为，物种为了适应环境变化而处在不断的演化过程之中，生态系统的结构也随之变化。这个进化过程同样可以用来描述全球经济体系数百年来的演化史。

跨国公司起源于殖民时代的海上贸易，当时的跨国公司实际上是远洋贩运组织。到 19 世纪末，随着西方国家工业体系的建设完成，帝国主义时代到来，跨国公司也演化成从殖民地直接生产原材料（而非采购）运往西方国家进行加工的现代公司。"二战"后的全球化时代，由于运输、通信等现代技术的发展，跨国制造成为可能，作为超国界生产组织的现代意义上的跨国公司出现。进入 20 世纪 80 年代中期之后，随着经济环境进一步变化，跨国公司体系事实上发展到一个"金融化时代"，直到这一轮金融危机爆发……跨国公司"物种"演化的历史就是一部全球现代史。

一、起源：殖民贸易时代

地理大发现带来了大航海时代，随之而来的是海上贸易兴起和遍布亚、非、美等大洲的殖民地出现，是为殖民贸易时代。这一时代的代表性公司是东印度公司和汇丰银行，代表性理论为比较优势理论。

1599 年秋，伦敦的胡椒价格突然由每磅 3 先令飞涨到 8 先令，震动了整个英格兰。在当时，胡椒是生活必需品，以至于其价格可以作为其他商品价格的基准。为此，当时的伦敦市长斯蒂芬·申尼爵士（Sir Stephen Sonne）召集贵族和商人开会商议对策。贵族和商人们认为胡椒涨价是由于荷兰和葡萄牙垄断了从胡椒产地"东印度群岛"到欧洲的贸易航路造成的，因此，他们形成决议集资建造英国的东印度贸易船只，并上书请求伊丽莎白一世女王授予特许状。[①]

1600 年 12 月 31 日，女王终于批准了这份申请，英国东印度公司宣告成立，当时它的名字是 The Governor and Company of Merchants of London Trading into the East Indian，直译是"伦敦赴东印度贸易的商人们的长官及同事"。这个名字现在看来显得奇怪，但却很好地反映了其时代背景和组织性质：这是一个集资从事贩卖的合伙机构，因此，出资人之间都是"同事、合伙人"（company）关系，由于有女王的特许状，所以会有长官（governor）名义。实际上，"公司"（company）一词之所以来源于"同事"，就是因为类似东印度公司这样的早期公司都是从事贸易的，而贸易组织往往由一些参与集资的"同事、合伙人"构成。

这些早期跨国公司的业务主要是"新航路"上的海上贸易，兼职从事海盗。东印度公司是其代表，其他著名殖民贸易公司还有皇家非洲公司、哈德逊湾公司等。这些公司对其贸易目的地拥有王室授予的独家垄断权，并且兼有一定行政职能（不过追究这种行政职能来源，其实也无非是"天高皇帝远"，只好让其有一定的行政权力了）。殖民贸易公司在西方殖民史上扮演了具体的操作者角色，他们开拓殖民点并经常进行抢劫，但他们在殖民点的行为方式，在 17 至 18 世纪，还是以采购为主。

1757 年，东印度公司在印度进行了普拉西之战，其后逐步开始蚕食印度领土，到 1820 年前后，印度完全沦为东印度公司的殖民地。这时的东印度公司兼有了政府职能，但其微观行为仍然主要是贩卖——尽管是不公平的。所以，从英国的角度来看，其仍属于贸易组织性质。为什么其微观行为仍主

---

① 汪熙：《约翰公司：英国东印度公司》，上海人民出版社 2007 年版。

要是贩卖呢？这是因为当时英国虽然号称已然在进行工业革命，但工厂体系实际上仍然是些小作坊，远未进入到真正的工厂化大生产阶段，所以，当然不可能出现跨国制造产业链条，因此，海外贸易也只能是原材料贩运。

为了解释当时的国际贸易，1776 年亚当·斯密在《国富论》中提出了绝对优势理论。绝对优势即绝对高效率或绝对低成本。亚当·斯密认为，一个国家应该出口其有绝对优势的产品，进口其有绝对劣势的产品。1817 年，大卫·李嘉图把斯密的观点发展成比较优势理论，认为两国间只要有相对成本差异，哪怕其中一国在所有产品中都是绝对劣势，只要有相对成本的比较优势，就仍能出口该产品。比较优势理论很好地解释了 19 世纪的国际贸易，成为经济学中国际贸易的理论基础。而亚当·斯密和大卫·李嘉图都与东印度公司关系密切，他们理论中的贸易模板实际上就是东印度公司。

1857 年印度民族大起义摧毁了东印度公司的殖民贸易体系，东印度公司这个巨无霸被一些相对较小的贸易公司继承。被称为东印度公司三大继承者的是怡和洋行（Jardine, Matheson & Co.）、宝顺洋行（Dent & Co.）和旗昌洋行（Russell & Co.），这三家公司都是从事对华鸦片贸易的商行，其中怡和洋行是由两名大鸦片贩子渣甸（William Jardine）和马地臣（James Matheson）合伙成立，宝顺洋行则是以大鸦片贩子颠地（Lancelot Dent）为首。他们英文名称中的"& Co."是那个时代的公司的标志，相当于"和同事们"。以怡和洋行为例，其英文名"Jardine, Matheson & Co."，就相当于"渣甸、马地臣和同事们"。

海上贸易的发展成为现代银行业出现的原因之一。其基本原理是：一船货物在远航到港的过程中代价高昂，因此，船主不愿在没拿到钱的情况下先发货，因为他怕不能按时拿到钱；而买方也不愿在没有拿到货的情况下先付钱，因为他怕船跑掉。这样，银行就应运而生：以"信用"为担保为交易垫支，通过买卖双方让渡一部分预期收益获得收入。

1865 年，15 家在中国的洋行发起成立了汇丰银行，其英文名的意思为"香港—上海融资公司（法人）"（Hongkong and Shanghai Banking Corporation），这是一个带有浓厚殖民贸易色彩的名称，标志着其殖民银行性质。实际上，那个年代银行只有两种类型：债券承销银行与殖民贸易银行。如同怡和洋行与汇丰银行一样，很多殖民贸易时代成立的跨国公司至今仍活跃在全球经济体系之中，当然，其组织形式与业务模式早已在不断的适应性演化过程中历经多次改变。

二、继承：帝国主义时代

随着 19 世纪 70 年代前后"第二次工业革命"的到来，世界进入了"帝国主义时代"[①]。这一时代的代表性公司是力拓公司和德意志银行，代表性理论为资源禀赋理论。

19 世纪中期，世界经济出现了一种重大变化，这种变化首先是在美国展开的，在经济史上被称为"第二次工业革命"。虽然名义上是"第二次"，但实际上这是工业经济的第一次真正爆发，此前号称第一次工业革命的英国产业革命在制造业方面其实是以作坊式工场为基础的，并非现代意义上的工业。

"第二次工业革命"的爆发始于运输与通信革命：铁路、轮船和电报技术的扩张从根本上改变了经济环境。三个原因使铁路成为引爆美国经济革命的火种：（1）这是美国第一个大型系统，第一次需要大规模的管理层级和现代会计实务；（2）铁路的建造（以及同时期电报系统的建设）需要大量的大规模制造的产品；（3）铁路连接了全国各地，为产品提供了可靠的全天候运输网络。

由于大规模铁路建设的带动，最早的一批制造标准化工业产品的公司出

---

① ［英］霍布斯鲍姆：《帝国的年代：1875—1914》，江苏人民出版社 1999 年版。

现了——部分原因在于把来自不同产地的多种原材料运输到同一个工厂中变得容易了。这些标准化工业产品的制造公司包括柯尔特手枪公司、胜家缝纫机公司和麦考密克联合收割机公司等，这些公司的名字至今还活跃在全球经济体系中。美国发明家以撒·胜家（Isaac Singer）于1851年发明了缝纫机，随后创办了胜家缝纫机公司，使缝纫机成为第一种走进千家万户的大规模工业制品。胜家公司还开创了工业产品跨国销售的先河，当时的媒体送给胜家公司一个称呼——跨国公司，因此以撒·胜家被称为"跨国公司之父"。

铁路网第一次真正把原先分割的地域连入到同一个经济体系中，使它们必须遵从同一张时间表并进行相互分工，美国和欧洲完成了工业化，工厂成为经济运转的中心环节，极大刺激了对原材料的需求。与此同时，蒸汽轮船大大增加了海上运输能力，使西方国家的对外扩张能力得到极大加强，于是，一个列强瓜分世界版图的帝国主义时代出现了。

帝国主义时代的列强与殖民地之间的关系已彻底从贸易关系演变为统治关系，因此，在微观层面上，跨国公司的行为方式也发生了新的变化，贸易转运公司不再是中心，中心的位置让给了直接在殖民地从事经营的公司。这些在殖民地从事经营的公司以资源开发为主，它们负责开采殖民地的原材料，再由贸易公司运送回母国的工厂进行加工制造。

帝国主义时代诞生的殖民地资源开发公司著名的有力拓公司（Rio Tinto Limited）、必和公司（Broken Hill Proprietary Company Limited）、必拓公司（Billiton Limited）和壳牌石油公司等。从名称上来说，其特点就与殖民贸易公司有显著的区别。以力拓公司为例，这家由怡和洋行创始人詹姆士·马地臣的侄子休·马地臣（Hugh Matheson）于1873年在西班牙创建的公司，是以创建地附近的一条河的名字Tinto命名的，而Rio在西班牙语中是"河"的意思。同样，1885年成立的必和公司是以其所在地澳大利亚布罗肯山（意译为"断背山"）命名，1860年成立的必拓公司是以其所在地印尼的勿里洞岛（Billiton）命名。这些公司名称中"Limited"则表示有限责任公司，这是公司组成方式适应这一历史时期的经济环境而发生的演进：由于工矿企业本身是一个有机整体，不像合伙贸易那样可以拆分个人责任，因此，责任承担与出资比例相对应的规则就产生了。

经济体系的变化也使得比较优势理论不再能够很好地解释国际贸易：怎样解释国际贸易主要是殖民地向工业国家输送原材料的现象呢？ 1919 年，瑞典经济学家赫克歇尔（Eli Heckscher）和俄林（Bertil Ohlin）提出了资源禀赋理论，他们认为，一国出口什么主要是由其具有什么样的丰富资源决定的，比如亚洲劳动力资源充足就输出劳动力，澳大利亚矿产资源丰富就输出矿产品。从此，资源禀赋理论成为国际贸易理论的核心，俄林后来在 1977 年获得诺贝尔经济学奖。

雨后春笋般涌现的工厂则对金融体系提出了新的需求：建设贷款。为此，新的类型的银行出现了。一个代表性的案例是 1870 年以德国工业家族西门子家族为核心，在柏林成立了德意志银行。这是一家服务于企业信贷的银行，1871—1872 年又陆续在法兰克福、慕尼黑、莱比锡和德雷斯顿等地开设了分行。1887 年，德意志银行开创了企业初创服务，这是银行史上的第一例。

三、转变：全球化时代

"二战"后，世界开启了全球化进程。这一时代的代表性公司是丰田汽车公司和高盛公司，代表性理论为新贸易理论。随着一大批军工技术转入民用，"新科技革命"蓬勃展开。电子信息技术、喷气式飞机、计算机、原子能、航天等技术的发展在 20 世纪 50 年代初到 60 年代末重塑了世界产业格局。

有三个领域的变化使跨国公司的面貌发生了转折性的改变：从跨国贸易转变为跨国制造，即不再仅仅是在一国范围内制造出产品再销售到另一国，而是产品的制造过程本身在不同国家进行。这三个领域是：

（1）集装箱海运的出现使零部件跨国生产成为可能。1956年，美国商人马尔科姆·麦克莱恩（Malcom McLean）开创了集装箱海运业，他随后创建了海陆联合服务公司（Sea-Land Service, Inc.）推广这项事业。集装箱使货物在轮船、铁路、公路间不需要重新包装就能连续转运，极大地降低了运输成本。1966年集装箱进入国际运输，此后10年，国际制成品贸易量增长速度是全球制成品产量增长速度的2.5倍。

（2）通信技术的发展使跨国管理成为可能。通信卫星、海底光缆、互联网等跨国基础设施的发展为跨国企业管理带来了技术基础，以1957年伦敦创立美元计价债券市场为标志的国际金融市场兴起则为企业的跨国经营提供了支持。

（3）国际航空的发展为人员流动带来了便利。20世纪50年代起，喷气式客机的发展促进了国际民航业的兴起。

上述三个领域的变化也是经济全球化真正展开的标志，地球被紧密连接成了"地球村"。随着跨国制造这种经济环境的变化扩展，一批将其生产体系分布在多个国家的跨国公司出现了，这才是我们现在使用"跨国公司"这个词的时候最多出现的义项。1960年，麻省理工学院的博士生海默（Hymer）在其博士论文中首次研究了"跨国公司"，这也是这个词的起源，不过，当时海默所指的跨国公司还只是进行跨国营销。

跨国制造公司兴起的一个典型案例是丰田汽车公司。1933年成立的丰田汽车曾在"二战"期间为日本法西斯生产装甲车，战后一度被整改。1950年，由于朝鲜战争的缘故，美国向日本企业提供大量订单，丰田汽车趁机发展起来。1957年，丰田汽车开始在美国设立销售网点，不过由于海运费用高昂，当时丰田参与争夺的市场是高端汽车。1958年，丰田在巴西设立了第一个海外制造厂，并且大量零部件是从日本发出。1984年，丰田在美国设立了汽车制造厂。到2008年，丰田已在全球26个国家建立了52个生产基地，这背后是一张庞大的全球物流网，把产自多个国家的零部件运往同样散布在多国的整车组装厂。

从"二战"后到20世纪70年代末，跨国制造分工主要在发达国家中展开，这就造成了国际贸易以"北—北贸易"为主导而不再是"二战"前以"南—北贸易"为主的格局。这样，资源禀赋理论就不足以解释这样的贸易格局了。20世纪70年代末，美国经济学家保罗·克鲁格曼提出一个问题：按照比较优势理论和资源禀赋理论，一个国家应该出口其具有比较优势或资源禀赋的产品并进口在这两方面处于劣势的产品，也就是说出口和进口的产品应该是不同的，然而，实际情况是发达国家在大量出口和进口同种产品，比如当时美国既出口汽车又进口汽车，这该怎么解释呢？克鲁格曼写了两篇论文提出了解释：由于汽车零部件的国际化产运，可以把大量的零部件选择组装成不同的汽车，从而形成不同品牌的整车相互竞争，发达国家进口和出口的实际上是不同品牌的汽车。这就是规模经济扩展出国界线的表现。克鲁格曼的论文开创了"新贸易理论"，解释了全球化制造时代的国际贸易。这也使得克鲁格曼于2008年获得诺贝尔经济学奖。

全球化制造使经济体系变得更加复杂，也对金融提出了新的要求。由于出现了复杂多层次的国际商品市场，并且具有了先进的电子通信手段，因此，与之相适应，20世纪70年代，一个全新的跨国金融体系产生了，这也被称为金融革命。金融革命的核心是从套利交易发展起来的衍生金融体系，一家原先在"二战"前不在顶级之列的金融公司——高盛公司在金融革命中成长为全球数一数二的投资银行。20世纪70年代，在罗伯特·鲁宾（Robert Rubin）为首的团队运作下，高盛在随机过程分析、复杂数量化分析和数学模型化操作方面走在世界前列，为衍生金融体系发展到今天的规模做出了巨大的贡献。而这种新的金融体系也为2008年的金融危机埋下了祸根。

四、合流：金融化时代

20世纪80年代中期，全球经济体系又开始出现新的根本性变化，需要用一个新的名字来命名它。尽管这个时代仍然被称为"全球化时代"，但实际上，新的趋势在20世纪80年代中期开始凸显，这就是以全球制造业向中国这样的发展中国家大转移为基础，发达国家产业金融化为特征形成的新的全球经济秩序。我们姑且称之为"金融化时代"。这一时代的代表性公司是苹果公司和贝莱德公司，代表性理论为金融工程学。

金融化时代的全球经济体系有哪些特点呢？第一是"合流"：前面三个时代的某些特点全都有；第二是"蜕变"：出现了很多新特点，但又不能说是整个"生态系统"全换了新内容。

就"合流"这一层而言，殖民贸易时代的跨国公司如怡和洋行今天仍在，并且与之产生于同一时代的一些跨国贸易公司如路易达孚（Louis Dreyfus）仍是国际贩运的主宰。帝国主义时代产生的跨国公司如力拓、壳牌石油也依然是跨国资源企业的王者，只不过，必和公司与必拓公司在2001年合并算是赶了金融化时代公司并购浪潮的时髦而已。至于跨国制造企业的情况，就更不必多说。

然而重大的变化也存在，集中体现在全球制造业分布和金融产业格局上。

20世纪80年代，国际制造业开始向以中国为代表的一些发展中国家转移。一大标志是作为整个工业体系基础环节的炼油和化工产业向发展中国家转移。1980年被称为世界炼油业的历史转折点，西方炼油业的"黄金时代"结束了，发达国家的炼油厂建设基本停滞。相反，大量炼油厂开始在发展中国家兴建。以中东为起始，随后，亚太和非洲的炼油能力建设高速发展，其中增加最快的是中国和韩国。到目前，全球炼油能力约四分之三在发展中国家，只有四分之一在发达国家。

发达国家自从制造业转出，在工业领域还处在全球主导地位的跨国公司就只局限在比较少的部门了。苹果公司是其中的代表。不过苹果公司的存在也很能说明金融化时代的特征：其产销各个环节都高度需要新的金融工具，其公司本身就是由风险投资基金这种 20 世纪 70 年代才壮大的新型金融行业扶持起来的；上市和结构融资在其壮大的过程中具有特殊的重要性。

与制造业大转移同时，20 世纪 80 年代中期，金融业的大转变发生了，一个标志性事件是 1986 年英国金融业“大改革”（financial big bang），“大改革”放开了金融行业种种古老的准入限制，同时使计算机交易系统取代了传统的面对面交易。这样，以石油期货为核心的衍生金融此后出现了爆炸式发展。

1986 年，纽约商品交易所推出西得克萨斯中质原油期货合约，1987 年，伦敦洲际交易所推出北海布伦特轻质原油期货合约，这成为此后衍生金融大爆发的基石。到 2008 年金融危机爆发时，据估计全球衍生金融产品总量达 600 万亿美元左右，是当时全球年 GDP 的 10 倍！

当代经济与经济学的经典描述相比，有着天壤之别，从广度、深度和复杂度三个角度来看：

广度，即经济活动的空间范围，如今，稍微复杂的工业品都是跨国制造、离岸制造，一个产品所涉及的经济活动范围往往就牵涉几十个国家；

深度，即价值链的长度，如今，几乎任何一个经济行为背后所牵扯的价值链都涉及十几个以上的行业，比如任何一次网购都能涉及电商、通信、金融支付、搜索、广告、物流、工业设计、软件、制造等；

复杂度，即经济活动的系统集成程度，如今，以“现代服务业”面貌出现的复杂系统工程已经深入到经济活动的各个角落，比如移动通信网，以及从航空到地质到金融服务的各种“网”，每一个都是集成数以亿计组元的复杂巨系统。

21 世纪，西方资本主义已经发展到了经济彻底金融化的地步，“钱”不再是“用来换实用商品”的“特殊商品”，而是“用来跟其他种类的‘钱’

玩数字游戏，以总量越变越多为目的"的"特殊符号"。

2008 年国际金融危机之后，西方国家及其企业运行的规律，都来到了一个以维持资产价值为目标的新阶段：国家通过"印钞"释放海量资金，而这些资金主要通过银行渠道到了企业手里，而企业拿到现金，最主要的用途就是在股市里回购自己公司的股票，以维持股价。于是，金融工程理论事实上取代了经济学成为经济运行的基础理论，成为了百年变局的一大根源。

07 Chapter 7

演进：现代化的第五层楼

"世界工厂"称号转移到中国身上，常常被看作世界经济发展变化的主要标志之一。"世界工厂"一词，实际上是基于"工厂"概念来讨论世界经济格局，即把单个工厂当作最基本的主体来看待全球的生产能力分布。这种角度在英国作为"世界工厂"的时代毫无疑问是对的，但用来刻画当前的中国则已经有刻舟求剑之嫌。

某种程度上，工厂（factory）已经不适合作为观察当代工业体系的基础单元。factory 一词在中古英语中本义是"代理店"，其词义演化成"制造厂"与工业革命有关。工业革命的特征是使用机器代替手工来进行生产，使用很多机器的企业被称为 factory 或 manufactory 以区别于手工为特征的企业firm（工场）。

第二次工业革命后，大批量生产、大规模制造在工业体系中成为主流，于是大型流水线、大车间之类大规模制造的场景便成为"工厂"意象中的主要部分，这构成当今使用"世界工厂"一词时"工厂"的通常意涵。

在这种意义上，"工厂"是工业体系中的主体，输入原材料和零件，输出制成品；要生产出更多制成品，就要建立更大的工厂。说中国是"世界工厂"意思就是说中国在扮演世界最大工厂的角色，为全球生产工业制成品。这样的视角实际上是在以第二次工业革命时代的工业认知来看待当代工业。在这样的视角下，如果按照贸易增加值统计体系的方法来看中国所组装的零部件大量来自进口的事实，那就会产生中国只是在全球产业链中扮演组装厂角色的看法。如果注意到一些新建的组装厂选址出现从中国转向西方国家的迹象的话，就可能得出"制造业回流"、"西方国家正在'再工业化'"的判断。不过，在当代工业的现实图景下，这种判断需要重新思考。

20世纪90年代之后，随着互联网等信息技术的快速发展，远程制造成为现实，工业的每个环节都可以单独拆分出来在全球范围寻找最适合的承包方，制造与设计、管理、销售等以往通常都在"工厂"内部的环节相互分离，在空间上重新划分。于是，全球离岸外包之网蓬勃发展起来。离岸外包是项目的发包方与承包方处在不同国家的外包合同，离岸外包的迅速发展使原先在一国之内甚至在一个工厂之内价值链转移到多个国家之间，成为全球价值链。以此为建立视角的基础，我们可以看到一幅不同以往的全球经济图景。

一、大创新时代：变革中的全球经济图景

实际上，线性的工业史／技术史阐述并不能得出当代产生世界面貌的必然性，分项地描述技术／行业／领域变革也不能整合出世界的整体性变化。整体性现象需要整体性解释。当今世界处在百年未有之大变局中，把握整体变化、预判未来趋势，需要整体性的动力学解释。

因此，我们可以从"工业"二字出发，对当今世界的整体发展变化动力建立一个解释框架。

从整体来看，"工业"带给世界的变化，最重要的方面不在于产品，而在于社会运行过程。从工业革命至今，工业化社会的发展盖了"五层楼"：①标准化，②批量化，③系统化，④信息化，⑤智能化。没有标准化，就没有批量化；没有批量化，就没有系统化；没有系统化，就没有信息化；没有信息化，就没有智能化，本章第三节将展开论述。这五层楼形成一个五层金字塔①，下面的层次是上面的层次的基础，在历史上是前后相接发展起来的。凡是没有进入到上一个层次的事物，就还停留在下面的层次，连标准化都没进入的，可以说并不在工业化体系内，只是存在于工业化社会的时空而已。当今世界，工业化社会的前沿已迈入智能化时代，主体也至少生存于信息化时代。因此，凡是主张进一步发展或保留已过时社会现象的，都属于世界观还停留在以前的时代，很容易遭到当今时代世界观的"降维打击"。

什么是当今时代的世界观？我认为是能够把握智能化时代、立足信息化时代的对世界的基本看法和观点，我把它称为面向21世纪的"工业党"世界观。

为了阐明21世纪需要什么样的"工业党"世界观，我们可以从2019年初闹得轰轰烈烈的波音737 MAX飞机话题出发。

2019年年初，波音737 MAX型客机由于坠毁事故陷入被航空管理部门停飞、被订购方退货的风波。其缘由可从2010年12月说起，当时波音的竞争对手空客宣布其A320机型（与波音737相同市场定位产品）将推出下一代产品A320Neo，主要特点是改装了新型号发动机，能够大幅度提高燃油效率。这就使得波音必须快速做出反应，推出与之竞争的产品。但由于波音是知道消息后必须做出反应的被动方，能够用于研发的时间并不多，于是不得

---

① 这个结构有点像网络的七层协议，网络从上到下分别是：⑦应用层；⑥表示层；⑤会话层；④传输层；③网络层；②数据链路层；①物理层。

不采取了一种"应付"式的方案：强行在 737 机型的原有型制基础上改变发动机舱的位置和形状，由此导致了原先没有的空气动力学问题，为了纠正问题又试图通过在飞控系统上打补丁解决，但新问题仍接连产生，埋下了后来事故的伏笔。[①]

该案例能够说明工业化发展到当前历史阶段的至少四个特点：

（1）**市场与产业链的全球化**：为什么空客宣布推出 A320Neo，波音就必须马上有对应的竞争产品？因为大飞机市场已进入全球化市场阶段：全球只一个市场了，没有其他市场可供开辟，一旦在这个市场出局就是完全出局。当前大量的产业／领域已经或正在进入全球化市场阶段。

（2）**市场结构的系统化**：为什么知道消息后被迫反应会十分被动？因为市场结构已经高度系统化了，新的核心产品会导致整个产业链上的供应商依照其标准做出调整，而核心产品的跟随者只能被迫适应这种全行业调整。

（3）**开放的复杂巨系统**：为什么该案例中波音可用于研发的时间极为有限？因为要调整的环节太多。一架大飞机的生产过程非常复杂，涉及数百万个生产环节，并且，这些生产环节分布在全球各地，是一个具有巨大性、复杂性和开放性的复杂巨系统。[②]实际上，大飞机的生产过程管理方式"飞机构型管理"是"二战"后管理领域最重大的创新之一，也是系统工程在当今世界日益普及背后的管理方法来源。

（4）**资金环境与贴现思维**：为什么波音选择了一种"应付"式的方案？因为系统工程"一处变，则处处变"的特点，导致波音没有足够资源——尤其是资金来实现最佳解决方案。当今，企业往往生存于"时时事事依赖融资"的环境中，"项目投资来自企业自由资金积累"观念早在数十年前已经过时。

---

① 王孟源：《波音 737 MAX 的缺陷是低级的，是内部组织文化腐败的结果》，观察者网，2019 年 4 月 7 日，https://www.guancha.cn/wangmengyuan/2019_04_07_496635.shtml。

② 陶家渠：《系统工程的原理与实践》，中国宇航出版社 2013 年版，第 49 页。

21 世纪的项目实施特点是"市场空间预期 + 融资",项目如何实施取决于融资规模,融资规模取决于未来市场空间预期,把未来预期会产生的现金流折算到现在,叫做"贴现"。贴现思维堪称当代企业运营的基本方法论。一旦对未来的预判出错,企业就会陷入"现金流还不上应还账款"的"资产负债表型危机"。波音在 737 MAX 项目中只是市场中的跟随者,没有足够的主导能力来定义产品的未来市场空间,也就不可能选择需要巨大融资规模的技术路线,进而也就只能选择"应付"式的方案。

基于上述四个特点,我们可以做一个整体性的描述,基于"工业"视角,把当今世界所处的历史方位称为"大创新时代"①。

随着通信与计算机、洲际民航、集装箱海运等网状基础设施在空间上将全球连为一体,一批新型业态为全球化经营提供软环境,跨国制造、离岸设计与国际金融等新兴事物使地球变成"地球村",价值链出现全球化延伸,新兴市场和发展中国家分工角色变化,工业也发生了诸多变化:一是产业组织形式从"温特制"到柔性制造转型②,在"温特制"下,掌握标准的跨国公司把生产过程分解为多个模块和环节,再外包到全球进行生产③,而在柔性制造环境下,以项目为组织中心,全球的参与者可以采取内部团队、外部

---

① 关于"大创新时代"的论述可参阅贾晋京:《G20:用"大创新"重启世界经济》,载《红旗文稿》,2016 年第 21 期。

② [美]约拉姆·科伦:《全球化制造革命》,倪军、陈靖芯等译,机械工业出版社2015 年版。

③ 温特制(Wintelism)一词来自微软 windows 的 win 与 Intel(英特尔)的 tel 之合称,是一种生产组织方式。温特制下,最终产品不再是生产组织的中心环节,取而代之的是标准。掌握标准的跨国公司把生产或研发过程分解为许多个模块和环节,再把它们外包到全球每个合适的地方。掌握标准的企业与承包制造环节的企业间也不再是"中心—卫星"关系,而是项目合同关系。参见贾晋京:《中国创新能力在全球领先吗?》,观察者网,2012 年 8 月 21 日,https://www. guancha.cn/JiaJinJing/2012_08_21_92177. shtml。

团队与其他企业合作或虚拟公司等不同形式来完成生产过程；二是能够组织产业链的核心资源，从大工业变为大数据；三是产业链延伸过程，从以跨国公司引领为特征，变为以全球市场引领为特征；四是产业组织的生存资源，从依靠自有资金与间接融资变为依靠直接融资。上述背景下，当今一个产品往往来自成千上万项技术、专利的集成，营销推广也已全球化，各个环节都需要大规模资金运作。把当代产业生态、全球市场、预期引领、信息革命等变局综合起来，可以用"大创新时代"概括。

立足大创新时代，可以认识到，工业确实可以作为看待世界的一个总的着眼点，但需要有当代工业的眼光。把"'一点一点'地'干出来'"作为当今世界的来历，会导致各个"点"之间缺乏联动机制，导致"只见树木，不见森林"的机械论世界观。应该看到当今世界来自整体的——而非局部之和的工业化水平上升。今天所见的发展结果，有技术积累带来的进步，但更多地来自系统化、信息化带来的颠覆性创新之"碾压"，更有"估值革命"的因素：资金环境变化带来的系统性估值提升，这一点将在后文展开论述。

把"'一点一点'地'干出来'"作为当今世界的来历，还会导致闭门造车倾向。有论者推崇个别技术或企业的零敲碎打作风，誉为"自力更生、艰苦奋斗"，并主张在未来工业发展中发扬光大。这实为一种价值观，而非世界观或方法论，它没有看到大创新时代的技术或企业都只是市场环境这个海洋中的生物，市场环境当中的资金、合作方、技术体系等都处在开放的全球化环境中，企业发展时刻处在未来市场空间预期、产业生态、技术条件等环境变化中。从一个企业到一个国家，在大创新时代的处境如何，受其在全球经济体系中的"生态位"因素影响，要远远大于闭门造车能够带来的局部技术改进之影响。

因此，当今时代的"工业党"世界观，需要立足于大创新时代，有动态的整体性视角，避免零敲碎打、闭门造车。在我看来，生态学很适合作为描述工业经济体系的方法论参照 ①，例如市场类似于环境，企业类似于生物个体，产业集群类似于生物群落，资金流类似于生态系统中的能量流，供应链则类似于生态系统中的物质流。拿生态学作为"工业党"世界观参照系的话，可以说，正如全球生态体系是一个整体，当代全球经济体系也是一个整体，"工业党"世界观需要进入 21 世纪，要有全球视野和整体性思维，"大创新时代"可以作为从共时性维度描述当今世界经济的整体性名称。

二、网状系统工程：当今世界的"底层架构"

在讨论时间维度之后，我们还应思考空间维度，这样才能建构起当今世界的时空结构 ②，即世界观的结构性维度。假如把"工业化是沿着时间线'一点一点'地'干出来'的"当成真命题，就会把工业本身当成一堆放置在空洞的"空间"中的东西，这样一来其他东西如农业、服务业、房地产业就会与工业并列，进一步地还会认为如果人们离开工业转入服务业就业，就是"去工业化"。然而，工业化塑造的当今世界（或者说"现代化"）是有特定结构的具体空间，而非空无一物的抽象空间。在工业化塑造的当今世界中，工业化的不同侧面共同构成了世界的空间，经济统计意义上的其他行业，与工业并非并列关系，而是存在于被工业化塑造出来的具体空间中。

工业化发展到当今，塑造出当今世界。把"当今世界"定义为当下人类

---

① 生态学可以定义为是对有机体的分布和多度（abundance）情况以及决定分布和多度的相互作用进行的研究，假如把其中的"有机体"替换成"经济行为主体"，则可以比较方便地用来描述人类经济体系运行。关于生态学的系统化阐释可参阅 Michael Begon, Colin A. Townsend and John L. Harper，*Ecology: From Individuals to Ecosystems*，Blackwell, 2006。

② 在哲学中，技术发展改变人类生活中的时空观是一个重要论题，可参见 [法] 贝尔纳·斯蒂格勒：《技术与时间：1. 爱比米修斯的过失》，裴程译，译林出版社 2012 年版。此外，经济社会学领域也有大量文献关注有形或无形的市场总是处于不断解构与重构的过程中，可参见 [美] 弗兰克·道宾主编：《经济社会学》，冯秋石、王星译，上海人民出版社 2008 年版。

生存的具体空间之名称，则当今世界的时空结构是由一系列网状系统工程所定义的。"网状系统工程"是基础设施网络与网状分布于社会中的其他系统工程的总称。例如电网、互联网、高速公路网属于基础设施网络，股市、连锁超市、移动支付系统属于网状分布于社会中的系统工程。

当今世界的时空结构由标准化→批量化→系统化→信息化→智能化"五层金字塔"所塑造，每一层的出现都改变了世界的时空结构：

（1）**标准化意味着格式化，它带来现代时空**。标准化源于"全部零件可替换"制造方法。18世纪中叶，法国炮兵将军格里鲍瓦尔（Jean-Baptiste de Gribeauval）有感于整体制造的大炮难以维修，发明了零件可替换的制造方法。19世纪初美国春田兵工厂发展出全部零件可替换的制造工艺，这就要求事先规定每个零件的标准，并建立一套精确的计量体系。19世纪中叶大规模修建铁路网则使标准化把世界重新联结起来。运营铁路网的难度在于庞大繁复体系的管理，关键在于能否将数以万计的环节和工作人员日复一日地精确协调，铁路网管理开创了现代企业管理体系。[1] 被铁路网连接起来的地方，出现了标准小麦、标准计量、标准时间[2] 等，与生产和消费有关的一切几乎都被标准化了。可以说，标准化是当今世界时空结构第一层特征。

（2）**批量化意味着覆盖化，它带来现代市场网络**。在标准化的基础上，19世纪中叶到20世纪上半期大规模制造逐步普及到全世界，这个过程称为批量化。铁路网为大规模制造时代的到来准备了三个条件：对大规模制造产品的需求、连通了广大区域的全天候运输网络、大规模层级管理和现代会计

---

① ［美］小阿尔弗雷德·钱德勒等：《管理的历史与现状》，郭斌主译，东北财经大学出版社2007年版，第105页。

② 关于铁路网及现代贸易如何推广了标准化，可参见［美］彭慕兰、托皮克：《贸易打造的世界》，黄中宪译，陕西师范大学出版社2008年版。

实务。① 汽车制造业的兴起使大规模标准化制造成为"现代化"的标准，"非标准化"则成了"落后的""需要改造的"代名词。② 流水线作业使工厂的整体产出能力远大于人类个体劳动之和，汽车在短时间内从奢侈品变成大众消费品，并且深刻地改变了社会。批量化不仅改变了生产，也改变了消费，20 世纪初，百货公司、超市等商业模式诞生，其历史背景就是批量化的普及。批量化改变了供应链，使市场网络现代化，堪称当今世界时空结构第二层特征。

（3）系统化意味着一体化，它带来全球化。"二战"后，随着战争中发展起来的控制论、信息论、系统论等新方法得到广泛应用，"系统工程"代替"标准化"成为改造世界的主要手段。③ 微电子、计算机、喷气式飞机等系统工程产品使世界缩小为"地球村"，出现了全球化。系统工程呈网络状在世界上延伸，要求所到之处均按统一标准运行，例如互联网要求所有主机都遵守同一套通信协议。诸多网状系统工程定义了当今世界的时空结构，典型事例如土地一级开发中的"十二通一平"，除土地平整外，还要求"路、电、水、汽、气、网络、邮电、排水、污水、公交、金融、快递"等十二项"通"，这里的每一项都是网状系统工程的延伸，并且都连通广泛，可达全球。系统化堪称当今世界时空结构第三层特征。

（4）信息化意味着重整化，它带来信息空间。信息化是以网状系统工程为基础发展起来的，尤其是以现代通信、网络、数据库技术为基础，其中，信息被汇总到数据库为现代世界带来了重新发现、重新组织利用时空的可能性。从哲学上看，信息化最深刻之处在于，把"信息"概念抽象成了一

---

① Wallace J. Hopp and Mark L. Spearman：《工厂物理学——制造企业管理基础》（影印版），清华大学出版社 2008 年版，第 21 页。

② J. B. Rae, *American Automobile Manufacturers*, Philadelphia: Chilton Co., 1959.

③ ［美］欧阳莹之：《工程学：无尽的前沿》，李啸虎等译，上海科技教育出版社 2008 年版，第 202-203 页。

切可被传递的逻辑可能性总和，并将其实现为人类生活的现实世界之外的空间[1]，可称为"赛博空间"（Cyberspace）。信息化一方面把现实世界虚拟化，帮助改造现实世界，例如虚拟制造技术可以模拟出产品制造全过程，提前预判并避免很多失误，从而更有效、更经济地灵活地组织制造生产。[2]另一方面，赛博空间中也可存在现实世界中不存在的可能性，犹如为人类提供了一片可供开发的"新大陆"。信息化堪称当今世界时空结构第四层特征。

（5）智能化指向解放人类双手。如果说标准化重新定义了人类生活的时空、批量化解决了"匮乏"这个人类生活中曾经的永恒主题、系统化使人类生活空间扩展至全球、信息化使人类活动范围超越现实世界，正在到来的智能化浪潮则指向解放人类双手。双手是人类大脑改造世界的中介，因此人类劳动的一个基本特征是需要训练手臂动作——哪怕简化到敲键盘，仍需要训练。但智能化却正在逐步使人类无须为生产活动而训练手臂动作，可以使人类大脑的意图更直接地作用于改造世界。例如，人类的消费行为已经可以很容易地通过无须训练的手部动作实现。智能化把当今世界时空结构引向了第五层楼。

早在工业革命之前，人类的手工业就已经很发达了，而工业之所以叫"革命"，就是因为达到了手工业达不到的高度。这种高度就来自于通过标准化使大量具体环节的劳动像"积分"一样大规模联系起来，后来又通过批量化、系统化、信息化等历史进程使人类劳动成效指数化增长、走向全球、走向超现实空间。而就具体环节的劳动来说，当今世界的个人动作行为与手工业时代差别不大，差别大的地方在于与外部世界的联系程度。

---

[1] 计算机科学的发展史涉及从经典信息论到量子信息论的多种信息理论发展，指向建模、模拟、复杂系统、虚拟现实，可参见 [美] 迈克尔·邓恩：《计算机科学中的信息》，载 [以色列] 道·加比、[加拿大] 保罗·撒加德、[加拿大] 约翰·伍兹主编：《爱思唯尔科学哲学手册：信息哲学》，殷杰等译，北京师范大学出版社 2015 年版，第 697-735 页。

[2] 杜宝江：《虚拟制造》，上海科学技术出版社 2012 年版。

从认识论来说，"工业化"可以分析成标准化、批量化、系统化、信息化、智能化五个方面，五个方面又可以综合成现代时空、现代市场网络、全球化、信息空间、解放人类双手等，实际上这就是当代的"现代化"。当代人类生活离不开电网、水网、通信网等网状系统工程，它们就像阳光、空气一样构成人类生活空间的组成部分，可以说是当今世界的"底层架构"。

在这样的时空结构中，很多曾经的困难问题变得容易解决，例如，20世纪80年代，汽车厂的产量问题对中国来说是个难题，单个工厂的产量比世界先进水平相差可达百倍，但当今则完全不成问题，其中的原因无非是当年的供应链、生产线、软件等方面能力不足，归根到底就是网状系统工程不够发达。而在当今，汽车厂是可以做到"无人"的，原理也可以理解为把网状系统工程布设到位，就可以在各个环节上代替人力投入。当然不是完全不需要人，但人的工作可以在"厂外"，例如设计、编程，这类工作在统计上算服务业而非制造业。假如汽车产业从制造业岗位密集型转为服务业产业密集型，能说是发生了"去工业化"过程吗？这样的现实情景恰恰发生在以美国底特律为代表的一些传统的汽车制造业基地。当今美国底特律大量汽车工人失业、城市萧条破败，而汽车工厂也迁到别的地方去了。有人说假如把汽车厂迁回，给工人提供就业机会，不就"再工业化"了吗？[①] 问题在于，相比20世纪70年代的制造业岗位数高峰时期，当今美国的汽车产量更高，但只用了原先约三分之一的人，而汽车厂外迁正是为了到网状系统工程配套更完备的地方去实现这种效率提升，并且事实上也创造了不少新增就业岗位，例如软件工程师。对汽车公司来说，以"回到底特律"的方式去"再工业化"，有必要吗？

不同国家的现代化程度有高低，故有"发达国家"与"发展中国家"之

---

① 参见"特朗普底特律演讲：美国将再次成为世界汽车工业之都"，视频：https://v.qq.com/x/cover/vw52evxg8p246ad/f03842ege02.html。

分。而这种分别很大程度上来自于网状系统工程的差别，发达国家之所以发达，主要在于网状系统工程发达。网状系统工程的发展来自"用起来"，只有用起来，围绕网状系统工程的应用生态链才会形成，从而网状系统工程本身才会得到发展，而用起来就要求开放性。因此开放性是发展网状系统工程需要的品格。至于"自力更生，艰苦奋斗"，其实往往存在于寻求工艺突破的过程中，这类过程从工作方式上看，主要是手工业时代的。这倒可以从逻辑上得出："自力更生，艰苦奋斗"其实是中国人民所具有的品格，中国工业当然具有这种品格，但中国其他领域也有这种品格。

"自力更生，艰苦奋斗"其实既不是中国工业崛起的主要原因，也不是中国工业崛起带来的经验，但却与中国工业崛起有着高度相关性，这种相关性如何理解？这涉及当今世界（或"现代化"）与其所依托的空间的关系。当今世界本身是一种空间结构，但它也有所依托的基础空间。在中国，这个基础空间就是五千年文明体。近代以来中国经历了从落后挨打到"站起来"、"富起来"的现代化进程，自主工业化在其中是一条主线，但不是全部原因。自主工业化带来的自主网状系统工程体系，使原先就存在于五千年文明体中的诸多劳动行为被纳入当今世界，焕发出新的生机活力。

把中国这种发展变化放在历史与世界维度构成的"大坐标"当中看，相当于中国整体上在很短时间里变得"值钱"了，也就是估值迅速上升。这种过程是怎么发生的？"自力更生，艰苦奋斗"带来的"高精尖"部分突破能够提供部分解释，但只是一部分。哪一部分？是作为集结其他经济活动的核心的那一部分，没有这部分，就没有其他经济活动的集群化，但其他部分先要存在并有效运行才行。由此，我们可以认识到，五千年文明体中原本就存在的诸多因素才是中国能够崛起的根本原因，通过在当今世界发生重组过程，出现了整体性的估值上升，才能够完全解释中国崛起。

于是，我们可以认识到，国家在世界体系中是个整体，要追求有利的"生态位"，就要提高整体估值才行，而整体估值的提高，却不能依赖少数高估值部分。前沿产业是创新活动最活跃的领域，自然会有高估值。但国家的整体估值要提升，非前沿的部分要能够提高估值才行。整体上有高估值的国家，例如美国，大多数行业都属于曾经的前沿或当今仍是前沿，但却较少有尚未得到充分估值的部分。而中国能够崛起，并仍有巨大潜力，根本原因在于低估值的部分很强大，能够在估值上起飞，这才是真正难能可贵之处。不像世界上有的国家，高估值的产业竞争力很强，但低估值的部分不具有起飞潜力，从而国家整体上在全球价值链上位于低端。于是，可以得到一个悖论：国家竞争优势取决于其低估值部分，或者表达成"决定一个国家发展潜力的因素中，低估值的部分价值比较高，高估值的部分价值比较低"。后一个表达形式类似于人工智能领域的"莫拉维克悖论"：对人工智能来说，人类所独有的高阶智慧能力只需要非常少的计算能力，例如推理，但是无意识的技能和直觉却需要极大的运算能力[1]，可以概括为："困难的问题是易解的，简单的问题是难解的。"[2]

三、植树型创新：为什么未来属于中国

马克思在《1844 年经济学哲学手稿》中有关于"劳动的对象化"的论述："劳动所生产的对象，即劳动的产品，作为一种异己的存在物，作为不依赖于生产者的力量，同劳动相对立。劳动的产品是固定在某个对象中的、

---

① 莫拉维克悖论（Moravec's paradox）是由人工智能和机器人学者所发现的一个和常识相左的现象：对人类智力来说苦难的问题如高等数学计算，对计算机而言其实很容易，但人类连小孩也具有的本能—辨识人脸、举起铅笔、在房间内走动、回答问题等，却是工程领域内目前为止最难解的问题。参见 Moravec, Hans., *Mind Children*, Harvard University Press, 1988, p15。

② [美]史蒂芬·平克：《语言本能：人类语言进化的奥秘》，欧阳明亮译，浙江人民出版社 2015 年版，第 199 页。

物化的劳动，这就是劳动的对象化。"① 通过前文的讨论，我们可以把劳动的对象化进一步推广到"对象化的规模与范围"：工业化使劳动的对象化成为通过标准化相组合的自在物，随着工业化的深化发展，劳动的对象化在规模与范围上超越个体劳动者的对象化能力，发展为全球化与超现实时空的自在体系，并迈向自为体系。在此意义上，国家富强最终取决于能够在多么强的程度上把劳动的对象化联系为整体，以及在"整体大于个体之和"的意义上使整体的价值放大多少倍。

估值是"钱与物"之间的连接环节。劳动的对象化天然具有价值，但并不天然具有高估值。国家整体在世界上的生态位提升，工业化水平很重要，但提升估值能力同样重要。估值是如何提升的？从根本上说，估值来自金融体系对评估对象的价值放大能力。例如，当今世界有的人热衷于复原古代盔甲工艺，这种行为如果是自己闭门在家做，那就是停留在手工业时代的行为，在当代已失去意义，必然是低估值的。但假如其行为纳入了文物修复价值链或电子游戏价值链，那就可以获得较高估值。可见，高估值的基础是价值链，而价值链的基础则是网状系统工程。金融从本质上说，是价值在时间与空间上的分割、重组、交换，这与工业化是对劳动的对象化的连接、放大、重组正是互为表里的关系。从这个意义上看，金融服务实体经济含义是金融要帮助实体经济实现价值，而非把金融与实体经济对立起来。当实体经济已经全球化并进入信息空间，金融也应有在全世界及信息空间重新分配价值的能力。假如不具备这种能力，那就是金融业的能力还不能满足实体经济需要，也就不能比较充分地放大实体经济的价值。

软件化是从现实世界到虚拟空间的转换。软件工程是系统工程的近亲，它通常从需求出发，将对象编码，使之规范化、抽象化、模块化，作为子系

---

① 《马克思恩格斯选集》第 1 卷，人民出版社 2012 年版，第 51 页。

统嵌入到更大的系统中。①经过软件化，现实世界被投射到虚拟空间中，经过分析、重组，能够大幅提高效率。当今世界的工业发展主要方面就是通过软件化带来估值飞跃，不断积累的数据库成为能够组织整条价值链的核心资源。

概念是一切价值链的源泉。所有的生产活动组织都来自项目，而项目的源头无不出自概念。处在落后位置的国家或企业可以把"赶超"作为行动的出发点，但需有领先者为参照。而最初的出发者，无不来自概念。当今世界的资金环境下，货币发行实际上源于项目所需，而项目则来自概念设计。因此，概念设计是创新的直接源头。

如果我们把当今世界中一个国家的现状称为"现实"——它是这个国家现代化状况和非现代化部分的情况总和，把未来蓝图称为"概念"，再用上"估值"，则可以设计三个公式：现实 + 估值 = 土壤；估值 + 概念 = 定价；现实 + 概念 = 想象空间。由此，我们可以说：中国的土壤状况是生态系统完备的工业加上较低估值，所谓"价值洼地"；中国的未来定价将走高，缘于较低的现价和宏伟的未来蓝图；而中国未来能够发展成什么模样，则取决于基于现实条件设计什么样的未来蓝图。中国"富起来"的过程中，很多产业、技术都是从无到有到发展壮大，原因就在于中国有着高水平网状系统工程构成的工业化土壤，只要是需要工业化土壤的经济模式，种下去就很可能茁壮成长，可以称之为"植树型创新"。而随着当今世界产业体系越来越复杂，所需的参与分工人口以及为人工智能提供大数据资源的消费者都越来越多，中国的巨大优势——拥有世界最多"产业人口"和现代化消费者群体——将日益明显，因此，未来属于中国。

---

① [美] 欧阳莹之：《工程学：无尽的前沿》，李啸虎等译，上海科技教育出版社 2008 年版，第 205 页。

08 Chapter 8

变革：金融化时代的经济

什么是"市场经济"？市场经济的概念是通过市场方式进行资源配置。这个概念意味着对资源进行合理配置可以带来经济繁荣。可见，经济繁荣需要两个条件：一是要先有资源，二是要有合理配置的过程。什么是资源？资源是生产所需要的各种要素，包括土地、劳动、原材料、生产工具、资金等，合理配置则意味着要让大范围、大规模的生产要素合理调配、结合起来，怎么才能做到这一点呢？可以认为，中国能够拥有"资源"，来自包括前三十年在内的持续努力，而合理配置的过程，则来自中国金融的变化发展。

什么是金融？金融是对凭证化了的资源在时间和空间上进行配置的过程。资源不凭证化，就不能高效切分、流动、组合，而一旦把资源凭证化并纳入可进行交换的空间中，资源就能进行跨时空的优化组合，这就是金融。金融的发展，能够为经济带来一个可以让资源配置空间越来越广、配置规模越来越大、配置效率越来越高的高速流通资源配置空间，从而让经济活动可以在一个金融化了的空间中展开。

一、金融化是系统化的衍生物

为什么世界经济会来到金融化空间？可以说，这是从经济走上系统化道路之时已经确定了的。

铁路是人类历史上第一个现代巨型系统工程，从勘测、规划、立项到融资、修建、运营乃至机车设计制造、信号体系管理个个都是复杂的系统工程。并且还涉及多个系统工程之间在动态过程中的协同，一旦出现"配合失误"就会导致重大的灾难性后果。如此庞大繁复体系的管理，关键在于能否让数以百计的环节、数以千计的工种和数以万计的工作人员日复一日地精确协调，它与集权化管理密不可分。事实上，铁路管理正是现代企业管理的起源，世界铁路史基本反映了世界近现代经济史全貌，一国的铁路史则反映该国的社会现代化进程本身。

世界铁路发展史始于1822年5月23日的英国，这一天从斯托克顿至达灵顿的铁路动工兴建，1825年9月27日建成通车。建设这条铁路的资金，绝大部分来自沿线的教友派信徒，这说明该铁路本身是地区利益的产物——这正是英国社会"地区为中心"性质的写照。这条铁路出现后，英国多个地方提出铁路修建计划，而金融资本也参与到了铁路融资当中，从资金到管理都以近代的方式代替了传统的地区关系网为中心的运作方式。

19世纪的铁路工程开创了现代企业管理体系，其中机车设计是现代企业研发组织的发轫。机车设计需要一支庞大队伍的组织协调，这种组织的实现有赖于：（1）工程师和设计师一般都要经历学徒阶段，这来自对工匠行会传统的模拟。（2）组织结构模拟军队，等级分明，分工明确。总设计师负责总体框架。

美国工业工程学家 Wallace Hopp 和 Mark Spearman 在《工厂物理学》一书中指出，"即使有了煤（笔者按：意指出现了蒸汽机动力），大规模工业生产也没有立即出现"，一体化工业企业并不是第一次工业革命的产物。大范围制造特性需要一个大规模分销系统的支持来实现原材料和产品的流动。1850—1880 年发生的运输与通信革命——铁路、轮船和电报，才促进了第二次工业革命的开始。三个原因使铁路成为第二次工业革命的火种：（1）这是美国第一个大型系统，第一次需要大规模的管理层级和现代会计实务。（2）铁路的建造（以及同时期电报系统的建设）需要大量的大规模制造的产品。（3）铁路连接了全国各地，为产品提供了可靠的全天候运输网络。

美国管理学先驱埃莫森（Harrington Emerson） 17 岁时近距离观察了普法战争，他发现普鲁士获胜的原因是老毛奇的"作战部队和参谋部法则"。埃莫森创造性地把该法则用于商业组织，塑造美国国防部的项目及铁路、矿产、钢铁系统，这也就是被称为"美国系统"（American System）的以"标准化制造"为核心的现代系统工程。

当今世界上的各种称为"系统工程"的东西，基本上都源自美国，比如亨利·福特发明的生产线、爱迪生等人发明的电网、贝尔实验室发明的移动通信以及诞生自美国国防部的互联网等。在"美国系统"产生之前，英国工业革命时期奠定的工业生产方式居于主导地位。其特点是产品质量取决于工人的技术水平，但产品规格无法做到完全统一，即便最好的工人生产出来的产品，也是个个不同的。18 世纪下半叶到 19 世纪上半叶的英国，依靠当时世界上质量最高的技术工人队伍，完成了工业革命，成为世界的霸主。为了炫耀"日不落帝国"的经济成就，英国在 1851 年举办了第一届世界博览会（当时叫"万国工业博览会"），为此还特地利用当时世界上最先进的技术建造了著名的水晶宫作为世博会的主展厅。然而，大大出乎英国人意料的是，在水晶宫内成为主角的，竟是当时根本不以工业出名的美国。

在首届世博会上，美国生产的枪支超越了英国生产的枪支。当时英国的枪支是由熟练工人制造的，就单支性能而言，强于美国的枪支。但美国的枪支是用"全部可替换零件制造技术"生产的，所有的零件全是标准化的，而英国枪支虽然性能卓越，却没有标准化，一旦某个零件出了问题，就会因为没有备件可供替换而无法使用。英国国会不得不成立了一个调查委员会，学习美国的"全部可替换零件制造技术"，并从美国进口枪支，这在当时是震惊世界的新闻。英国人还发明了"美国系统"（American System）一词称呼美国的标准化制造技术，从此这个词成为美国崛起的标志。

19世纪70年代之后，随着美国的大规模铁路网建设的展开，"标准化"推广开来，并且使大多数人第一次真正体会到"系统"改变生活的力量：根据经济史学家彭慕兰记载，铁路兴起之前，美国各个城镇都有着自己的时间，相邻的两个城镇使用的时间相差两个多小时是很常见的，而铁路网的扩展，则使得所有城镇的时间不得不统一了起来，都使用"标准时间"——因为铁路网必须遵循统一的时间表。

铁路的出现还改变了人类的主要食物标准。"标准小麦"就是由于铁路兴起而出现的。在铁路出现之前，运河曾是美国的运输主力，农民的粮食可以装在自己的麻袋里写上名字，张三的、李四的。这样，运到纽约港这个交易中心后，可以打开麻袋，按质论价。但铁路兴起之后，粮食改用火车运输，就不能再由农民装在麻袋里了。由于蒸汽机火车熄火之后重新烧开锅炉要很长时间，所以火车停靠中间站点时不能熄火。这就要求使用粮食装卸传输带，尽快装车。这样，粮食就必须散装。不能由农民自己装麻袋了，也就不能按照每户农民的粮食品质各不相同而单独论价了。只能把粮食分成几个档次，按照统一标准来计价，这就是标准小麦的产生。

标准小麦的诞生又促进了芝加哥谷物交易市场在19世纪60年代发明谷物期货交易合约，这是现代期货和衍生金融的鼻祖。可见，当铁路把不同的区域连接在一起，人类的组织方式、时间观念、生存物资等都发生了变化，发挥更高级社会功能的金融体系也灵敏地变化了。

汽车制造业的兴起则确立了标准化制造成为"现代化"的标准,"非标准化"则成了"落后的""需要改造的"代名词。汽车制造商亨利·福特组建了一个开创了"工业工程"(Industrial Engineering)研究的团队,这个团队系统发展了来自军工企业的模具技术和标准化测量。标准化制造使汽车在短时间从奢侈品变成大众消费品,并且深刻地改变了社会。在亨利·福特1863年出生时,美国只有五分之一的人口住在城市,而当他在1947年去世时,美国只有五分之一的人口不住在城市。管理学大师德鲁克为此赞叹道:20世纪世界革命的中心,不在1918年的莫斯科,而在1914年的底特律!

"二战"之后,随着战争中发展起来的军事科技被应用到商业中,"系统工程"代替"标准化"成为改造世界的主要手段。从密码破解中发展起来的计算机工程、从导弹中发展起来的自动控制、从雷达中发展起来的电信工程,一起构成了战后新技术革命的三大支柱。从20世纪40年代末到70年代初,微电子、计算机、喷气式飞机等新技术成为经济增长的领头雁。

微电子、计算机、喷气式飞机等技术极大改变了世界,由于他们都要求工程所至之处按统一标准运作,因此,可以看作全球级的"地缘系统工程"。而作为一切人类产品通约—镜像交易体系的金融,可以看作最高级的"地缘系统工程",因为金融是按照"地球上每个角落都要被系统化"的方式运作的。

20世纪70年代之初,"冷战"和国际关系危机瓦解了以金本位为基础的布雷顿森林体系,造成了严重的经济危机。美国为了应对经济危机,与沙特等国达成了"石油只用美元结算"的秘密协议,变相地把美元的基础从黄金变成石油。由此,以石油期货为中心的衍生金融体系建立起来。洛斯·阿拉莫斯原子能科学基地的物理学家们大批转业,摇身一变成为华尔街的交易员。他们把原子能工程中的数理统计方法应用到金融交易中,发展出了"金融工程"这个不断释放金融产品创新的潘多拉魔盒。于是在20世纪70年代中期,金融业迎来了一个全新的发展期,华尔街通过把原先不能用来交易的物品乃至假想的未来情景货币化、权证化之后进行流通，制造了天量的衍生金融物品，最终造成了 2008 年全球金融危机的爆发。

世界的现代化进程，尤其是"二战"之后的现代化进程，可以说与系统工程化进程是同一个过程，而这个过程的另一侧面是系统工程之外的传统文化被边缘化的过程。无论不同的价值观如何评价，当今世界的实际情况就是：整个世界被系统工程在三个层次上重塑了，这三个层次是物理层、组织层和文化层。

我们可以用一个典型的"美国系统"——互联网为例来看系统工程如何在物理层上重塑世界。互联网的基本功能是"互联"，要实现这一功能，就需要所有主机都遵守同一套通信协议，否则就像一堆口径各不相同的管子一样无法连成一体。而为了保证这套协议能够执行，需要每台主机都有唯一地址。只有纳入这一套系统之中的主机，才能上网。于是，为了实现 Internet，全世界的计算机就都被 TCP/IP 协议重组了。

在世界的现代化过程中，充满了这样的例子，比如通信网络从 19 世纪的电报发展到现在的 4G、电网从无到有布满全球、电视的卫星直播体系建立……诸如此类的"现代化"过程都打着"美国系统"的烙印。就连"一桶石油"的体积（42 美制加仑）、"一个集装箱"的尺寸（宽 8 英尺）这样看似没有很强标准化要求的事物，都经过了系统化的重整，并在此基础上建立了油气管道体系、集装箱货运体系等全球化的系统工程。

为了维持物理层的运转，美国通过很多国际组织进行全球系统工程的管理。比如负责互联网运营的组织 ICANN（互联网名称与数字地址分配机构），就是 1998 年从五角大楼独立出来的。ICANN 通过 13 台根服务器来进行全球 IP 地址的分配和域名解析，13 台根服务器中 10 台在美国，其他 3 台分别设在英国、瑞典和日本。其他主要国际组织诸如位于全球货币和金融体系顶端的国际货币基金组织（IMF）、负责全球导航的国际海事卫星组织（Inmarsat）、负责制定全球电信标准的国际电信联盟（ITU）等，都相当于各自领域里"美国系统"的运营商。而相关的全球治理行为，比如国际法规的制定和修改、国际间政策协调等，又都需要通过这些组织去执行，因此，全球治理体系又不得不按照美国系统的要求量身定制，WTO就是其中的典型。种种为维护系统工程运转而产生的国际组织改变了全球游戏规则，是为系统工程的组织层。

系统工程对世界造成的最大改变其实是文化层，受到的关注也最多，但其实基于前面两个层次才能更深入地理解其意义。随着工业基础的系统工程化，服务也必须标准化，其中的代表是连锁化服务，造成"社会的麦当劳化"后果，英语则附着在系统工程的躯壳上成为全球通用的经济语言。对于"现代性"的文化后果，从法兰克福学派批判的"文化工业"——文化产品的标准化制造到形形色色的"后现代"思潮，进行了充分反思。任何被纳入"美国系统"之中的文化，无不"异化"。

由于系统工程重塑了世界，而"美国系统"在其中占据了统治地位，因而美国得以在货币与金融体系、技术体系、全球物流体系等各个方面成为标准的制定者和系统的操控者。一方面美国从中尽享"霸权红利"，比如利用美元的世界货币地位"滥发钞票"，向全球征收铸币税。但另一方面，由于"霸权红利"的好处——可以控制体系的高端而把"苦活累活"推给别的国家，美国系统的低端制造环节大部分转移到了劳动力成本低廉的发展中国家。对美国来说，这个秩序的吊诡在于："美国系统"为美国建立了一个以标准化制造为基础，以金融工程为上层建筑的通天之塔，但随着塔尖的升高和塔基的外展，塔心里的基础却被抽空了，600万亿美元金融衍生品成了空中楼阁。

2008年金融危机的爆发使空中楼阁面临崩溃，世界体系到了必须再次重构的时候，问题只是如何重构。

二、金融危机推动金融深化

系统化使经济走向金融化，因为这样才能让经济运行效率更高。金融化则带来金融深化，即各种原先未被纳入金融过程的资源越来越多地进入金融计价与流通的过程。从全球史来看，如何走出经济危机？一种观点认为，市场具有自我调节能力，只要给市场以时间，它会自我修复。然而这种修复需要多长时间？将付出多少代价？这种观点并未给出答案。作为改进，另一种观点认为，为了减少走出危机所需的时间并降低其代价，政府应该出手干预，但应以帮助市场"恢复平衡"为目的。

这两种观点在历次经济危机中不断被讨论并被设计成各种政策加以实施，其收效如何呢？这需要从历史过程本身当中去考察。在进行这种考察之前，我们需要先定义清楚什么是"市场"，这样才能说明它是如何发挥作用的。

"市场"一词的起初含义是商品买和卖的场所，经过现代引申之后，其含义转化为"非指令的资源配置机制"。但正如法国历史学大师费尔南·布罗代尔经过大量史料和现实材料分析之后所指出的：市场并非同一层次上的活动，而是分层的，面对面交易只是市场经济的底层，布罗代尔称之为市场的下层组织。商业的近现代发展主要是市场上层组织的发育，即买者和卖者并不见面，而是通过独立存在的中间环节作为桥梁和纽带。

布罗代尔提出了两个概念：公共市场和私有市场。公共市场指集市贸易，即市场的下层组织，多个买家和多个卖家在其中充分讨价还价。从公共市场中发展起来的私有市场指部分商人有意避开公共市场，直接寻找生产者或控制生产者，然后再寻找买方。私有市场的参与者具有普通生产者或公开市场的商人所不具备的优势：掌握大量的资金以便进行定金支付等结算，掌握庞大的销售网络，具有信息垄断优势即所谓"市场嗅觉"等。私有市场在历史上逐步演变为市场的上层组织如各类交易所，具备上述特点的商人集团逐渐演变为市场上层组织的主要参与者。所谓"非指令的资源配置机制"其实主要是指通过各类交易所等中间环节配置资源，实质是中间商群体来定价。

在经济学中，经济危机是一种市场失灵状态，映射到现实中，即市场的上层组织无法有效配置资源的状态。历史上，面对这种状态，政府无所作为经常导致情况越来越糟。而"有所作为"的方式，往往是从市场上层组织的特点入手进行干预，尽管手段多样，但概括起来不外三种类型：①给市场（上层组织）注入资金，期望其恢复结算平衡；②扩大销售网络；③创造信息传递更加高效灵活的交易体系。可以说这都是顺应"市场规律"、以促进市场恢复平衡为目的的措施。在这些措施刺激下，"市场"是如何反应的呢？剖析"市场克服危机史"，我们可能会得到一个"意料之外，情理之中"的发现。

三、"黄金时代"的终结

19 世纪末到 20 世纪初，全球经济出现了前所未有的高速发展，国际贸易蓬勃兴旺，其景象高度符合英式自由贸易理想推崇的要素自由流通带来的繁荣盛况，事实上自由主义经济学也是在这个时代成型的。不仅富国经济繁荣，加拿大和阿根廷这种当时的穷国也在大约 20 年的时间内人均产出翻番，跃居富国行列。美国跃居经济总量第一，出口额在 1897—1907 年的十年间增加了一倍。这一时期是第一个真正的全球经济一体化时期，史称"黄金时代"。

这是资本主义前所未有的美好时光，时任美国总统西奥多·罗斯福（老罗斯福）1906 年 12 月在提交给国会的报告中说："我们将继续享有毫不夸张的空前繁荣。"

然而，就在老罗斯福断言"空前繁荣"之后仅三个月，1907 年 3 月 13 日，危机开始了。这一天，纽约股市暴跌，许多蓝筹股跌幅超过 25%。来自欧洲的投资者见状纷纷抛售美国股票，把资金抽逃回欧洲，于是当时的货币——黄金大规模流出美国，流向欧洲，这导致美国发生了严重的流动性短缺。流动性短缺的加剧使美国经济在当年 5 月开始出现萎缩，股市也持续低迷，政府却什么也没有做——那时连认为政府应该干预市场的经济学都还没出现。

即便在低迷的股市上，依然有野心勃勃的投机者试图豪赌一把，这也是市场的一部分。1907 年 10 月，有两个投机者纠集了多家信托基金试图操纵美国铜业公司股票，结果遭到失败，惊慌的投资者纷纷撤出资金，这迅速传到了其他信托基金以及银行，于是整个市场崩溃了。

这时人们唯有寄望于救世主的降临。自愿担任"救世主"角色的是约翰·皮尔庞特·摩根（J P. Morgan），这位传奇大亨这时已经 70 岁了。摩根召集了纽约最大的银行家们开会，在 15 分钟时间凑了 2700 万美元借给纽约股市的经纪商们，终于使市场恢复了秩序，道琼斯指数从比 3 月份低 39% 的谷底开始反弹。

如果只截取这个片段看，市场似乎实现了自我修复，然而时间不可能静止，投入到市场中的资金会继续传导。由于还款压力，资金被投入到当时最可能短期获利的交易——美国粮食出口当中。交易商还从伦敦借入大量黄金，迫使英格兰银行按照"市场规律"大幅提高贴现率，最初提到 6%，11 月初又提到 7%，这样依然不能阻止黄金流入美国。于是英格兰银行利用"日不落帝国"的权势，从 24 个国家调入黄金，这样就导致了世界性的利率预期恐慌，引发了广泛的矛盾。市场最终没能克服这种矛盾，其结果是第一次世界大战的爆发。

美国虽然暂时克服衰退，但没能克服市场大幅波动，继 1907—1908 年的衰退之后，又在 1910—1912 年以及 1913—1914 年两度爆发经济危机。美国从 1907 年危机中得到的教训是：不能总指望摩根这样的救世主出现，而是应该有一个机构化的"最终贷款人"，于是 1913 年成立了美联储。不过最终使美国走出这一轮危机、实现繁荣的还是第一次世界大战。

四、从战争走向战争

1918年"一战"结束到1939年"二战"爆发，20年左右时间中"市场"就没有克服过严重的失衡，1929年还爆发了一落到底的大萧条，最后不得不通过再打一次世界大战了断，可以说，这是一部从战争走向战争的"克服危机失败史"。

"一战"打残了欧洲的工业体系，彻底把美国送上世界经济的王座。"一战"中大笔的军工订单使美国从全球最大债务国变为最大债权国，拥有最多的黄金储备，充足的货币供应量使美国彻底走出了战前的经济波动，出现了"柯立芝繁荣"。

与此同时，战败的德国则出现了骇人听闻的"超级通货膨胀"（hyperinflation）：物价贬值幅度按万亿倍计算，1918年，4.2德国马克可以换1美元，而1923年年底，则是4.2万亿德国马克兑1美元！超级通胀使绝大多数德国人一生的积蓄的购买力荡然无存，德国就这样成了被收购的对象。这样的超级经济危机，最终结果不是被市场机制修复，而是逼出了希特勒！

美国的好景也没维持很长时间，1929年，史无前例的大萧条爆发。面对空前的经济危机，时任美国财政部长的金融大亨安德鲁·梅隆（Andrew W. Mellon）建议胡佛总统只要"清理劳工、清算库存、清算农场主、清算房地产"，就可以"剔除经济体系中的腐烂部分，使过高的生活水平降下来，人们会过上一种更加道德的生活"。这显然是一种彻底的"让市场自行恢复"式建议，可惜实际效果是情况越来越糟。从1929年到1933年，美国经济规模萎缩了三分之一，工业生产下降56.6%。政府无所作为致使通货紧缩日益严重，从而导致消费和投资都在减少，市场的上层组织规模日益萎缩……危机本身形成了"正反馈循环"，也就是说，市场规律不但没有使经济复苏，反而使情况向更坏发展。

1933年，富兰克林·罗斯福（小罗斯福）上台，实行"新政"，实质上就是通过财政手段上马新项目，增加就业，扩大销售网络。这些措施部分地恢复了美国经济，但并未解决市场失衡问题。

"新政"的财政支出很大程度上有赖于1933年起欧洲的黄金大规模流向美国，这就导致欧洲国家按照"市场规律"大幅度贬值货币，于是在世界上形成了一场货币贬值大战。为了解决国际货币秩序严重混乱问题，英法美三国1936年9月达成《三国货币协定》，同意维持汇率水平，尽可能不再实行货币贬值。结果，这一在金本位制下符合市场规律的行为，导致1937年美国财政紧缩，从而引发了1937—1938年经济萧条。这场萧条再次蔓延到欧洲，很大程度上决定了第二次世界大战的爆发时间。

五、黄金、石油与"大爆炸"

1944年，布雷顿森林会议在规划"二战"后世界经济秩序时，吸取了战前应对经济危机的经验与教训，形成了《联合国货币金融协议最后决议书》以及《国际货币基金组织协定》和《国际复兴开发银行协定》两个附件，总称《布雷顿森林协定》。三份文件中，《联合国货币金融协议最后决议书》是为了解决各国间汇率大战问题所作的安排，《国际货币基金组织协定》是为了创造一个"全球最后贷款人"，《国际复兴开发银行协定》则是为了创建世界银行打开欠发达国家的市场。这是当时从全球视角处理市场失灵问题的最高智慧总结。

危机应对能力的提高确实有效减轻了市场震荡幅度。1952—1953年英美法德等国发生了战后比较严重的经济危机，各国处理得较为得当，没有发生股市崩盘之类的灾难。不过这次危机也提出了一个新挑战：向市场注入资金和通过财政政策扩大销售网络都缺乏明显效果，为什么？怎么办？

美籍匈牙利裔经济学家提勃尔·西托夫斯基（Tibor de Scitovsky）1954年发表的一篇论文加深了人们对市场机制的认识。西托夫斯基假设了一种情况：假如有一家钢厂现在要决定是否动工兴建，但只有在钢厂投产之后有一条铁路要动工的话，钢厂才有利可图；而铁路企业则认为，只有当有一家新的钢厂投产之后再开始修铁路，才会获利。显然，钢厂项目与铁路项目密切相关。但在只有钢铁现货市场的情况下，钢铁企业和铁路企业就无法通过市场获知对方的信息，从而无法促成相互配合的行动。这是由于信息传递不够高效灵活导致的市场失灵例子，或者说，由于市场还不够充分所致。

这个例子能够用来解释 1952—1953 经济危机的情况："二战"后马歇尔计划的大量投资拉动效果基本释放完毕，通过组建"欧洲煤钢联营"等方式扩大销售网络又未能立见成效。实际上欧洲煤钢联营建立之初面临很多例子当中这种难以达成相互合作的情况。对此，当时欧洲找到的解法是：创造信息传递更加高效灵活的交易体系，像例子当中这种情况，可以通过创建钢铁期货交易市场解决。

20 世纪 50 年代中期起，大量高级、复杂的市场被创建出来，比如 1957年诞生的欧洲债券市场等。创建更多更充分的市场成了预防危机发生的良方。

不过，更多更充分的市场对应的是更大量的货币。对于大量货币的需求导致金本位制下黄金与货币的固定比率无法维持，1960 年到 1968 年竟然连续发生了 11 次"黄金危机"，最终，美国不得不于 1973 年宣布放弃美元与黄金的挂钩，任由货币发行量飞涨，金本位制终结了。

1973 年，中东国家对西方宣布石油禁运，导致了西方国家经济萧条。在石油禁运期间，一些石油贸易商以个人身份从中东国家买进石油，再倒卖到西方国家，从而创建了国际石油现货市场，缓解了经济危机。这里可以说市场机制对克服经济危机是发挥了其作用的，不过这时正赶上美元与黄金脱钩，现货石油正好成为新的炒作目标。

美元对石油的炒作需要一个新的市场，于是 20 世纪 80 年代初，国际石油期货市场出现了。国际石油期货市场成了衍生金融的"培养基"，各种各样的新式衍生金融产品源源不断地以石油期货为基础被创造出来。而为了容纳这些"金融怪物",又需要创造更多的新市场。所以到了 1986 年,撒切尔夫人干脆搞了"金融大爆炸"(Financial Big Bang)改革,彻底拆除了阻碍衍生金融品市场发展的樊篱。其结果是:此后应对经济危机看上去有了比较有效的办法:印钞借给交易商,再创建新市场容纳这些钞票。在"金融大爆炸"改革后不到一年,1987 年"黑色星期一"金融危机爆发,这个办法有了用武之地。

不过,"金融大爆炸"的长期后果是:金融资产的总量膨胀速度远远超过了经济增速,海量的钞票终于引发了"金融海啸"。这实际上说明各种新市场可能早已被过度创造。此次面对危机,欧美是如何应对的呢?主要措施就是印钞并注入给市场的上层组织。其结果将会如何呢?

通过"市场克服危机史",我们可以发现:如果对经济危机无所作为,则市场不但有可能无法克服危机,而且可能走入危机不断扩大的恶性循环;如果采取干预措施,则在一个时间段内,市场是能够走出危机、恢复平衡的;然而,如果把各个时间段连成一部历史看,那么任何干预措施都不过是转换了危机形式或者转变了危机的空间,或者推迟了危机的爆发时间。

09 Chapter 9

博弈：获取规则话语权

在金融化时代的全球经济中，国与国的博弈重点，不在于谁占有产品更多，而在于谁在全球规则制定中拥有更强的话语权。西方国家谋求经济霸权的行为，已经悄然转向以谋取规则霸权为重点。

作为工业经济的统计规则产物，国内生产总值（GDP）是全球经济中最重要的指标，而 GDP 的背后，则蕴藏着全球规则制定话语权的大博弈。

中国的国内生产总值（GDP）规模位居世界第二，然而一种困扰同时存在：为什么世界第二的 GDP 规模没有给中国人带来经济强国的感觉？

19 世纪，英国用机织的廉价"洋布"使中国手工生产"土布"的农户纷纷破产，让中国人对何为工业有了直观印象，也留下了沉痛的历史记忆。兔走乌飞，时至今日，英国工业早已衰落，能够用机器化大生产制造出世界上最多种类、最廉价工业产品的国家是中国，为什么英国仍是发达国家，中国仍是发展中国家？

基于这种困扰，人们对 GDP 产生了怀疑，出现了"GDP 无用论""中国 GDP 虚假论""中国产业低端论"等说法。其实，GDP 广受关注的部分只是一个数字，但数字背后的体系却异常复杂，GDP 的运用是世界治理策略的大博弈。

一、"霸权红利"的秘密

发达国家曾经被称为"工业发达国家"，不过这个词已经在各国和联合国的正式文件中消失了，因为"工业发达"地区大部分已不在发达国家。然而，工业已不再发达的国家却普遍维持了"发达国家"地位。这就是现代化的全球治理体系之神奇功效，而 GDP 就是这套治理体系使用得最广泛的工具。

GDP 的诞生与 1929 年爆发的大萧条有关。当时，美国政府只是知道数以百万计的人失业，钢产量、铁路运输量等指标纷纷剧降等零散的信息，对于应对危机来说远远不够。1933 年就任的罗斯福总统立志采取"新政"克服危机，需要建立反映经济运行整体面貌的统计体系。经济学家西蒙·库兹涅茨开创性地主持编制了 1929—1932 年美国国民收入数据，虽然当时使用的"国民收入"（NI）跟后来的 GDP 还有很大差别，但基本的方法基础已经奠定了。

美国能够建立这一套体系有赖于两个基础：一是工业工程学在全社会的普遍运用，使大部分重要的经济环节都建立了像现代化工厂一样的生产管理系统和财务核算方式，能够对经济活动过程进行记录、存档和标准化管理；二是资本主义市场经济体系的展开，使经济活动都有了货币价格和流通规范。简单来说就是经济活动"有价格、能记录"。

美国真正建立能执行的全国经济核算体系要到"二战"时。美国参加"二战"期间，国内实行严酷的战时经济管制，几乎所有工厂都被纳入军工体系，实行军事化管理。为支持战时经济规划的编制，美国在国民收入统计的基础上，发展出国民生产总值（GNP）。

联合国从1953年起推进的统计体系是英美发展出的"国民经济核算体系"（SNA），在冷战大背景下，SNA只在西方阵营和殖民地国家中得到推广。社会主义阵营国家采用另外一套统计体系，基于马克思主义经济学的"国民经济平衡表体系"（MPS）。两套系统的区别在于SNA统计货币化了的经济活动，包括金融业、服务业等；而MPS则统计产量，不包括非物质生产的经济行为。

从经济治理的角度看，两大国民经济统计体系都是工业时代的经济管理工具，使政府力量可以深入到经济各环节。两套体系互不兼容，将两大阵营的经济活动塑造成了"基因"不同的物种，几乎无法相互投资、贸易。

1991年苏东解体使全球两大经济治理体系的对立不复存在。就在这一年，美国宣布SNA的统计结果以GDP代替GNP，这是一个意味深长的改变。

"经济合作与发展组织"（OECD）成为唯一的全球性"富国俱乐部"。该俱乐部设定的"准入门槛"是：高收入国家，意即高人均GDP国家。于是，根据是否符合OECD成员的标准，世界上的国家实际上被分成了两类。

一个国家的人均GDP高意味着什么？意味着该国能够以较少的劳动成果换取别国花费较多劳动得到的成果。道理何在呢？

我们从一个例子说起。据统计，2012年，英国男士理发的平均价格约10英镑，换算成人民币的话超过100元。虽然找不到中国的同类统计数据，但根据笔者的生活体验，大概是30元左右。英国理发师与中国理发师的劳动区别很小，但服务价格却悬殊。这个细节放在国际视野下看有重大的意义：它可以使英国出口产品的定价很贵。

英国是一个进口远多于出口的国家，出口的产品不多，其中最重要的是飞机发动机。飞机发动机很昂贵，卖出一台用在大客机上的罗尔斯—罗伊斯涡轮风扇发动机赚的钱，大约可以买17.5万吨小麦。飞机发动机为什么这么贵呢？因为它是在高成本的社会中生产出来的，飞机发动机的生产者也要理发，所以理发的价格也会包含在其劳动再生产的成本中。大部分服务业是不可贸易的，包括理发在内的服务业产值占到英国 GDP 的约 82%，其价格参与形成了可贸易产品的成本。

与英国情况相似，大多数发达国家服务业产值占到 GDP 的七成以上，并且大部分服务业的劳动在本质上与发展中国家的同行没什么不同，却获得了高出数倍甚至数十倍的价格评价——也就是报酬。于是，发达国家与发展中国家的贸易，本质上是劳动的不等价交换。

"高劳动低所得"和"低劳动高所得"的现象是怎么造成的呢？这与现行国际政治经济秩序下的产业格局演化有关，世界治理体制不断被修正，以维护这种现象并使之显得理所当然。GDP 在其中是一个重要的工具。

1992 年发生了两件大事，分别是中国的市场经济改革加速和欧洲一体化进程的里程碑之一《马斯特里赫特条约》签订，前者促进中国融入全球市场经济体系，后者使前苏东部分地区融入西欧市场经济体系。曾经的"工业发达国家"纷纷转移制造业，逐渐变成了以金融方式控制海外资产的经济"虚拟化"国家，金融在经济活动中的产出占比越来越大。GDP 代替 GNP 给这些国家带来的好处是：由于资本的高速流动特性，本国会有大量金融资产属于外国公民所有，GDP 统计可以包含这一部分，帮助本国维持"高收入国家"地位，继续掌握游戏规则的制定权，从而实现"不事生产，印钞购物，坐享其成"。

中国的对外开放加入全球分工体系使一个人口超过全球五分之一的"大块头"参与到了全球工业大转移的历史进程中。中国通过承接发达国家的制造业转移，成为了"世界工厂"。在这个过程中，GDP 扮演了重要角色。中国起初采用的是 MPS 框架，1979 年中美建交之后，为了能够与美国开展经济合作，中国开始学习 SNA。经历了五年多时间和庞大的培训、组织和变换思路，中国于 1985 年开始试行发布 GDP，并于 1993 年起完全以 GDP 代替

MPS。这意味着中国的经济治理体制开始能够跟西方世界接轨，而这其中的微观经济管理方式改变过程，也正是中国的经济改革过程。

美国曾经拥有世界上最大、最完整的工业体系，但是由于多年的工业外移，已经失去了大量中低端环节，工业体系的"活性"大大降低。这一方面与工业中大量环节流失，剩余的部分难以"连缀成网"有关，另一方面，更为重要的是，如果掌握技术的人员没有一直处在不断工作的团队中的话，要想重新"找回状态"也很困难。

与美国不同的是，中国的"工业生态"相当富有活力。在技术发展使得最终产品越来越复杂的时代，大部分工业产品的生产都会涉及数以千计的生产环节，从工业生态的角度来看，其后果是越来越多的工业品只能在中国生产。

在中国形成世界最完整的工业生态过程中，GDP快速提高的原因很大程度上在于：随着工厂越来越多和市场经济体系的发展，工业化管理也越来越普及，使得经济活动"有价格、能记录"；同时这也意味着，中国实际上也有大量的经济活动由于管理体系尚未被工业化，难以被记录，因此中国的GDP实际上是长期被低估的。中国的真实GDP肯定比SNA统计出来的数值要高得多。

为什么中国已经是世界最大的工业国家，却仍然要出口廉价的工业产品给发达国家呢？答案还是在当代世界治理体系中。GDP是产业世界治理体系的"治权"，属于各国政府；而世界产业治理体系的"法权"则是知识产权体系。知识产权的法律体系不是各国国内的，而是跨国的。知识产权的基础是"市场相互准入"，承接别的国家的委托生产任务，要求尊重其知识产权，缴纳知识产权费用，否则就是"山寨"，不能向国外销售。为了能够获得市场，实际上就必须接受对方的定价。在这样的世界治理体系中，OECD实际上成了一个相互"尊重知识产权"的共同市场，使得"山寨品"几乎找不到出口市场。

但无论如何，中国的崛起从两方面改变了世界秩序，一方面是导致了全球产业重心的转移；另一方面，中国产业升级和人均 GDP 的增长使得西方的特殊地位受到了挑战。

二、修改统计规则的游戏

2008 年金融危机爆发使得西方国家蓦然发现，过去的游戏进行不下去了。因为随着全球产业格局的变迁，"西方 7 国"（G7）GDP 总量占全球的比重从 20 世纪 80 年代中期的 70% 以上下降到了 2008 年的 50%，并且还在快速下降。这就意味着有可能出现"新兴市场自己组织起来，不带发达国家玩了"的局面。

于是，2008 年美国邀请了全球 20 个最大经济体的首脑到华盛顿开会，共商应对金融危机大计。这样 G7 扩展成了 G20，世界秩序进入了新的时代。

G20 时代是全球化生产的时代，虽然国家间政治上区分彼此，但生产链条却是全球一体，共享同一个微观经济基础。基于一国国内统计的 GDP 已无法客观描述经济面貌了，由此，各种修正 GDP 的方案出现了，其中有着重大影响的有三种，每一种方案背后都蕴藏着极深的谋略算计。

第一种是在 G20 框架下基于"全球价值链"议题的"贸易增加值算法"。其思路是：中国有一半左右的贸易量来自加工贸易，也就是中国从其他国家进口原材料和零部件，制成后直接出口，中国企业在该过程中只获得了很少的加工费用，但却在数字上造就了中国庞大的出口量。因此，中国的出口额应该根据"贸易增加值"进行核减。核减后中国的 GDP 将降低。

第二种是美国进行的 GDP 统计方法改革。2013 年 4 月，美国宣布将调整 GDP 统计内容，把研发支出、电影版税等"21 世纪的组成部分"纳入。根据这种新算法，企业、政府和非营利机构的研发费用支出将被视为固定投资，有关娱乐、文学及艺术原创支出也将作为固定投资纳入 GDP。经过这种调整，美国 1959 年至 2002 年的 GDP 水平平均提高 2.6% 至 4.6%，其中 1995

年至 2002 年增长更是高达 6.7%。

第三种最为重要，是联合国框架下推进的"绿色新经济"框架，该框架包括社会资本和自然资本的核算，改变只计算经济活动的 GDP。评价社会资本的方式是"国民幸福总值"指标体系，衡量"自然资本"的方式是自然资本核算体系。根据这一思路，GDP 将被纳入"国民幸福"内容，并减去自然资源损耗。在这一框架下，中国可能会面临"国民不幸福"的困扰，并将从 GDP 中减去"自然资源消耗"。

GDP 背后蕴含的是经济运行体系、治理方式和发展理念，GDP 的修正意味着规则的修正。中国的 GDP 总量虽然位居世界第二，但还是以"打工"收入为主，中国在全球价值链中的地位还没有本质上升。中国人民是勤劳的，但勤劳只是民族复兴的基础条件，我们还需要进一步研究表象背后的规则，并逐步影响、制定规则，才能真正实现复兴。

三、知识产权是规则博弈的核心环节

在全球产业格局重组过程中，西方发达国家的工业生产虽然转出了，但是他们对于最终产品的消费却不降反增，西方跨国公司的利润也是不断上升。可以简单地说这是一种"不劳而获"。这种"不劳而获"的基础，源于国际知识产权体系的实质安排就是把发展中国家的劳动成果变相地无偿输送到发达国家。

"知识产权"（Intellectual Property）一词就其语义来说，经常有两种不同所指：一是指一种法律权利，包括专利权、商标权、版权等，也包括商业秘密权、公开权以及反不正当竞争权；二是指上述权利的保护对象，例如可授予专利的技术、可受到保护的商标以及可以保护版权的作品等。为了区别于第二种语义，第一种语义下的知识产权常写作"intellectual property rights"。实际上第二种语义只是第一种的引申，且并不严格。只不过在过去很长的历史时期内,"知识产权"作为法律权利与作为保护对象是具有相同的利益主体的,因此事实上不需要严格区分,才有了这种语义引申。

以专利权为例,作为保护对象,一般而言他指的是某种技术;作为法律权利,他指的其实是权利人对该技术所产生利益的垄断获利权。显然,与运用技术进行生产从而获利的过程有关的利益主体包括技术研发者、专利拥有者、技术使用者等。过去,专利权人往往与技术研发者和技术使用者是一致的,也就是说创造知识的主体拥有其相应权利——实际上知识产权法律体系创立的初衷也是为了激发人们发明创造的积极性,这本身就含有"创造者与获益者一致"的假定。

然而随着近年来国际产业大转移的发生,全球产业格局发生了根本性的重组,技术研发者、专利拥有者与技术使用者之间也出现了分离及转移,使得知识产权很大程度上失去了原有的含义。在全球产业转移的过程中,一些过去属于"工业落后国家"的发展中国家现在变成了"世界工厂",是工业技术的主要使用者。而发达国家则随着产业转出,出现了"去工业化"——工业生产越来越少,不再是工业技术的主要使用者,然而发达国家仍然是知识产权的主要拥有者。实际上随着研发过程进入"开放式创新"时代,通过研究外包进行的跨国研发已经成为大多数跨国公司进行技术研发的主要方式。也就是说,拥有世界上最多专利权的那些跨国公司,自己并非技术研发者,也不是技术使用者,而只是采购者,但其却拥有专利权,从而获得了经由技术而产生的大部分利润。

在当前全球经济危机的情况下,各国纷纷高筑贸易壁垒,知识产权壁垒已取代关税壁垒成为西方国家贸易壁垒的主要形式,以图在日益失去技术优势的情况下维护通过知识产权获利的能力。20 世纪 80 年代以来,发达国家的跨国公司之间通过日趋复杂化的"交叉授权"形成了庞大的共享"专利池"(patents pool),从专利池中又塑造出许多不断升级的标准体系,对标准本身又进行了专利化,以"无形"的知识产权链条控制了"有形"的全球化研发、生产和销售过程。在 WTO 尤其是 TRIPS（ Agreement on Trade-related Aspects of Intellectual Property Right，《与贸易有关的知识产权（包括假冒商品贸易）协议（草案）》简称）框架下，知识产权的效力范围会随着保护对象的位移而扩张，可以随着"嵌入"到产品中的零部件而自动把权利"嵌入"到使用国，于是拥有较大"知识产权集群"的国家，实际上可以通过修改国内法律法规来达到影响别的国家利益格局的目的。由此，当代条件下发生的"国内法国际化"博弈日趋激烈。应对这种博弈需要培养大量深刻熟悉工业过程的法律人才。

四、专利权的特许垄断性质

专利权的设置参照对象是欧洲中世纪的封建特权（privilege），而知识产权的其他项目如商标权、外观图案设计权、著作权、种苗权等则是参照专利权而设置。

一般认为现代专利制度起源于 1624 年英国议会颁布的《垄断条例》（The Statute of Monopolies），该条例宣布废止一切垄断许可，但仅把发明者对自己的发明在一定时期内的垄断作为例外保留下来。《垄断条例》产生的背景是：当时英国国王詹姆斯一世信奉"君权神授"并且不了解英国国会，滥发了大量独占垄断权许可。由于国王与国会矛盾激化，国会颁布《垄断条例》废止了詹姆斯一世滥发的独占垄断权。詹姆斯一世所颁发的独占垄断权本身就是参照封建领主对领地的特权，专利权作为这些独占垄断权的一种也不例外。因此可以说专利权所保护的利益，实际上参照的是封建地租。日本著名知识产权专家富田彻男指出：授予发明者的专利权与中世纪的特权相比，仅仅稍有差异而已。

五、国际专利制度的基础是市场相互准入

参照封建领地特权而设置的专利权起初是一种国内权利，别的国家是不予承认的。19 世纪中期之前，不仅仅是各国在法律上不承认别国专利权，甚至学术理论上也是反对专利权的。当时新兴的自由贸易论把专利权作为垄断之一种而激烈反对，并促使英国国会于 1851—1852 年进行了关于是否有必要继续实行专利制度的调查，并于 1852 年制定了专利审查制度。

19 世纪中期，工业革命极大地改变了欧洲各国的经济面貌，很多国家都制定了专利法规。互不承认专利意味着可以在别国进行任意仿造或者抢注，实际上当时不少是在鼓励这类做法的。不过随着工业品国际贸易的发展，相互承认专利权其实是必然趋势。

知识产权的跨国保护经历了一个从双边条约到多边条约的历程。以双边条约形式保护知识产权手续烦琐、内容庞杂、效力不一，于是有关国家便寻求通过多边公约形式保护知识产权，《保护工业产权巴黎公约》(*Paris Conversion for the Protection of Industrial Property*，简称《巴黎公约》) 是第一个多边知识产权保护框架。

《巴黎公约》的产生源于一次国际博览会主办方的尴尬。1873 年，在维也纳举办万国发明博览会时，主办方发现很多发明者顾虑展品可能遭到仿制而不愿参展，于是召集了在维也纳召开的"专利改革"的会议。会议提出了若干专利保护原则，并倡议"早日达成专利国际保护协约"。

作为维也纳会议的后续，1878 年有关国家又为巴黎世博会召开了国际专利会议，会议决定成立一个专门委员会负责起草一份有关知识产权保护的国际公约。1883 年 3 月 20 日，法国、比利时、巴西、萨尔瓦多、意大利、塞尔维亚等 11 个与会国通过并签署了《巴黎公约》，1884 年 7 月 7 日开始生效。目前已有 174 个国家加入了《巴黎公约》。

《巴黎公约》确立的主要原则包括国民待遇原则、优先权原则、专利与

商标的独立原则等，从这些原则可以看出，国际专利制度的默认前提是市场的相互准入，只有相互开放产品的市场准入才需要设计这些原则。

在相互开放市场准入的条件下，保护外国人的专利权实际上是保护其获利权，这里的交换是：对方国家也要保护我国公民的专利权。由此不难推论：如果两个国家之间拥有的专利数量相差悬殊，则拥有专利权更多的一方将获得更多的利益。因而，实际上国际专利体系存在有利于发达国家、不利于发展中国家的性质。2003 年，联合国开发计划署（UNDP）发表的《让全球贸易为全人类服务》报告指出，国际知识产权保护符合发达国家利益，但对广大发展中国家来说并不适合，应予修改。

六、全球产业重组造成国际知识产权的权利—义务不对应

理论上，专利权的保护对象是发明者从技术发明中获得利润的权利，权利来源应该是发明人进行的发明创造劳动。然而现在世界上那些从专利权以及各项知识产权中获得了最多利益的国家，却并不是相应的创造活动的主要承担者。全球知识创造劳动的分布与知识产权权利分布发生了严重的不对应，并且这种不对应在日益扩大。

过去，知识和技术的完整生产链条大多在一个国家内完成，然而随着发达国家的制造业向发展中国家专业转移，知识和技术的生产链条也延伸为跨国长链，在管理学上这就是所谓"温特制"（Wintelism）。

"福特制"生产过程的特点是以分工和效率为基础，强调企业的内部生产过程，形成的是大而全、强而有力的单一生产体系。"福特制"的企业尽管也可能把生产链条进行跨国分布，但还是强调在企业内完成，企业对生产的管控方式主要是最终产品生产者对生产过程的垂直管理。

"温特制"与"福特制"的根本不同在于完全打破了围绕最终产品进行生产资源垂直安排的模式，改为围绕着产品标准在全球有效配置资源，形成

标准控制下的产品模块生产与组合。这一生产架构中，标准和游戏规则的制定掌握在极少数国家手中，而大多数生产者则以模块生产的形式，实现和落实着这些标准。在这个架构中，标准和游戏规则取代了最终产品成为生产管理的中心。

"温特制"下，标准的制定来自大量技术的历史积累和企业间相互授权，并且对标准本身进行知识产权化处理。"温特制"企业以高新科技为基础，利用全球化掌握的强大信息网络，以标准和游戏规则为核心，把研发、生产过程全部模块化，外包到全球任何合适的角落。这样，研发和生产活动中的大部分劳动实际上是承包方完成的，而作为权利人的"温特制"企业只是发包并且不断对标准进行升级。

温特制给了标准制定者以左右他国的力量。当新标准提升后，标准的制定者在选择模块生产区位上具有绝对的主动权，他的喜好则会造成某些按照传统标准建立的产业的衰退和另一些按照新标准建立的产业的兴起，从而在全球范围内按照自己的利益形成新的国际生产格局。

对于实际承担了研发劳动和生产劳动的承包方来说，想要进行产业升级也是困难的，因为不掌握对上下游环节的配套，形不成最终产品。而这个配套的方法即便弄清楚了，也不能合法地进行最终产品生产，因为配套方法本身（即标准）也是知识产权。如果进行最终产品生产，那可能就是侵犯知识产权的行为。

"温特制"下，承担大部分知识创造劳动和生产劳动的承包方甚至失去了获得相应收益的合法性。

七、知识产权博弈的实质是利润控制权博弈

在全球产业格局重组过程中，西方发达国家的工业生产虽然转出了，但是他们对于最终产品的消费却不降反增，西方跨国公司的利润也是不断上

升。可以简单说这是一种"不劳而获"。这种"不劳而获"的基础，源于国际知识产权体系的实质安排就是把发展中国家的劳动成果变相地无偿输送到发达国家。

一个例子就是长期逆差国美国，美国的经常项目长期巨额逆差说明美国进口的最终产品远多于出口的，也就是它在大量"买东西"。然而在"买东西"的同时，与"东西"相关的资金出入，美国却不是"花掉了钱"，而是"挣到了钱"。

需要指出的是，美国并非世界第一创新大国，其知识产权主要来自历史积累，2009 年以来每年排名全球国际专利（PCT）申请量第一的是中国，而且领先幅度很大。中国新增发明量多是由于新发明主要源自工业生产过程，仅仅是为客户需求而改进工艺和产品设计，就是一种创新的过程。而美国的知识产权之所以显得强大，更多的不是来自创新，而是强大的律师队伍。发明产生于工业过程，但把发明知识产权化成为专利是律师的工作。美国大企业往往聘用大批律师注册大量仅仅停留在纸面上的专利，不为创新，只为"圈地"。

这种格局的一个具体体现就是 iPhone 手机的生产过程：苹果公司负责形成专利，但制造是在中国的富士康完成的。实际上，富士康在制造过程中已完全可以掌握全套技术，但是富士康不能自己生产——这并非技术水平问题，而是法律问题。说白了，专利体系是一套法权秩序架构。拥有专利的实际意思是拥有相关权利，并不代表技术上胜人一筹。

工业中最重要的东西其实不是技术水平，而是产业集群。产业集群可以理解为一套"工业生态体系"，决定着能够生产的产品种类范围和生产能力强弱。如果只有一些高技术的工厂但却未能形成完整集群的话，那就意味着这几家工厂其实只能作为别的更大集群的一个环节，上下游都要受制于人。而形成了完整的产业集群，技术水平其实是一定会提高的，因为现实中的工业技术其实是"做则会，不做则不会的"，不掌握某些技术的真正原因是"没有生产这些产品"而非"学不会"。

工业中最核心的东西也不是关键技术，而是标准。标准是成套的，掌握一套标准意味着别人的生产也必须围绕着你的标准来进行。而掌握标准是要建立在拥有庞大工业集群基础上的。

目前，中国虽然拥有了世界上最大、最完整的产业集群，但生产的产品大部分是按照别人的标准。这是在改革开放历史过程中形成的。20世纪八九十年代，中国没有与国际市场对接的产业体系，是靠引进外资来建立新标准工厂的。与外资合作的方式被称为"市场换技术"，实际上中方是以土地、厂房、人力等要素入股的，而外方是以资金和技术入股。外方的这种技术入股实质上就是让设在中国的工厂来生产他们的专利。但这些专利很多都是非转让的，继续由外方持有。即便专利转让给中方，其实整套技术标准也在外方的国家，他们可以根据掌握的标准的不断更新出新的专利。

在这种格局下，中国的很多GDP其实是由在华的外资或合资企业生产出来的，这样虽然中国的GDP很高，但利润却很低，形成了"中国制造，美国利润"的局面。这种情况的一个后果就是：中国的官方外汇储备虽然高达3万亿美元，但按照国际投资头寸表计算，中国就将从一个当今世界上最大的债权国家，变成一个债务国，这个债务的来源就是"美国利润"。

八、"国内法国际化"博弈及其应对

随着工业产品的系统化、集成化程度越来越高，现在世界上已经很难找到哪种最终产品是不包含外国人拥有知识产权的零部件了，这就使得知识产权的治外法权（extraterritoriality）功能日益凸显。美国在1984年增加了美国专利法第271条（f）款，明确将美国专利的保护领域扩大到其他国家和地区。

通过国内法律的修改或创造性运用可以起到影响外国利益格局的作用。由此，当前知识产权领域的"国内法国际化"博弈日渐激烈。

目前，中国企业在国际市场上面对的都是发达国家跨国公司构筑的"专利丛林"（patent ticket），也就是前面所说的被知识产权化的技术标准体系。要应对这样的博弈环境，首先必须自己积累足够大量的知识产权储备，形成可以跟对方交叉授权的讨价还价能力；其次，可以检查"专利丛林"是否违反国内的反垄断法。

无论是积累足够的知识产权储备还是修订和运用反垄断法，归根到底，是法律人才的博弈，只有培养大量懂得工业过程的法律人才，才能具有参与博弈的资格。

最后，国际知识产权体系的立法意图是促进合作而非对抗，这是体现在了其原则设计中的。因此，要善于在面对西方国家的"国内法外化"博弈时运用国际法准则。当然，这也是要以大量熟悉和了解国际法、国际组织运作的人才为基础的。

九、"工业生态"才是根本

摆脱建立在单个"工厂"基础上的工业认知，从系统的观点来看问题，就会看到"工业体系"才是观察一个国家工业水平的尺度。在最终产品越来越复杂的时代，往往一个产品所涉及的生产环节就有几万个，飞机这样的产品涉及的生产环节则有几百万个。这么多的环节需要的供应商也往往难以计数。一个国家能生产出什么样的产品，取决于能够协调多少个环节：协调的环节越多，就能生产出越复杂的产品。

决定一个国家工业水平的重要因素之一，是这个国家工业体系的完整性：能够生产人类全部工业品种类中的多少种。在所有的工业品中，系统集成程度最高——即需要集成的工业门类最多的是宇宙飞船，生产宇宙飞船需要集成全部工业门类的七成以上。能够生产出宇宙飞船，说明这个国家拥有完整的工业体系，并且能够充分有效地进行协调，这样的国家实际上能够生产从最高端到最低端各种工业品。

不过，"工业体系"这个词尚不能充分表达工业能力的来源。因为"体系"是一种静态的描述方式，难以传递"活跃度"方面的信息。因此，我主张用"工业生态"（industrial ecosystem）一词代替"工业体系"，以说明工业不仅是个系统，而且是个生态系统，生态系统的"活性"非常重要。

使用"工业生态"一词，可以更清晰地理解中美工业现在的差别。2011年2月，奥巴马总统曾经问乔布斯：能不能在美国建苹果手机生产线以解决就业？乔布斯回答说：技术上来讲完全没问题，但需要8000多名工程师，在美国招募这么多工程师至少要9个月时间，但在中国只需要两周，这就决定了生产实际上只能在中国进行。

这个例子可以说明从"生态"角度来理解工业体系"活性"的重要性。美国曾经拥有世界上最大、最完整的工业体系，但是由于多年的工业外移，已经失去了大量中低端环节，工业体系的"活性"大大降低。这一方面与工业中大量环节流失，剩余的部分难以"连缀成网"有关，另一方面，更为重要的是，如果掌握技术的人员没有一直处在不断工作的团队中的话，要想重新"找回状态"也很困难。

与美国不同的是，中国的"工业生态"相当富有活力。这与中国的城镇化进程密切相关：大部分工业岗位就业人员都处在"有活干"的状态。

"工业生态"不仅与工业生产体系有关，与人口、消费乃至社会、文化都密切相关。随着时间的推移，中国的劳动人口年龄在上升，但劳动经验或者叫做人力资本也在积累。随着信息化和自动化的发展，当代工业越来越不需要低人力资本的简单劳动力，但越来越多地需要富有工业经验的劳动者。因此，中国的"人口红利"并不会消失，而是会转向，转向更为复杂的中高端工业产品方面。

正如一套自然生态系统难以转移一样，一套工业生态也是难以转移的。西方的工业基础之所以会大量转移到中国，是因为中国具有适合承接现代工业的"土壤"，而这种土壤的存在，是有苛刻条件要求的，比如工业基础设施水平、劳动人口的知识水平、社会组织能力等。有一个被广泛引用的案例：20世纪80年代，美国的芯片制造商想设立一个海外工厂，备选厂址分别在当时力推工业化政策的非洲某国和中国苏州。在非洲某国招募的工人是从技术学校成批招入的毕业生，而在中国苏州招募的工人则尽是受教育年限较短的家庭妇女。结果，培训期过后，非洲某国的工人合格率不足一半，而中国的工人合格率高达98%。其中一个原因在于：中国人吃饭用筷子，而生产线上用镊子，对手部动作的要求近似；并且，苏州的家庭妇女在家里的主要活计是绣花！较高的科技基础教育水平和社会组织能力使得中国的工业生态难以被其他一些发展中人口大国如印度、巴西复制。因此中国的工业事实上很难"移出"，只是会"外溢"——即中国的产业体系向境外溢出。

10 Chapter 10

趋势：未来道路的可能性

一、"去美元化"的兴起

"二战"后，以美元为世界货币的国际货币金融格局形成。布雷顿森林体系规定，美元与黄金挂钩，其他货币与美元挂钩，这意味着其他货币均与黄金脱钩。由此，在金本位制时代，其他货币的发行国要进行国际贸易，都无法以黄金或本币进行交易，只能以美元进行交易。而要获得美元，就先要向美元持有者卖出商品，或向美元持有者借入美元。于是乎，全球市场就形成了一个以美国为"服务器"、美元的流动性为纽带的网络结构。虽然到了1973 年，美元与黄金也脱钩了，布雷顿森林体系解体，但以美国为"服务器"的全球市场网络并未受到动摇，这就是现行国际货币金融格局的主体。

从当前来看，国际金融市场上约 87% 的货币交易与美元有关。也就是说，两种货币进行兑换时，87% 都是另一种货币换成美元或者美元换成另一种货币，而美元之外的其他货币相互交易的情况，只占大约 13%。也就是说，在国际金融市场上，美元及美元计价资产（例如美债、美股）就像互联网中的服务器，别人往往要先与之相连接，再通过它联系到第三方，类似于两个微信用户都必须先与微信服务器相连接，然后才能相互通信。举个例子：一个来自金砖国家的人，可能得先去兑换到美元，然后才能向中国企业买东西。

通过"一带一路""金砖"等机制的努力，旧有的以美元为中心的国际货币金融格局之外，新的市场网络正在形成。而更能说明这一新市场网络成效的是人民币跨境结算量的数据：截至 2016 年 7 月末，即人民币跨境贸易结算开闸 7 周年之际，人民币跨境结算累计规模为 40 万亿元；而截至 2017 年 8 月末，这个数字已达到惊人的 168 万亿元。这一现象的产生，可被视为"人民币走出去"的成绩。而理解这一现象，需要联系两个事实来看：中国与"一带一路"沿线国家贸易增速远快于中国外贸整体增速，中国与新兴贸易伙伴之间人民币结算量以更快速度增长。

新的国际市场网络出现，以及其中人民币跨境结算量的增长，与人民币对美元汇率有什么关系呢？这就要从"什么决定着汇率"来看。假如没有看到新的国际市场出现，那么就会认为决定人民币汇率走势的直接原因还跟以前一样，取决于人民币—美元双边关系。而在人民币—美元双边关系中，美元在国际货币金融格局总的"盘子"当中，数量要大得多，因此，全球美元的"浪潮"是在流出美国还是流入美国，就会在影响人民币汇率涨跌的因素中发挥主导作用。实际上，华尔街"大空头"的世界观正是如此。

但当我们看到新的国际市场网络已经出现，并且正在发挥越来越大的影响力时，我们就会认识到，人民币—美元双边关系对人民币汇率的影响正在下降，通过人民币连接起来的中国与新的国际市场网络的关系，正在成为人民币走势的主要影响因素。

新的国际市场网络的核心特征之一是相互本币结算，即不需要双方先把本币换成美元才能交易。这样，中国作为全球最大商品生产国和市场国的意义，使人民币在跨境结算中的地位得到彰显。货币是做什么的？货币是用来交换其他物品的，它的交换能力（购买力）的强弱，决定了它的"受欢迎"程度。在国际上，一种货币能用来买到些什么，决定着它有多"受欢迎"。例如，人民币可以用来购买中国的产品，而中国生产的商品品种和数量都是世界上最多的，因此也就有很多的国家、企业和个人愿意持有人民币。

20世纪50年代后，美国大规模使用美元向欧洲购买商品，而欧洲则用获得的美元从美国进口高科技产品，或是对美国的股票、债券等金融产品进行投资，美欧之间的美元流通成为国际美元运行的主流。经过数十年积累，当前，全球约三分之二的美元被储蓄或流通于美国本土之外，其中最多的是为欧洲所持有。

大量"欧洲美元"的存在，是美元作为世界货币的基础。维系这一格局的重要前提条件，就是其他国家对美元有真实需要，也就是拿着美元能买到所需要的商品。

过去，支撑这个前提的是美国拥有全球最大的产品和消费市场，从硬件到软件，甚至文化娱乐产品，在任何价值链中美国市场都有不可或缺的地位，美元也就成为了"刚需"。但当前，这一现实条件已经改变，全球最大国内市场已不在美国，大多数美国商品或服务也不再不可或缺。美元能买到的，往往只有债券了。

从支出与收入两项功能看，美国市场不再具有不可替代性，意味着其他国家在支出方面，不再必然需要美元。而当美国在国际上接连"退群"，意味着美国推卸掉了一项又一项国际义务，从而不再向世界秩序"付费"，同时也意味着其他国家在收入方面，也不再必然得到美元。这时，美元作为世界货币的最主要支柱，就只剩渠道了。

当前世界最大的支付渠道体系是环球同业银行金融电讯协会（SWIFT），顾名思义，它是银行间用来通信和结算的电子系统。它的出现，本来是为了方便世人，但数十年来主要服务于美元的经历，使该系统成了美元占据全球清算支付渠道的工具。

其他国家即便在收支两方面可以不再依赖美元，但要想与世界进行经济往来，不经由 SWIFT 还是"出不了门"。这就使得美国可以利用渠道优势，掌握全球交易信息，并对其他国家的公司或个人搞金融制裁。

对世界各国来说，美国早已不再是买东西的最佳市场，而贸易保护主义又导致美国不再是卖东西的最佳平台，美元也变得越来越像一种"系统设置"。既然现在美国不断用这个"系统设置"制裁甚至攻击"客户"，那也就怨不得客户去寻求新的系统了。

二、创新将驱动中国驶向何方

中国在古代系统工程方面取得过伟大成就，畅通的运河网是把一个庞大到称为"天下"的地理区域连成一个国家的关键。战国初期鸿沟工程的修建使魏国成为"天下莫强"，都江堰和郑国渠的修建奠定了秦国统一天下的基础，秦以后两千年时间，大一统帝国无不把"漕、河、盐"作为最重要的"三大政"，而其中头两项漕、河就都是运河网相关事务。作为帝国"天下一统"的另外几项基础：文字、度量衡、驿道和社会整合机制（察举—科举）其实都是运河网体系的"上层建筑"或补充。

从古代系统工程的规模和组织水平来说，中国的成就高于巴比伦、古罗马等其他古代文明，这就是为什么只有中华文明能从古至今一脉相承的原因，但同时也是造成中国在现代系统工程时代落后的原因。古代系统工程与现代系统工程的区别在于，现代系统工程的基础是"标准化制造"，而古代系统工程没有包括"制造"在内。

中国最早接触"标准化制造"概念是在 1866 年，左宗棠创办福建船政局，聘请法国军事工程师日意格、德克碑二人为正、副监督，于 1869 年建成马尾造船厂。马尾造船厂采用了当时法国军事工业中的标准化制造技术，在最初五年就造出轮船 16 艘。不过由于古代系统工程已经可以满足当时中国经济社会运行需要，仅仅是"工厂标准化"这么单独的一种新技术，并没有多少转移到更多生产部门的必要性。随着法国人建造的马尾造船厂在 1883 年中法战争中被法国远征舰队的炮火摧毁，中国现代系统工程之路也就注定不可能通过"军转民"去渐进完成了。

此后的洋务运动建立起来的中国第一批现代工业，走的都是完整引进整套系统的"拿来主义"道路，北洋交通系的铁路、电报事业就是其中的范本。在这样的情形下，"洋货"对当时的中国人来说就直接意味着"先进"。

新中国成立后，选择了以重工业为中心进行经济建设的道路，其中的核心追求就是建成中国自己的系统工程化的工业基础。由于中国拥有在古代系统工程中发展起来的组织和文化基础，因此现代系统工程建设较其他发展中国家更为顺利。

当前，全球工业体系的大致图景可以分为设计、原材料、制造、销售四个"模块"。设计是生产过程的开始，而设计的出发点是市场需求，因此市场需求量最大的地方能够提出最多的对工业品设计的要求。当前，美、欧、日等"西方发达国家"是最大的消费市场，因此最大量的工业产品也是根据其需求设计的。设计连接的是市场与工厂，要把需求表达为工厂的操作，因此设计能力与对市场和工厂两端的理解都密切相关。当前设计能力最强的仍是西方国家，尤其是美国，世界上最密集的"创新"产业集群分布在美国西海岸。不过，设计过程中最大量的工作环节也是分解为模块外包出去的，承接这种"包"最多的是中国和印度。随着中国内需的扩大，提出的需求更多，设计能力逐渐在向中国转移。

原材料的价值其实本应由制造业来决定，但与生产的全球化密切相关的过程是国际原材料交易的金融化，原材料被称为"大宗商品"金融化了之后，其价格是由交易市场与结算货币决定的，即被中间环节决定。当前掌握货币权力的金融国家在努力与资源国家联合起来向制造业国家提出更高的要价。

制造是生产过程的核心，中国拥有全球最多的制造能力。理解当代制造业不可忽略的背景是"系统工程"。当代的最终工业产品其实都是系统工程的产物，为了把它们制造出来所需要的"工厂"是世界这个"大世界工厂"，因此每一个具体的、传统意义上工厂的规模已经不重要。拿手机为例，为了制造一个手机的"裸机"，就需要组装数以千计的零部件，而这数以千计的零部件中的很多都有不同的可选型号，往往每个型号都是由一个传统意义上的工厂生产的。在这幅图景中，中国是世界上最多的传统意义上的工厂的所在地。而把诸多工厂串联起来的，是服务于最终产品的"生产体系"——通常是由最终产品的品牌拥有者主导的。也就是说，如果中国的制造环节是以生产出口产品为目标的，则中国的（传统意义上）的工厂要被出口产品的品牌拥有者来分配其分工位置，而这些品牌拥有者大部分是西方跨国公司。

销售决定着制造体系"卖什么"，从而在动态地塑造整个制造体系。在当代，销售实际上越来越成为整个工业体系中的"大头"——这一点看上去不太好理解。以电子商务为例，电子商务行业销售额最高的是电子类产品，如手机、空调、电脑等，而这类产品的售后服务变得越来越重要，而这些售后服务提供的具体服务内容往往是制造岗位的转移，比如机械、电子岗位。因此，其工作内容其实与工业岗位类似，但在统计上从第二产业转移到了第三产业。

当前，工业生产的序贯环节——从原材料开发、转运、加工，到产品设计、制造、销售的链条，即价值链已然全球化，其背后是全球信息网络的贯通和金融服务网络的衔接。曾经可以按照国界线来划分的一个个单独的产业体系，已经被全球一体化，成了全球产业链之网，我称之为"全球共同的微观基础"。

中国目前正在努力扩大内需并推进产业升级，这是中国进一步发展的现实需要。进一步发展需要依靠熊彼特意义上的创新——即新的技术或商业模式带来的生产与消费过程的重组。创新从哪里来？新技术或商业模式从来不是在真空中冥想得来的，而是从解决现实问题、满足实际需求中得来。如果这个国家的生产链条主要是服务于国外订单的，当然所做的主要也就是在满足国外市场的需求，而根据这些需求进行产品设计的主导方当然也就是国外公司，于是这个国家的熊彼特式创新必然会不足。要想在创新的基础上实现可持续发展，扩大国内市场需求就成了前提。

把创新建立在国内市场基础上，就需要进行产业升级。要把需求表达成产品并且卖出去，就要有设计能力、价值链构建能力和分销能力为支撑，而这就涉及第三产业的发展壮大问题。

"第三产业"的概念最早在 1935 年提出，当时的产业背景还是第二次工业革命时代，"工业"可以比较清楚地等同于"制造业"，因此"第三产业"也可以比较清楚地按照"不是农业也不是工业"的标准被区分出来。但在当代这种区分却明显过时，因此，当代的"第三产业"需要分成生产性服务业和生活性服务业来看。其中生产性服务业包括金融服务业、交通运输业、现代物流业、高技术服务业、设计咨询、工程咨询服务业等，很多都是从制造业中分离出来的。这种分离是怎么发生的呢？这实际上就是"产业升级"的过程。比如说，要生产更为复杂的产品，可能就需要使用数控机床，而数控机床的关键是编程，编程工作可能会被外包给专业公司，在统计上，给机床编程的工作如果是由独立的公司来做的，就算做第三产业。

在全球共同的微观基础上，产业发展趋势是"体系越来越庞大，主体越来越精巧"，即就整个价值链而言，系统化程度越来越高，系统规模越来越大，但系统中的大多数企业会越来越专业化、精细化，只做某一项精细分工的企业会越来越多。在拥有高度现代化的制造业体系的日本，制造业企业中约四分之三是 1~9 人企业，而 299 人以下企业占全部制造业企业数的 99%，这是因为其分工网络高度发达，大多数企业都在大企业为核心的分工网络中承担某个细分环节。

中国的产业升级必然会带有从第二产业向第三产业升级的特征。而第三产业的创新则会体现为生产网络组织结构的创新或者具体环节的技术升级，而这些都是"实验室"意义上的行为。因此，中国的发展方向应该是从"世界制造车间"向"世界实验室"升级。

只有朝着"世界实验室"方向升级，决定产业体系水平的两个根本性支撑因素：品牌和金融才能真正发展壮大起来。品牌曾经是产品生产者的标签，但在全球价值链时代，跨国品牌拥有者的角色已转变为价值链的规划者与管理者。只有发展壮大自己的品牌，才能在全球价值链中拥有主动地位。品牌的壮大需要多种要素的协力，而其中最关键的是实验室中的创新。现代金融体系是全球价值链的"地基"，没有现代金融体系把地球连接为一体，全球价值链不可能建立。而金融本身的发展壮大，需要的是这个国家的实验室提供能够带来"破坏性创新"的产品。美元的地位离不开"美国创新"的支撑，同样，人民币的国际化也需要"中国创新"的助推。

三、金融视角下的中国制度优势

当今世界在生产力条件、人均财富、信息化程度等各类物质文明水平超出以往的条件下，却陷入了深刻的发展困境。国际金融危机历经十年而未消除，反而向深层次发展；难民危机、恐怖主义等非传统安全问题呈现复杂化趋势；"逆全球化"浪潮深刻改变着西方政治生态；国际贸易呈现持续低迷甚至停滞状态。可以认为，这些状况的根源在于资本主义主导的世界秩序陷入了严重危机。

放眼全球，近年来始终保持稳健向好发展势头的主要经济体只有中国。中国之"治"与西方之"乱"形成了鲜明对比，世界局势的深刻变化愈发彰显出中国的制度优势。

四、西方民主遭遇制度困境

追根溯源，西方民主是特定社会历史条件下不同社会集团之间长期斗争与妥协的博弈均衡的产物，并不具有普适性。美国经济学家曼库·奥尔森在《国家兴衰探源》一书中使用"分利集团"概念分析西方民主的社会基础。他认为分利集团是现代西方民主中最活跃的组成部分，倾向于在社会总体利益不变的情况下，设法增加自身在其中的份额。

把分利集团理论应用到具体的历史语境中，可以勾勒出一幅西方民主起源演化的图景。法国历史学家费尔南·布罗代尔在《15—18世纪的物质文明、经济与资本主义》中指出，商业的近现代发展主要来自"中间商阶层"的扩展，即买者（消费者）和卖者（生产者）并不见面，而是通过中间商作为桥梁和纽带。所谓市场配置资源主要是通过各类交易所等中间环节配置资源，其实质是由中间商群体来定价。中间商（包括银行家）不是企业家（生产者），只是中介，他们并非社会财富的生产者，而是分利者。中间商阶层15世纪已兴起，而企业家阶层18世纪之后才开始兴起。西方民主起源于一系列资产阶级革命，亦即中间商阶层对封建领主阶层等其他集团的斗争。即使到1832年英国议会改革时，英格兰与爱尔兰也仅有百分之五左右的成年男性有投票权，苏格兰二百万人口中仅约三千人有投票权，而当时资产阶级社会亦即中间商阶层主导经济活动的社会早已成型，"改革"只是把投票权扩大到中小中间商范围。现代西方政治民主发展的历史，晚于资产阶级社会的成型，因而其演进历史的每一步都贯穿着"中间商伦理"即分利诉求：在经济活动开始之前即要求谈妥利益分配方案。早于现代政治民主的公司民主，股东投票权早在17世纪即已在英国东印度公司出现，堪称西方民主的早期范型。西方政治民主的发展进程——从部分人的民主开始缓慢扩大投票权范围，直到普选制在"二战"后逐渐实现，本质是模仿股东投票权，让分利参与范围逐渐扩大。普选决定着未来数年的执政党派及其政策取向，其实质是在经济社会发展过程开始之前即要求划分发展果实。

把分利集团理论应用到当代西方社会，可以看到西方民主走向制度性困境的必然规律。西方民主的演变史，决定了当代西方经济社会体制的运行建立在"先分利，再发展"基础上。于是，发展成果要能够不断满足分利期望，社会运行才可持续。成型于20世纪60年代的普选制可以看作全民分利制度，它必然导致政治诉求一味追求高福利，政策短视，没有长期目标。没有长期的经济社会发展政策，社会运行就需要依赖信用体系来兑现分利期望。为了建立信用体系，经济社会各环节运行都被会计化进而金融化，就连个人行为都被纳入信用体系和社保体系中，从而出现了经济金融化现象。在经济金融化的社会中，各种对未来经济数据的预期都可以被计算、细分、转移、折现，企业追求"画大饼"从而实现"高估值"，个人生活被社保基金的投资收益预期所绑定。于是，整个社会的未来取决于经济能否持续增长，从而带来先前分利预期的变现。然而，政治上全民追求分利、经济上各类中间环节形成多个分利集团相互博弈的社会，必然出现"画大饼"速度赶不上分利欲望膨胀速度的局面：社会债务规模不可控地膨胀，超过了创新能够带来的新增偿债能力。2008年的金融危机，以及金融危机日益向深层次发展的西方经济危机，意味着"先分利，再发展"的西方民主必将陷入困境。

五、重新认识中国制度优势

中国是社会主义国家，发展成果由人民共享，这是中国特色社会主义的本质要求。中国在社会制度的设计上把经济发展看作一个过程，以过程结束端的成果共享作为初衷，而非以过程开始端的预先瓜分为准则。这是中国与西方国家的一个根本不同。对于西方国家来说，要在金融危机后维系业已金融化的信用社会体系运行，核心任务是维持其资产体系的高估值。而要维持这种高估值，就需要不断"释放流动性"，也就是"印钞"。然而，"印钞"

的后果就是债务规模的进一步膨胀，债务规模的飞涨也就意味着西方的信用社会体系愈发不可维系。

2008 年金融危机之后，中国的制度优势日益凸显。中国是社会主义国家，在制度设计上首先强调以人民为中心，为此就要确保基本经济制度不动摇，也就是公有制主体地位不能动摇、国有经济主导作用不能动摇。实际上，定义了"以人民为中心"的国家性质，拥有以公有制为主体的基本经济制度，中国就可以确保发展过程从生产开始，而非从先谈妥分利方案开始。由此，中国社会也就不会陷入西方那样的分利怪圈中去。

在有基本经济制度保障的情况下，中国能够不断贯彻落实五年规划，使经济社会发展保持连贯性。放眼世界，"先分利，再发展"的国家往往出现仅执行了数年的大政方针因大选而全盘改变的情况。不少发展中国家不但无法自主开展生产规划，甚至连"先分利"都无法自主，经济上乃至政治上受制于人，经常由于外部因素导致内部发展受挫。

中国共产党的领导，使得中国社会有凝聚力，使得中国人民能够团结起来、组织起来、发展生产，在重大问题上进行民主协商、科学决策，集中力量办大事。放到世界上看，没有稳定领导核心的国家，就无法有效组织、形成合力、开展生产，就会陷入不同分利集团的撕扯之中。

当今世界，各类物质文明水平比任何历史时期都更高，这就需要更复杂的组织管理能力和调动社会资本服务于生产的能力。只有像中国这样"先发展，后共享"的体制，才不会在日益复杂的生产链面前迷失，从而保持经济社会稳定发展。

六、塑造经济全球化新路

近三十年来，全球化进程已使世界各国越来越深地参与到全球价值链之中，而全球化的动力也在发生变化。以往，西方跨国公司争夺更广阔的全球市场并进行分利，是全球化的主要动力。然而2008年金融危机之后，西方主导的全球化道路已深陷泥淖。经过多轮"救市"政策刺激，主要西方国家的生产却并未重回危机之前的水平，反而由于大量新增货币进入全球市场寻求分利导致世界形势更加脆弱。新的不安全、不稳定因素增加，全球贫富差距加大、地缘冲突频发、恐怖主义凸显，低增长、低通胀、低需求同高失业、高债务、高泡沫等风险交织。

当今，以中国为代表的新兴经济体与其他发展中国家贡献了全球每年新增GDP的六成以上，客观上成了全球生产力增长的新动力。但应该看到，不少发展中国家依然贫穷，甚至陷入了战乱或新的经济危机中。纵观这些战乱或新的经济危机，无一例外均与旧的全球化道路难以为继有关。近年来新增的地缘冲突热点，总不乏西方挑起或参与的因素。而发展中国家发生的新经济危机，也往往源于过度依赖西方而受到西方经济波动的影响。这些情况说明，以西方为中心的"中心—外围"格局已无法再提供繁荣与稳定，反而成为不安全、不稳定的根源。

全球化的新道路该怎么走？这是摆在世界面前的重大问题。与人类历史上的"大国崛起"不同，中国的发展为世界注入的是新增的"正能量"。"一带一路"倡议变传统的"先谈判分利规则"的国际经贸合作框架为"从项目合作做起"的"先发展"式合作，成为当今时代国际经济合作的新范式，引领世界奏响共同发展的交响乐。在未来的全球发展之中，中国治理将是世界发展经验中最重要和最具创造性的因素之一。对于陷入"现代化困境"的西方文明而言，中国也提供了对现代化的另一套设想与行动方案。

七、21世纪的国家发展道路选择

对于国家发展道路选择，带有"工业党"色彩的言论较多地认同走自主工业化道路，甚至认为对其他国家来说，走向繁荣也应该选择自主工业化道路。相应地，非自主或者非工业化的道路成为"工业党"批判的对象。在此基础上，网上所见"工业党"有一系列典型主张，如"国家应该集中力量发展工业、避免'去工业化'""国家应设立工业发展目标并坚决落实""国家应引导年轻人大量进入工业部门就业"等。从方法论看，这些主张缺乏在世界维度上展开的能力（如"小国怎么发展"），也缺乏推演未来发展趋势所需要的目的论思考，存在把工业本身当目的之倾向。

立足于大创新时代，应如何看待上述主张呢？我打算从一个案例出发加以讨论，这个案例来自卡塔尔。

2019年1月起，卡塔尔退出了石油输出国组织（OPEC）。此事可从2017年6月说起，当时沙特突然宣布与卡塔尔断交，随后埃及、巴林、也门、利比亚等国也宣布与卡塔尔断交。卡塔尔遭遇"群断交"一时震惊世界，而俄罗斯、伊朗、叙利亚等国则表示了对卡塔尔的支持。"群断交"背后的原因是什么？在此不打算综述各方观点，只从卡塔尔的国家发展道路选择加以分析。

卡塔尔是沙特所在的阿拉伯半岛上的一个小半岛，大致从南到北伸入波斯湾。卡塔尔的陆地面积仅1.15万平方千米，仅相当于其唯一接壤国沙特的大约二百分之一。加之人口规模和宗教因素，历史上卡塔尔一直都是跟着沙特走，表面看上去不存在任何分道扬镳的可能性。然而，21世纪以来的世界发展变化使卡塔尔与沙特出现了未来国家发展道路差异。卡塔尔虽然是海湾国家，但却不依赖石油出口，而是一个天然气出口大国。位于卡塔尔北方波斯湾海域的"北方气田"，是世界上最大天然气田之一。进入21世纪之前，天然气贸易可以说只是石油贸易体系中的一部分，并没有什么利益分歧。但在21世纪，天然气成了世界新增能源消费最主要来源，需求量快速增长，石油需求却增速较慢，天然气的贸易渠道、定价机制与石油脱钩。① 世界上

---

① 贾晋京：《天然气：全球大博弈的新战场》，载《环球财经》，2012年第3期。

的天然气出口主要来自一片围绕着里海的区域，在此区域上，从北到南纵向分布着三个天然气出口大国：俄罗斯、伊朗、卡塔尔。正是这三个国家，于 2001 年牵头成立了号称"天然气 OPEC"的天然气输出国论坛（GECF），并在近年来使之逐步发展为一个完备程度接近 OPEC 的国际组织。从地图上看，俄罗斯、伊朗、卡塔尔的气田排列基本呈南北走向，形成一条"纵轴"，大致与从沙特加瓦尔油田算起向西分布的石油输出地带"横轴"相垂直。此外，还存在一个以卡塔尔为中心点连接其北的伊朗与其南的沙特东方省到也门北部胡塞部族区域的"什叶派走廊"，存在将沙特为地理中心的东西向"逊尼派走廊"拦腰截断的可能性。显然，上述背景下，作为石油输出国的沙特与作为天然气输出国的卡塔尔存在国家发展道路分歧。由此，"群断交"事件的背景也不难得到解释：站在沙特一边与卡塔尔断交的，大多为石油输出国，而站在卡塔尔一边的则多为天然气输出国或什叶派国家。

为什么 21 世纪以来天然气需求会快速增长？主要是人口城镇化，其中表现最突出的是中国。据国家统计局数据，2018 年末中国人口城镇化率达59.58%，即约有 8.33 亿人已城镇化，相比 2008 年增加了约 2.26 亿人，相比2000 年则增加了约 3.74 亿人。不难据此估算仅中国人口城镇化带来的新增天然气需求量该有多大，何况世界。

上述案例中，卡塔尔作为规模小到显然不可能自主发展工业体系的国家，仍然有自己的发展道路选择。尽管历史上的卡塔尔的确可能在经济上并不独立于沙特，但随着天然气在贸易上与石油相分离的历史进程，卡塔尔有了选择与俄罗斯、伊朗相联系的基础。而在市场选择上对接中国等天然气需求大国，也表明了当今时代要从全球一体化视野来思考国家发展战略。

为了从全球一体化视野来思考国家发展战略，我们需要一个框架。

美国学者迈克尔·波特在《国家竞争优势》[①] 一书中提供了一种国家发

---

① ［美］迈克尔·波特：《国家竞争优势》，李明轩、邱如美译，中信出版社 2007 年版。

展战略的分析框架，其结构是五方面影响因素及其相互关系，形似钻石故又称为"钻石模型"。这五个方面是：①生产要素：包括初级要素如国家先天拥有的自然资源和地理位置等、高级要素如资本和基础设施等；②需求状况：包括本国与外国市场的相互关系等；③相关产业与企业组织：产业组织体系及相互关系等；④战略与竞争度：一国国内支配企业创建、组织和管理的条件；⑤机遇和政府作用：机遇包括重要发明、技术突破、生产要素供求状况的重大变动等，政府因素指政府通过政策调节来创造竞争优势。

"钻石模型"作为具有影响力的国家发展战略分析框架之一，在哲学上的启发意义在于它把"国家"当中"地"的因素与"人"的因素都考虑进去后，强调了"组织"的因素，建立起从人、企业到产业组织体系不同层次的组织间相互关系描述，并置于全球化时代背景下，从而具有可分析性。

在我看来，该模型的不足在于缺少一个维度：金融。广义上的金融与经济的关系可谓互为表里，像一个硬币一样一体两面。始于20世纪70年代的现代金融业全球化进程，已经从资金方面塑造出一个全球一体化程度甚高的空间，衬托着全球一体化程度相对来说显得低了不少的实体经济。当今世界，经济社会各环节运行都被会计化进而趋向金融化，就连个人行为都被纳入信用体系和社保体系中，从而出现了"经济金融化"现象。在经济金融化的社会中，各种对未来经济数据的预期都可以被计算、细分、转移、贴现，企业追求提高估值，个人生活被社保基金的投资收益预期所绑定。于是，整个社会的运行取决于经济能否持续增长，从而带来可持续的资金流贴现。

把每一个经济主体都与金融体系联系起来，涉及一个关键因素：估值。具体的估值当中大多使用的是"把故事转化为数字"的相对估值法[①]，也就是通过可比资产和可比标准来估值。这就意味着，发生了交易的那部分资产

---

① 参见[美]达莫达兰：《估值：难点、解决方案及相关案例》，李必龙等译，机械工业出版社2017年版，第73、447页。

将影响所有可比资产的估值。例如，一片区域哪怕只有一套房子发生了交易，也会影响整个区域所有房子的估值。而这片区域的其他房子哪怕不打算在将来进行交易，估值也会通过各种金融渠道（如贷款、办信用卡等）影响房东的"身家"以及房客要付多少租金。把估值因素放在全球化背景下，我们就可以看到：高估值部分（产业或资产）之于一国经济，犹如水面以上部分之于整个冰山，却对该国整体资产估值影响巨大。由此导致的一个显著后果是：两个国家内明明同样的劳动，所得到的报酬却可以相差上百倍之多，这就是两个国家总体上处于高估值状态还是低估值状态所决定的。

把金融和估值因素加入"钻石模型"，可以看到：经济高度一体化的当今世界中，一国在土地与人口规模大致不变的情况下，追求的目标其实是"组织"状况的优化，而定义"组织"状况的核心指标是该国整体上的估值水平。用生态学方法进行描述，则为：基于一个特定区域上的群落，优化这些群落整体在全球的生态位（在能量流和物质流中追求更优和可持续的输入输出关系）。

据此来看，像卡塔尔这样的小规模经济体，生产要素条件单一，无须片面追求工业化，而是应该利用自身资源在全球找到对需求状况来说合适的生态位。对于像中国这样的大国来说，有着生态位跨度巨大的众多"群落"，要从整体上优化众多"群落"的生态位，就不得不首先为他们改造环境，使之有更好的"土壤"，再寻求提升生态位的路径。如果再考虑到工业化处在从信息化进入智能化的历史方位，那其实信息化和智能化就是当今的现代化"土壤"之一种。一个例子是：相比 1979 年时美国制造业岗位数的巅峰，当前美国失去了约 700 万个制造业岗位，其中 88% 的原因在于工业自动化水平的提高减少了对劳动力的需求。[①] 从这个角度来看，"土壤"的改变事实上意

---

① 转引自钟轩理：《泾渭由来两清浊——给中国对世界的贡献算算账》，载《人民日报》，2018 年 10 月 10 日第 2 版。

味着"工业"本身就是一个处在不断变化升级中的开放性生态系统,"土壤"变化本身就会带来"群落生态"改变。因此,不应拘泥工业的任何一种特定形态看工业化,信息化时代,年轻人大量从事"码农"职业本身就是进入了工业体系,把工业本身当成国家发展目标,主张人为地大量向工业部门输入人力资源以促进工业发展,是错误的认识。

可见,国家发展道路是具体的历史的选择。在当前历史方位,这种具体性体现为共时性维度上的大创新时代,而历史性则体现为历时性维度上标准化→批量化→系统化→信息化→智能化的序贯发展,国家发展的目标则指向提升估值水平。

第三编

数字之变

人工智能时代人的危机

数字社会的评估与治理

中国版的全球互联构想

区块链发展未来展望

「西方之死」与百年未有之大变局

11 Chapter 11

人工智能时代人的危机

随着算法将人类挤出就业市场，财富和权利可能会集中在拥有强大算法的极少数精英手中，造成前所未有的社会及政治不平等。——《未来简史》

翻开不同版本的世界近代史，都不难找到第一次工业革命时期工人破坏机器运动的历史记录。从蒸汽时代开始，机器的进化速度越快，人能感受到的危机就会越强烈，而人对机器的抗争也从未停止。

一、历史视角下的人工智能革命

人工智能正处于高速发展过程中，只言片语很难做到一叶知秋，但每增加一片相关研究的"叶子"，会更有利于接近发展本来的面貌。本章从简要回溯人工智能的历史出发，对目前人工智能主流技术、我国发展的情况和存在的问题进行探讨。

1965 年 4 月 19 日，时任仙童公司半导体工程师的戈登·摩尔在《电子学》杂志发表了一篇题为《让集成电路填满更多组件》（*Cramming more components onto integrated circuits*）的论文，并预言半导体芯片上集成的晶体管和电阻数量将每年增加一倍。摩尔后来在 20 世纪 70 年代对该规律进行了修正，形成了著名的定律：当价格不变时，集成电路上可容纳的元器件的数目，约每隔 18—24 个月便会增加一倍，性能也将提升一倍。换言之，每一美元所能买到的电脑性能，将每隔 18—24 个月翻一倍以上。回首近半个世纪的技术发展，是一个摩尔定律不断迭代发展的过程。我国改革开放的历史进程刚好与摩尔定律契合，技术突飞猛进，回溯我国数字技术的发展历程，成绩、问题与机遇并存。立足未来，本章选取了最近几年发展比较迅猛的人工智能技术作为样本，对数字之变进行探讨。

在过去人工智能的发展历史中，先后经过几次起伏和波折，但不变的是美国占了主导性的地位。从 IBM 的深蓝系统击败国际象棋大师加里·卡斯帕罗夫到谷歌的 Alpha Go，基本上最前沿的人工智能进展都源自美国。但是，中国的迅速崛起，使美国有了严重的危机感。下面将从人工智能发展历史及我国的相关发展情况展开论述。

让机器模仿人类的想法早在柏拉图和亚里士多德时代就已经有了，但真正开始进行人工智能制造和设计实践是从 19 世纪开始的。我们参考维基百科关于人工智能历史的资料整理进行概述。

（1）1952—1956，人工智能的诞生时期：1950 年，艾伦·图灵提出了著名的图灵测试，定义："如果一台机器能够与人类展开对话（通过电传设备）而不能被辨别出其机器身份，那么称这台机器具有智能。"[①] 1955 年，纽厄

---

① McCorduck, Pamela (2004), Machines Who Think (2nd ed.), Natick, MA: A. K. Peters, Ltd. , ISBN 1-56881-205-1, OCLC 52197627.

尔（N. Newell）、西蒙（H. Simon）和肖乌（J. C. Shaw）开发了"逻辑理论家（Logic Theorist）"，这个程序能够证明伯特兰·罗素（Bertrand Russell）和怀特海（Alfred North Whitehead）所著《数学原理》前 52 个定理中的 38 个，其中某些证明比原著更加新颖和精巧。西蒙认为他们已经"解决了神秘的心 / 身问题，解释了物质构成的系统如何获得心灵的性质"。1956 年夏天，美国达特茅斯学院举行了历史上第一次人工智能研讨会，被认为是人工智能诞生的标志。会上，麦卡锡首次提出了"人工智能"这个概念，纽厄尔和西蒙则展示了编写的逻辑理论机器。

（2）1956—1974 年，黄金时代：达特茅斯会议后，人工智能引起了广泛的关注，机器的智能化使很多人感到震惊。学者们对人工智能的前景表现得非常乐观，普遍认为具有完全智能的人工智能机器将在 20 年内实现。DARPA（美国国防部高等研究计划局）等政府机构对人工智能领域产生了很大的兴趣，并投入了大量的资金。这一时期在自然语言处理、机器视觉、自动控制等领域都有很多突出的贡献。

除美国外，在日本，早稻田大学于 1967 年启动了 WABOT 项目，并于 1972 年完成了世界上第一个全尺寸智能人形机器人 WABOT-1。[①]该型号机器人基本实现了上下肢协调运动和自动方位感知，并能够用日语进行简单的交流。

（3）1974—1980 年，第一次寒冬（低谷）期：受制于计算机算力、当时的计算机有限的内存和处理速度不足以解决任何实际的 AI 问题。例如，例如，奎廉（J.R.Quillian）在自然语言方面的研究结果只能用一个含二十个单词的词汇表进行演示，因为内存只能容纳这么多。 1976 年，汉斯·莫拉维克（Hans Moravec）指出，计算机离智能的要求还差上百万倍。他做了个

---

① humanoid. waseda. ac. jp, http://www. humanoid. waseda. ac. jp/booklet/kato_2-j. html，访问时间：2019 年 4 月 17 日。

类比：人工智能需要强大的计算能力，就像飞机需要大功率动力一样，低于一个阈值时是无法实现的；但是随着能力的提升，问题逐渐会变得简单。当时的计算力还远不能达到满足人工智能的要求。另外，AI 问题计算的复杂性也是呈指数增长的。1972 年，理查德·长普（Richard Karp）根据斯蒂芬·库克（Stephen Cook）于 1971 年提出的库克 - 莱文（Cook-Levin）理论证明，许多问题只可能在指数时间内获解（即，计算时间与输入规模的幂成正比）。除了那些最简单的情况，这些问题的解决需要近乎无限长的时间。这就意味着 AI 中的许多玩具程序恐怕永远也不会发展为实用的系统。这因此使得早期乐观的预期遭受到了当头一棒，政府等资方由于看不到预期，纷纷撤资。AI 研发进入了第一个寒冬（低谷）期。

（4）1980—1987 年，繁荣期：进入 80 年代后，专家系统的崛起开始重新吸引资本的进入。专家系统是一种程序，能够依据一组从专门知识中推演出的逻辑规则在某一特定领域回答或解决问题。最早的示例由爱德华·费根鲍姆（Edward Feigenbaum）和他的学生们开发。1965 年起设计的化学专家系统（Dendral）能够根据分光计读数分辨混合物。1972 年设计的诊断血液感染病专家系统（MYCIN）能够诊断血液传染病。它们展示了这一方法的威力。

专家系统仅限于一个很小的知识领域，从而避免了常识问题；其简单的设计又使它能够较为容易地编程实现或修改。专家系统让 AI 开始展示其巨大的商业应用前景。专家系统的兴起，掀起了"知识革命"，专家系统的能力在于他能存储丰富的知识。因此知识库系统和知识工程成为了 1980 年年底 AI 研究的主要方向。

1982 年，物理学家约翰·霍普佛德（John Hopfield）证明一种新型的神经网络（现被称为"Hopfield 网络"）能够用一种全新的方式学习和处理信息。大约在同时（早于保罗·沃佰斯[Paul Werbos]），大卫·鲁姆哈特（David Rumelhart）推广了反向传播算法，一种神经网络训练方法。这些发现使

1970 年以来一直遭人遗弃的联结主义重获新生。

另外，由于对处理问题复杂度的增加，20 世纪 80 年代也兴起了开发新一代计算机的浪潮。1981 年日本启动了第五代计算机的研发工作，英、美也开始推动大投入的高性能计算相关的研发工作。

（5）1987—1993 年，第二次寒冬（低谷）期：专家系统本身应用的局限性问题开始显现。如 XCON 等早期获得成功的系统逐渐暴露出系统维护费用昂贵、难以升级、容错率低等问题。同时由于专家系统应用的领域和场景有限，商业前景并不及最初的预期，新的一轮撤资潮开始出现。到了 80 年代晚期，战略计算促进会大幅削减对 AI 的资助。DARPA 的新任领导认为 AI 并非"下一个浪潮"，拨款将倾向于那些看起来更容易出成果的项目。除专家系统外，到 1991 年，日本持续了十年的第五代计算机工程事实上证明是失败的，整个 AI 发展陷入了新的低谷。

（6）1993—2011 年，第三次发展期：这一时期是计算机产业高速发展时期，特别是互联网的全球化，对人类知识融合和创新产生了革命性的影响。这一时期发生了一系列在 AI 历史上的革命性事件。1997 年，深蓝电脑在国际象棋大赛中首次战胜人类。2005 年，DARPA 无人驾驶大赛，斯坦福的无人驾驶汽车夺冠，成功实现自动行驶 131 英里，等等。在这一段时期人工智能相关的基础科学得到了迅速发展。特别是互联网高速发展，全球海量基础数据的积累以及摩尔定律推动下高性能计算系统的不断升级，为大数据时代人工智能的飞跃奠定了基础。

（7）2011 年至今，大数据驱动 AI 发展时期：在全球范围内，从 2011 年开始，大数据在谷歌搜索指数中的词频骤升（图 11-1）。这得益于 20 世纪末和 21 世纪前十年全球互联网的高速发展和海量数据积累。大数据的应用与计算能力的快速发展渗透到各个领域。深度学习，例如深度卷积神经网络和递归神经网络的发展进步，在人工智能图像、视频、语音识别等领域的发展迅速，并逐渐形成了基于特定技术的技术生态。机器学习是计算机系统用于逐步改善其在特定任务上的性能的算法和统计模型的研究。通俗而言，机器学习是指在没有明确编程的情况下从数据中学习的计算系统。机器学习在类别上可分为监督学习、无监督学习等；按技术发展分，可分为传统机器学习、深度机器学习等。

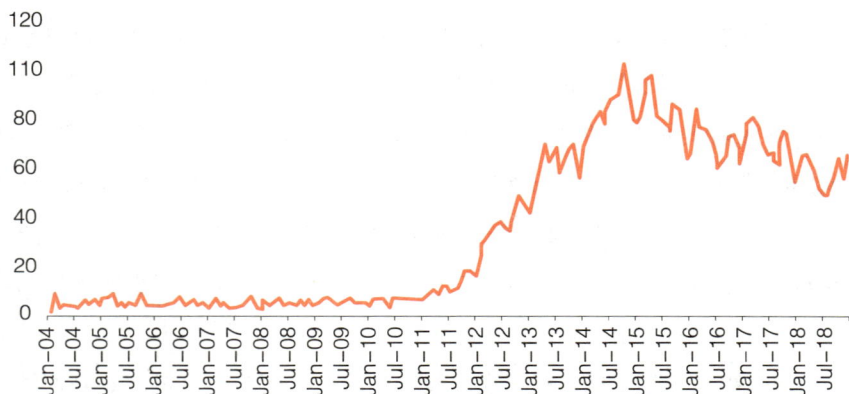

图 11-1　大数据（Big Data）谷歌趋势搜索指数
资料来源：谷歌趋势搜索，搜索时间：2018 年 12 月 15 日。

二、人工智能伦理和隐私难题

对于人工智能的监管。怎样进行人工智能监管？这已经成为一个全球性难题。普京曾经指出："人工智能是未来，但也有难以预测的威胁。无论谁成为这个领域的领导者，都将会成为这个领域的统治者。"[①] 普京指出了一个残酷的现实——在人工智能领域是赢家通吃的世界，而不受约束的科技亦正

---

① 　James, Vicent，"Putin says the nation that leads in AI 'will be the ruler of the world'"，Theverge. com, Sep 4 2017，https://www. theverge. com/2017/9/4/16251226/russia-ai-putin-rule-the-world，访问时间：2019 年 4 月 18 日。

亦邪，是锋利的双刃剑。

1. 人工智能"一键脱衣"的危机

2019 年 6 月 27 日，一款"一键脱衣"的软件 DeepNude 引起了全球媒体的焦虑。只要给 DeepNude 一张女性照片，借助神经网络技术，App 可以自动"脱掉"女性身上的衣服，显示出裸体。

DeepNude 的创建者阿尔贝托（Alberto）在接受媒体采访时表示，该软件基于加州大学伯克利分校研究者开发的开源算法 pix2pix 创建，并使用 1 万张女性裸图加以训练。这一算法与之前的人工智能换脸技术 deepfake 算法相似，也和无人车技术所使用的算法相似。阿尔贝托还表示，该软件目前之所以只能用于女性照片，是因为女性裸体图像更容易在网上找到，但他希望能创建一个男性版本的软件。反"色情复仇"组织 Badass 的创始人凯特琳·鲍登（Katelyn Bowden）感叹说："真是让人震惊。现在每个人都有可能成为色情报复的受害者，即使没有拍过一张裸体照片，也可能会成为受害者。这样的技术根本不应该向公众开放。"

2. 想避免风险会是发展的最大风险：以无人驾驶为例

2018 年以来，随着人工智能技术带来的各种改变，例如对工作的威胁，对个人大数据信息的精准分析，引起了全球各国人们的普遍恐慌。规避风险是人的天性，但不是发展的目的。托马斯·阿奎那（Saint Thomas Aquinas）曾经写道："如果船长的最高使命是保护他的船只，那么他永远只会停留在港口。"和其他所有创新类似，人工智能的最终目标是促进人类社会的发展，而安全是发展的一部分。过度担忧在一定程度上会阻碍技术的发展。下面以无人驾驶为例来说明这个问题。

当前无人驾驶技术发展全面加速。尽管 2018 年出现了两起无人驾驶致命车祸，但大部分无人驾驶汽车公司的发展并没有受到影响。自动驾驶的人工智能发展不能只局限于实验室，同时也需要大量的实际路况测试和数据训练。通过公路的无人驾驶实际运行，让驾驶 AI 学习规范、合法和安全的驾驶，不断修复存在的系统问题。当前美国有部分州政府通过了无人驾驶公路测试法案，其中加州对无人驾驶发展的支持最为积极。根据加州车辆管理局的报告，2017 年无人驾驶车辆的实际公路测试中，测试车辆以完全无人干预的自动驾驶模式运行的里程数超过 50 万英里。其中 Waymo（谷歌拆分出来的自动驾驶公司）和 Cruise（通用汽车子公司）自动驾驶测试里程数最多。图 11-2 是加州车管局（DMV）公布的 2017 年 1 至 11 月各公司汽车自动驾驶平均里程数（自动行驶距离 / 人为干预次数）。

从图 11-2 看，大部分公司 2017 年下半年人为干预自动驾驶的频率明显下降。Waymo 公司 1—6 月无人驾驶平均英里数是 4847 英里，7—11 月增长了 55%。通用公司的无人驾驶里程数也从 1—6 月的 627 英里增加到了 7—11 月的 2750 英里，增长 338.6%。百度也表现不俗，增长了 600%，无人干预自动驾驶平均距离达到了 119 英里。根据加州 DMV 的数据，当前获准在公路上进行无人驾驶的汽车数量约 400 余辆（可查数据是 409 辆）。其中 Cruise 公司最多，占 104 辆；其次是苹果和 Waymo，分别是 55 辆和 51 辆。Waymo 公司是当前加州唯一在不配置备用驾驶员的情况下准许在公路进行自动驾驶测试的公司。

但民众特别是发达国家的民众对无人驾驶的担忧却开始越来越强烈。从 2018 年年初的民意调查看。亚非拉人民对自动驾驶的热情远高于西方发达国家。根据盖洛普 2018 年年初对 1503 名美国民众对无人驾驶相关问题进行的调查，有 34% 的人表示他们期望未来 6 至 10 年内美国能普及无人驾驶。有 19% 的受访人认为未来五年内无人驾驶就会随处可见。

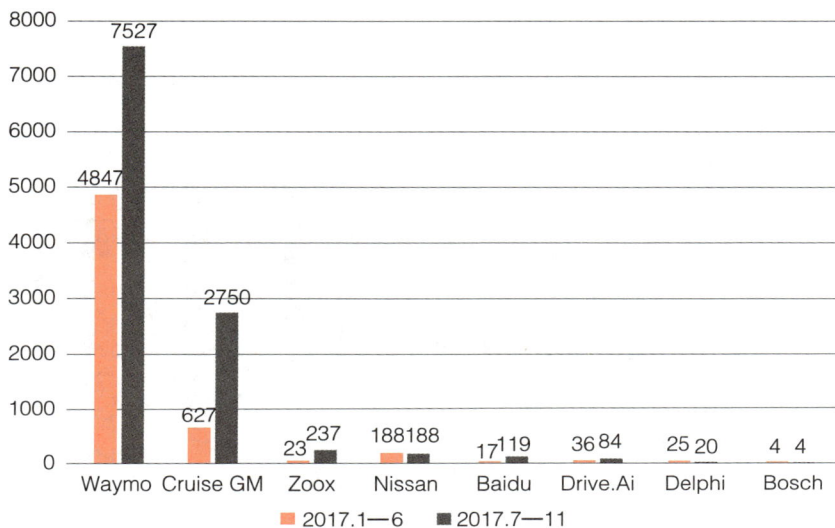

图 11-2　2017 年 1—11 月加州路测汽车自动驾驶的平均英里数
（自动行驶距离 / 人为干预次数）

资料来源：California DMV.

　　民众对自动驾驶的接受程度，各地区差异较大。根据跨国咨询公司益普索集团（Ipsos）近期对中、印等 15 个国家 2.15 万人的抽样调查表明，亚非拉国家普遍比较欢迎自动驾驶，而西方发达国家反对人数占比反而更多。如图 11-3 所示，印度和中国对自动驾驶最热情，分别有 49% 和 46% 的人表示非常期待。根据 Ipsos 的调查，在南美，巴西有 31% 受访者表示欢迎自动驾驶，和俄罗斯接近。但美国可能由于受最近几个月无人驾驶车祸事件的影响，有近四分之一的人表示不会尝试自动驾驶。欧洲国家反对自动驾驶的人也比较多，德国占 31%、法国和英国分别占 25% 和 24%。加拿大也有 24%的人表示明确反对。

　　虽然无人驾驶汽车发展过程引发了民众对于安全的焦虑，但究竟是进一步加强监管还是提供较为宽松的环境？当前从美国和我国的实际情况来看，并没有因为存在风险而加强对无人驾驶的束缚。

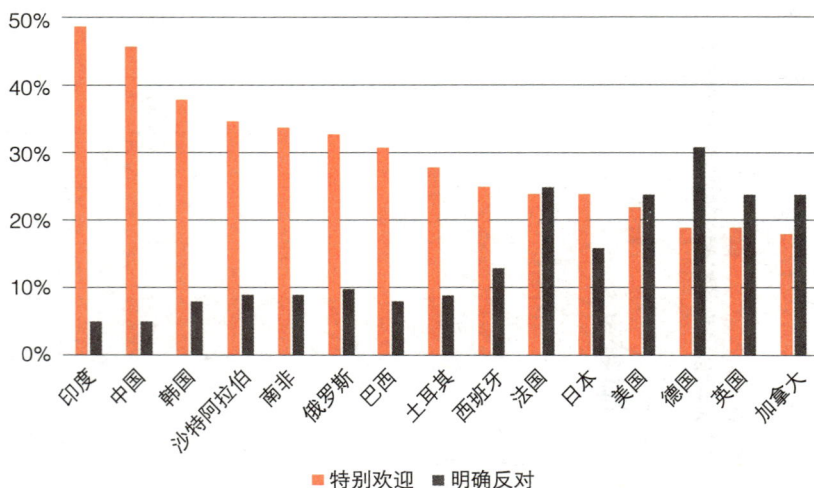

图 11-3　部分国家民众对自动驾驶汽车的态度（省略态度中立人数占比）
资料来源：Ipsos.

　　根据皮尤调查 2016 年的数据，2006—2016 年十年中，美国的人类驾驶员造成 4 万人不必要的死亡。换句话说，每天有 100 人被一名人类驾驶员杀死。另一方面，自动驾驶汽车可以将交通事故死亡率降低多达 90%。[①] 这意味着延迟的成本由于监管焦虑而无人驾驶的汽车技术每年将导致成千上万的不必要的死亡。莫卡特斯中心（Mercatus Center）模型表明，5% 的监管延迟可能会产生额外的 15500 例不必要的死亡事故。延迟 25% 意味着 112400 名不必要的死亡。[②] 所以，从长远发展看，因为害怕无人驾驶带来的风险而限

---

　　① 　Michele Bertoncello and Dominik Wee，"Ten ways autonomous driving could redefine the automotive world"，https://www. mckinsey. com/industries/automotive-and-assembly/our-insights/ten-ways-autonomous-driving-could-redefine-the-automotive-world，访问时间：2019 年 4 月 17 日。

　　② 　https://www. mercatus. org/system/files/mercatus-thierer-automated-vehicles-v1. pdf，访问时间：2019 年 4 月 17 日。

制其发展，本身就是最大的风险，因为无人驾驶较之于人类驾驶，有着显然的优势。其他人工智能领域也存在类似的问题。

3. 当前我国人工智能发展遇到的问题

一是大数据生态有待进一步完善。当前人工智能是以大数据为基础的，需要依托大数据对机器智能进行训练。在这一方面，目前我国依然存在一些问题。一是大数据生态系统方面落后于美国，缺少统一的标准和跨平台的共享。二是公共大数据开放依然有限。开放政府大数据有助于私营部门的创新，但我国的公共部门开放的大数据依然相对少。三是跨国大数据流动的安全问题，我国在这方面面临的挑战越来越严峻。

二是人工智能人才问题。我国在人工智能基础研究方面依然落后于美国，其中主要原因之一是人才依然短缺。当前我国对高端人工智能人才的渴求依然是非常强烈的。美国超过半数的资料科学家拥有 10 年以上的工作经验，但据麦肯锡统计，我国相关领域经验不足 5 年的研究人员高达 40%。我国当前只有不到 30 个专注于人工智能的大学研究实验室，仅靠这些实验室是无法产出足够的人才来满足人工智能行业的需求的。此外，我国当前人工智能人才分布也不均匀，主要集中在计算机视觉和语音识别领域，而其他领域的人才相对更少。

三是人工智能核心硬件依然存在诸多不足。我国的微处理器（microprocessors）长期以来严重依赖进口，部分类型的高阶半导体则几乎完全依靠进口。为解决这一难题并掌握半导体核心技术以提高我国在未来更广泛地部署人工智能领域的能力，我国在 2014 年发布《国家集成电路产业发展推进纲要》和《中国制造 2025》，并设立了一个超过 200 亿美元的基金，通过并购、投资入股国内外半导体产业等，积极扶持国内半导体产业，虽然已见初步成效，但自主创新之路仍然艰辛漫长。

4. 对未来我国人工智能发展的建议：夯实基础，保护知识产权，鼓励创新

纵观人工智能的发展，既有低谷，也有高峰，一路走来，在曲折中前进。回顾历史，人工智能的发展既离不开基础设施的发展，也受到市场利益的推动。未来，人工智能的发展会越来越广泛，它会促进全行业数据的加速产生，推动移动化计算的发展。在垂直领域，AI 也会向商业化发展靠拢，创造出更多的直接经济价值。因此，回归基础建设，完善大数据生态，加强知识产权保护，依然是当前我国推动人工智能发展的重点，这三项基础工作做好了，才能进一步激发社会的创新能力，激活企业的人工智能创新动力，为我国在数字时代的腾飞培育坚实的核心动能。

三、机器与人的融合与抗争

截至当前，类人机器人走进人们的生活依然还需要时间。但是工业机器人的大规模应用已经对制造业竞争力有了越来越重要的影响。根据牛津经济研究所 2019 年 6 月公布的《机器人如何改变世界》的报告，每 3 个新的工业机器人中，就有一个是在中国上线。牛津经济研究所的研究表明，平均每新安装一个机器人，就会取代 1.6 名制造工人。到 2030 年，预计全球有大概 2000 万个制造业岗位将会被取代。牛津经济研究所的研究报告同时表明，机器人化的负面影响在全球主要经济体的低收入地区的影响会更强。新增长的机器人在低收入地区取代的工作岗位几乎是同类高收入地区的两倍。[①]

---

① Oxford Economics, How robots change the world:What automation really means for jobs and productivity. June 2019，http://resources. oxfordeconomics. com/how-robots-change-the-world.

1. 机器人的发展对低收入人群的影响更大

机器人的兴起对世界各地的工业就业产生了深远的影响。图 11-4 表明每增加一个机器人对高收入人群的影响要明显小于对低收入人群的影响。机器人会带来财富，但并不一定能带来共同富裕。

每增加一个机器人，对工作数的影响

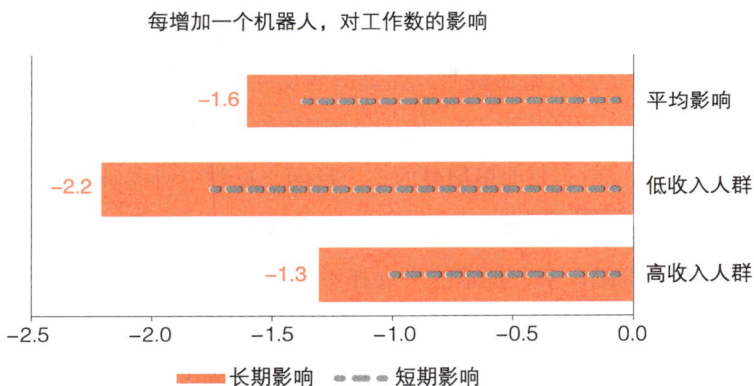

图 11-4　机器人增加对就业的影响

资料来源：Oxford Economics.

随着机器人应用的不断增加，将会产生一种矛盾的趋势：一方面机器人的应用能带来增长；另一方面却会加剧收入的不平等。智能化将会不断推进全球的区域不均和两极化。根据牛津经济研究所对 3.5 万名美国人在其职业生涯中的工作变动情况进行的分析表明，在过去二十年中，超过一半的离职产业工人被吸收到三个职业类别：交通运输、建筑和办公室类工作。但牛津经济研究所的分析发现，这三个职业领域是未来十年最易被人工智能替代的领域。然而，这些发现不应该导致政策制定者和其他利益相关者试图阻碍机器人技术的采用。相反，挑战应该是通过帮助弱势工人做好准备并适应其带来的剧变，更均匀地分配机器人股息。政策制定者、商业领袖、技术公司、教育工作者和工人都可以发挥作用，这需要政府和社会的系统调节。

2. 机器将不仅仅是提高工人工作效率的工具，机器本身变成了工人

20 世纪 60 年代，著名经济学家米尔顿·弗里德曼在访问某个国家时发现该国大规模的公共工程项目中有大量的人在使用铲子挖土，而很少用推土机、拖拉机或者其他重型土方设备。弗里德曼对此感到非常惊讶。当地政府官员解释说这样是为了增加就业。弗里德曼反问当地官员："如果是为了增加就业，为什么用铲子而不是用勺子让他们挖土?"

经济学家们经常引用弗里德曼的这个反问来反驳对机器破坏就业和造成失业的可能性的担忧。回顾历史，也证明这种反驳是有很强的历史依据的。特别是进入 20 世纪以来，技术的发展在不断推动着人类走向更加繁荣的社会。但是另一方面，农业机械化蒸发了数百万人的工作机会，驱使大量失业的农民进入城市寻找工厂工作。后来，自动化和全球化推动工人走出制造业并进入新的服务领域工作。在这些产业转型和技术交替的过程中，人们自身的调整、短期失业往往会成为一个不容忽视的问题。不可否认，技术发展创造了新的就业岗位，但同时会剥夺工人之前的机会，而并不是每个人都能顺利应对改变，并进行高适应性的调整。

从积极的方面看，在第二次世界大战后的二十五年里，科技的发展成就了美国经济发展的"黄金时代"。随着生产中使用机器的改进，操作这些机器的工人的生产率也同样增加，使它们更有价值，并允许它们要求更高的工资。这又进一步推动了他们所生产的产品和服务的需求。

随着科技发展带来良性反馈循环推动美国经济向前发展，也成就了西方经济学的辉煌。正是在同一时期，西方经济学开始逐步成为一种社会科学领域的基础科学。西方经济学开始逐渐转向由复杂的定量和统计技术所主导的学科。西方经济学家们开始建立复杂的数学模型。这种长期的繁荣，让这个世界其他地区的国家开始逐渐接受西方经济学的逻辑，并认为西方经济的逻辑是自然规律并且永远有效。但是，事实真的是这样吗？

从目前的情况来看，以往的西方经济学是面临着挑战的。因为人类的生产关系的基本假设正在改变。历史上，机器是作为提高工人生产能力的工具而存在的。但是，现在机器本身正在变成工人，资本对劳动力的定义也在发生改变。2017 年，比尔·盖茨曾公开表示机器人和人类一样应该交税。在一定程度上反映了对机器与人生产关系变化现象问题的关注。然而，机器人对人的挑战还远不止于此。"写作机器人""智能人力资源管理"等系统的出现，受过高等教育的白领工作人员所感知到的危机也越来越多。机器越聪明，不仅需要的工人越少，需要的白领也会逐步减少，人与机器的界限会逐渐模糊，未来的变数将会逐步加大。当机器成为工人本身，机器为主体单元的劳动创造价值，未来的变数会加大。

3. 马斯克"脑机接口系统"会开启赛博人类时代吗

"赛博人"一词起源于 20 世纪五六十年代的太空飞行试验。当时，美国两位科学家在一只小白鼠身上安装了一种渗透泵，自动把化学物质注射进小白鼠，以控制它的生化反应。他们在发表的论文中，给这只小白鼠造了一个新词叫"赛博格"(cyborg)，是由"控制论的"（cybernetic）与"有机生物体"（organism）两个词语拼贴而成，意思是"自动调整的人类机器系统"。1985 年，哈拉维提出著名的赛博格宣言，她将赛博格定义为"无机物机器与生物体的结合体"。比如，装了假牙、假肢、心脏起搏器等的身体，都可以被当做"赛博格"。这些身体模糊了人类与动物、有机体与机器、物质与非物质的界限。简言之，就是人机结合的人，简称为赛博人。

由埃隆·马斯克（Elon Musk）所创办的 Neuralink 开发的脑机接口首先采用了柔性"线程"连接模式，减少了对大脑的损伤。在 2019 年 7 月的发布会上，马斯克发布了一项最新的成果，一只猴子能用大脑控制电脑。图 11-5 是嵌入到老鼠内的 Neuralink 系统，还提供了 USB-C 接口。未来的人脑读取和存储信息，会不会像 U 盘拷贝一样迅速呢？如果按马斯克团队所探索的这个方向发展下去，是很有可能的。

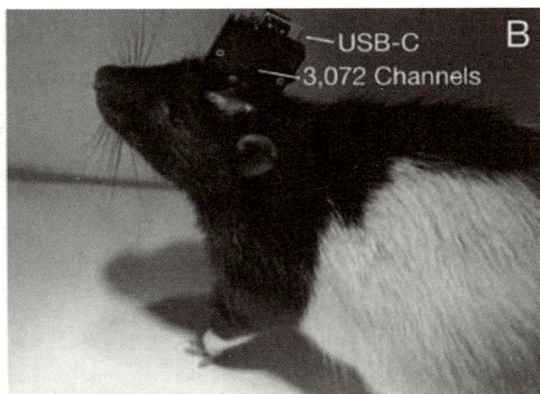

图 11-5　嵌入到老鼠脑内的 Neuralink 系统

资料来源：Forbes.com[①].

马斯克表示，最终的目的是实现人与人工智能的共生。马斯克解释道："我们的大脑藏在缸里，缸就是我们的头骨。我们的目标是从大脑读取神经脉冲。"言外之意就是人的大脑要从头颅中解放，这就是科幻小说所说的人脑的网络化，人的意识摆脱人肉身的束缚。对人体神经的成功介入控制确实可以为瘫痪患者或者神经受损人员带来巨大的福音。但是另一方面，如果人的意识可以像计算机一样"联网"，脱离于人的肉体而存在，那将意味着什么呢？当我们的意识可以摆脱头颅而独立存在，人本身的定义也将改变，人

---

① Alex Knapp, Elon Musk Sees His Neuralink Merging Your Brain With A. I.，Jul 17, 2019，https://www. forbes. com/sites/alexknapp/2019/07/17/elon-musk-sees-his-neuralink-merging-your-brain-with-ai/#9e74624b0745. 访问时间：2019 年 8 月 5 日。

类将面临跨越时空的变局。

四、人工智能技术助力其他领域突破

当前人工智能发展的创新主要是工程领域的创新，特别是在处理海量和多维数据方面的能力最近二十年来得到了很大的提升。人工智能作为科研工具，对于探索当前关系人类命运跃迁的基础科学有着非常重要的作用。而基础科学的突破表现在以下方面：

一是在高能物理领域的应用。2012 年 7 月，物理学领域"上帝粒子"希格斯玻色子的发现过程，根据欧洲原子能中心的相关报道，就利用了机器学习分析复杂、海量的大数据，并最终证实了希格斯玻色子的存在。大型强子对撞机在运行过程中会产生大量的数据。因为大型强子对撞机内每发生 10 亿次对撞才有可能产生 1 个希格斯玻色子。[①] 如果没有先进的方法，要找到 1 个希格斯玻色子并证实其存在是很难的。高能物理学家们利用机器学习的算法对海量强子碰撞数据进行了分类和模式识别，从浩如烟海的干扰因素中发现了希格斯玻色子衰减的规律，并利用实验数据进行了验证。人工智能作为生产工具在科研中的作用由此可见一斑。

二是探索外太空。人工智能技术近年来在探索外太空领域也带来了很多惊喜。例如 2017 年美国航天署（NASA）利用谷歌的人工智能技术发现了一颗恒星附近的第八颗行星。这也意味着有比太阳这颗恒星更大的类"太阳—行星"系统存在。这个发现过程的原理简言之就是利用谷歌的人工智能技术对卡普勒望远镜（Kepler Space Telescope）获取到的天文大数据进行了重新分析，从而捕捉到了之前难以察觉的信号，最终发现了这颗行星的存在。

---

① 《上帝粒子重大发现：希格斯玻色子衰变为底夸克》，腾讯网，2018 年 9 月 1 日，https://new. qq. com/omn/20180901/20180901A1F9FZ. html，访问时间：2019 年 8 月 10 日。

2016年9月25日正式启用的贵州射电望远镜是当前全球最大的射电望远镜（图11-6）。该球面射电望远镜口径达500米，简称FAST（Five-hundred-meter Aperture Spherical Telescope），位于贵州省黔南布依族苗族自治州平塘县克度镇，工程为国家重大科技基础设施，"天眼"工程由主动反射面系统、馈源支撑系统、测量与控制系统、接收机与终端及观测基地等几大部分构成。[1] FAST每秒产生3.9GB数据[2]，如此巨大的数据量为人工智能技术发挥作用提供了广阔的空间。

图 11-6　位于贵州的世界最大单口径射电望远镜
资料来源：和讯网。

---

[1]　陈芳、齐健：《全球最大单口径射电望远镜在贵州落成启用》，中国科学院网，2016年9月25日，http://www. cas. cn/yw/201609/t20160925_4575830. shtml，访问时间：2019年8月10日。

[2]　《贵州晒出国家大数据综合试验区建设成绩单》，搜狐网，2018年8月8日，http://www. sohu. com/a/245903529_353595，访问时间：2019年8月10日。

三是基因研究。人工智能技术在基因研究领域同样有着卓越的表现。以谷歌公布的 DeepVariant 工具为例，该工具可以利用人工智能方法和基因序列数据构建出更精确的人类基因组可视化图像。DeepVariant 能自动识别基因序列数据中的小段插入、缺失、突变等。[①] DeepVariant 的成功应用为基因医学的发展提供了更加强劲的助力引擎，对了解人类自身、探索治愈疑难杂症的有效治疗方法，提供了新的希望。

四是材料科学。材料对于先进制造的重要性不言而喻。但一般而言从新材料的发明到将材料转移到市场，是一个非常漫长而且失败概率很高的研发过程。一般而言，使用传统方法，一天只能对材料成分做一两次分析试验，周期长、费用高、风险大。实验室"诞生"一个新材料平均需要 10 年，从实验室"走进"生产车间需要 20 年。而借助人工智能，新材料的研发和应用周期有望缩短一半以上。中国科学院物理所汪卫华院士指出，人工智能正在改变新材料的发现方式，不仅效率更高，还可以"变废为宝"，通过对废弃数据的机器学习，再对新材料进行预测，其结果甚至可能好于材料科学家的人工判断。[②]

综合以上四点，站在历史的视角下看，科技革命的产生，是一个整体的跃升。某一类科技的突破，同样会催化其他领域的发展。在人工智能技术越来越被广泛应用到其他领域的时候，我们也要看到一个潜在的危机，那就是人工智能技术自我进化带来的不确定性。《麻省理工技术评论》指出了这种未来的挑战："当没有人知道先进的算法是怎样最终得出结论的，这可能会

---

① Will Knight，"Google Has Released an AI Tool That Makes Sense of Your Genome"，Dec 4，2017，https://www. technologyreview. com/s/609647/google-has-released-an-ai-tool-that-makes-sense-of-your-genome/，访问时间：2019 年 8 月 10 日。

② 《人工智能也能推动材料科学发展？两者究竟能擦出怎样的火花？》，MEMS，2019 年 6 月 28 日，https://www. eefocus. com/mcu-dsp/444549，访问时间：2019 年 8 月 10 日。

是一个问题。"① 对于科学研究而言,人工智能的自我进化未来将会是严峻的挑战,而这也是人类要集体面临的最大危机。

五、展望:无法回避的人文关怀问题

数字革命正在改变人的生活,数字革命发展的人工智能化也正在对原有机械和模拟电子设施基础的工业体系结构进行替换。但是,人工智能对人和社会的影响远不止于此。数字技术正在急速改变人的信息分享方式、旅行、疾病治疗和娱乐的方式。并且,随着计算力的不断提升,可以预见的是,整个人类社会的转型变化才刚刚开始。

技术的革命,回溯人类已有的记载,不仅仅只是人类历史上有趣的大事件,而是历史的发动机。人工智能更是比以往任何时代的历史引擎都更有威力和动力。我们希望从更长远的视角去看人工智能带来的影响。苹果电脑、推特社交网络、各种虚拟穿戴设备等从目前的技术革命进程看,并没有特别明显的差异,在技术上处于同一层次。对人工智能的长远认知,需要更多细节的支撑。

我们需要超越已有物质存在的视角来看待这个问题。1898 年,人们首次坐电梯时,甚至需要服用"晕电梯药"来克服身体不适。现在电梯已经是人们习以为常的事情。人本身对技术的发展会有一个适应过程。但这个适应会有双刃性。有好的方面,同时也存在负面的影响。特别是,人类在适应技术发展的过程中,能够保证人一直处于优势吗?人工智能对人类工作的替代,事实上已经引起了恐慌。这种人本身的感受,是不是应该比冰冷的机器更应

---

① Will Knight,"The Dark Secret at the Heart of AI",MIT Technology Review,Apr11,2017,https://www. technologyreview. com/s/604087/the-dark-secret-at-the-heart-of-ai/,访问时间:2019 年 8 月 11 日。

该值得我们广泛关注呢？

此外，究竟是什么支撑着人工智能的长远发展？沃兹尼亚克（Wozniak）2015 年曾说过："人工智能将来会比我们更聪明。当他们的智商超过我们，他们会意识到它们需要我们，就像我们需要宠物一样。"人类真的未来会变成人工智能的宠物吗？

第一次工业革命的历史记载了工人的血泪与悲剧，蒸汽与煤驱动的历史齿轮告诉我们人类为之付出的代价。例如 1862 年的哈特利（Hartley Colliery）煤矿的矿难，204 名矿工，由于地下排水泵事故而被活埋在地下。不难想象他们和他们的家人当时所遭受的痛苦。但是对于现在被社交媒体各种信息充斥的你来说，这已经只是湮灭在历史中的千万代价之一。蒸汽时代悲惨的矿工们已经消失，但是煤炭等能源驱动的技术进程却影响至今。从这种角度看，历史的发展在一定的程度上，是去人化的，甚至让人感到残酷和无情。而现在的人工智能革命烈度已远远超过了三百多年前煤炭驱动的蒸汽革命给社会带来的冲击。又将会或者正在对人带来什么灾难？多少人和家庭会为此付出代价？这个问题不能等我们想明白了才来解决，更需要的是人类面对共同未知的恐慌，需要彼此更多的关注与关怀。

12 Chapter 12

数字社会的评估与治理

数字社会是一个动态的概念。这个概念反映的是现代社会人们在家庭、工作、教育和娱乐中采用新的信息通信和交互模式的一种结果。技术的发展总是以人类意想不到的方式对社会造成冲击。在过去的 20 年里，社会以惊人的速度经历了数字化。现在几乎身边大部分人都有一部可以随时连接到互联网的手机。而在未来十年，全球发展的步伐将进一步加快。世界各地的人们已经通过电脑、平板电脑和智能手机相互连接。在未来数年内，将增加数十亿互连的传感器、发射器、照相机和其他无线通信设备和物体的互联。

社会的数字化趋势已无法阻挡，正在引发一场深刻的革命。特别是数字内容的剧增和传播模式的改变，对原来的电视、报纸造成了颠覆性的影响。而社交媒体、移动社交终端现在几乎开始替代电话的功能，正在改变着人们的交互方式。换句话说，人与机器接触和互动的时间越来越多于人与人之间的接触。人对人的了解与互动也越来越依赖机器。这是当前数字社会发展的明显趋势。本章拟从数字社会的技术基础、我国的数字社会发展现状、走向、对个人的影响，以及大数据与数字社会的发展趋势进行探讨。

一、智能手机和移动互联网的快速增长

2016 年，全球向消费者销售的智能手机数量约为 15 亿台，与 2012 年的 6.8 亿台相比显著增加。这意味着 2016 年全球总人口的 28% 拥有智能设备，这一数字预计到 2020 年将增加到 37%。同年，北美和西欧的智能手机普及率将达到 60.5%。

截至 2017 年 12 月，我国手机网民规模达 7.53 亿，网民中使用手机上网人群的占比由 2016 年的 95.1% 提升至 97.5%；与此同时，使用电视上网的网民比例也提高 3.2 个百分点，达 28.2%；台式电脑、笔记本电脑、平板电脑的使用率均出现下降，手机不断挤占其他个人上网设备的使用。以手机为中心的智能设备，成为"万物互联"的基础，车联网、智能家电促进"住行"体验升级，构筑个性化、智能化应用场景。移动互联网服务场景不断丰富、移动终端规模加速提升、移动数据量持续扩大，为移动互联网产业创造更多价值挖掘空间。[①]

图 12-1 是全球网民与我国移动互联网民的增长情况，这两组数据表明，移动互联使得人逐步实现了随处相连，构成了数字社会的核心数据源。

---

① 国家网信办，CNNIC 发布第 41 次《中国互联网络发展状况统计报告》，2018 年 1 月 31 日，http://www.cac.gov.cn/2018-01/31/c_1122346138.htm。

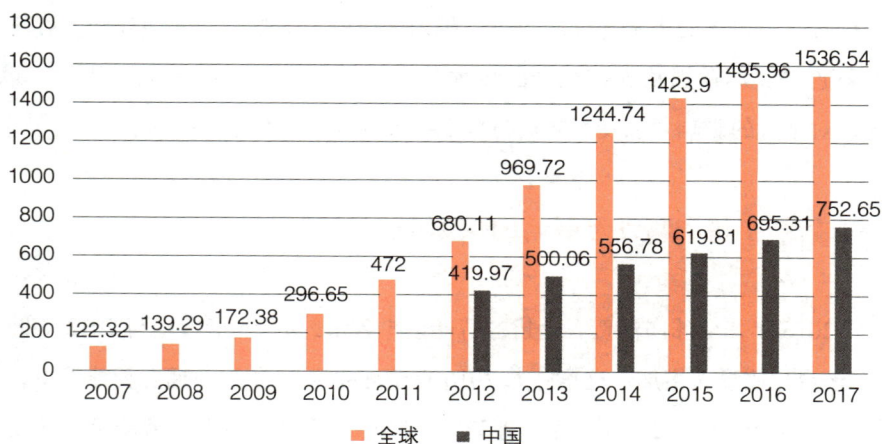

図 12-1 2007—2017 全球及中国移动互联网民增长情况（单位：百万）

资料来源：Gartenr, CNNIC 发布第 41 次《中国互联网络发展状况统计报告》。

二、互联网发展与数字社会的形成

1987 年 9 月，CANET（Chinese Academic Netword，中国学术网）在北京计算机应用技术研究所内正式建成中国第一个国际互联网电子邮件节点，并于 9 月 14 日发出了中国第一封电子邮件："Across the Great Wall we can reach every corner in the world.（越过长城，走向世界）"，揭开了中国人使用互联网的序幕。1994 年 4 月 20 日，我国连入互联网的 64K 国际专线开通，实现了与互联网的全功能连接。从此中国被国际上正式承认为真正拥有全功能互联网的国家。[①]

[①] 中国互联网协会：中国互联网发展史（大事记），2013 年 6 月 27 日，http://www. isc. org. cn/ihf/info. php?cid=218。

1. 基础发展时期

表 12-1 是互联网发展不同阶段特征的总结。在 1994 年以前，我国互联网发展主要处于科研阶段。1994 年至世纪交替，是我国有线互联网主干网络建设时期。这一时期伴随着我国数字社会的第一阶段发展。在这期间诞生了我国最早的门户网站、BBS、即时通信软件、在线联机游戏等。而在此期间，互联网商机开始出现。例如 1998 年世界杯期间，新浪网以 24 小时滚动播出新闻形式吸引了大量网友，并借此获得了 18 万元广告收益。这是早期互联网史上典型的"流量变现"案例。1999 年，阿里巴巴正式成立，通过 B2B 切入到电商领域。①

2. 门户网站时期

进入 21 世纪的第一个十年，主要是以各类门户网站为主的流量竞争时期。这一时期网游开始兴起。以淘宝为首的电商开始飞速发展，各种以互联网内容运营为主的职业开始出现。截至 2010 年 12 月，中国网民规模达 4.57 亿，互联网普及率攀升至 34.3%，其中宽带规模为 4.5 亿，宽带普及率达 98.3%。同期微博客和团购的用户数已初具规模，我国微博客用户规模达到 6311 万，在网民中占 13.8%；团购用户规模达到 1875 万，在网民中占 4.1%。虽然我国 2009 年已进入 3G 时代，2010 年移动互联内容和商务应用使用率还是偏低。当年手机即时通信用户规模达 3.53 亿人，但手机的其

---

① 《运营简史：一文读懂互联网运营的 20 年发展与演变》，虎嗅网，2016 年 12 月 26 日，https://www.huxiu.com/article/176091.html。

他网络应用使用率偏低。^① 移动互联的爆发是 2013 年 4G 开始大规模普及开始的。

表 12-1　中国互联网发展阶段与特征

阶段	萌芽期	Web1.0	Web2.0	Web3.0	Web4.0(?)
大致时间	1994 年之前	1994—2001 年	2001—2008 年	2009—2014 年	2015—2024 年
无线网络	1G	2G/2.5G	2G-3G	3G-4G	4G-5G-6G(?)
阶段特性	科研阶段	社会化阶段	商业化阶段	即时化阶段	全面互联阶段
中国网民数	无	3%（3370 万，2001 年）	22%（3 亿，2008 年）	50%（7 亿，2015 年）	70%（10 亿，2024 年）
全球网民数	0.4%（1600 万，1995 年）	8.6%（5.73 亿，2002 年）	23.9%（15.87 亿，2008 年）	40%（30 亿，2015 年）	65%（50 亿，2024 年）
产品、内容和商业创新	电子邮件等	门户 B2C	博客，视频，SNS	微博，微信等	各行业全面变革
全球格局	美国绝对主导	美国主导	中国开始崛起	中国崛起	——

资料来源：部分参考方兴东、潘可武、李志敏等：《中国互联网 20 年：三次浪潮和三大创新》，载《当代中国史研究》，2014 年第 5 期。

---

① 国家网信办：《第 27 次中国互联网络发展状况统计报告》，2014 年 5 月 26 日，http://www.cac.gov.cn/2014-05/26/c_126548718.htm。

3. 移动互联时代

如前文所述，根据 CNNIC 的统计，虽然截至 2017 年中国网民规模达
7.72 亿，最近五年互联网网民增速放缓，用户的绝对数量增长空间已经越来
越有限。但是，另一方面，随着智能手机等移动互联终端的大规模普及（图
12-1）以及 4G 的大规模普及应用，使人们开始进入"互联网 +"的时代，
互联网不仅从广度上，同时也从深度上开始进行全面扩张。而移动互联的便
利性最直接的影响是数字内容价值的重要性日益体现。纵观近 30 年我国互
联网的发展史，我国的数字社会经历了一个从科研院所等特定行业向全社会
扩张、从静态到动态的连接、从技术主导到内容主导、从以设备为中心到以
人为中心的数字化过程。

三、我国数字社会的崛起与评估

1. 我国数字社会发展的基础：大数据发展战略

（1）我国大数据产业发展迅速

2015 年被认为是我国全面推动大数据发展的开端年。2015 年 8 月 31 日，
国务院正式刊发了《国务院关于印发促进大数据发展行动纲要的通知》，指
出，信息技术与经济社会的交汇融合引发了数据迅猛增长，数据已成为国家
基础性战略资源，大数据正日益对全球生产、流通、分配、消费活动以及经
济运行机制、社会生活方式和国家治理能力产生重要影响。我国正式从国家
层面全面开始推进大数据发展和应用，加快建设数据强国建设工作。 2016
年，国家发改委、环保部、工信部、国家林业局、农业部等均推出了大数
据的发展意见和指导方案，涉及大数据整体行业、医疗健康、农业农村、交
通运输、林业、生态、国土资源等多方面，并开始向全社会领域扩张。图

12-2 是 2015 年至 2017 年我国大数据总体规模及企业增速。根据中国信息通信研究院的调研数据，2016 年我国大数据产业总体规模比 2015 年增长了 28.6%，2017 年比 2016 年增长了 30.6%。预计 2018—2020 年增速将保持在 30% 以上。[①]

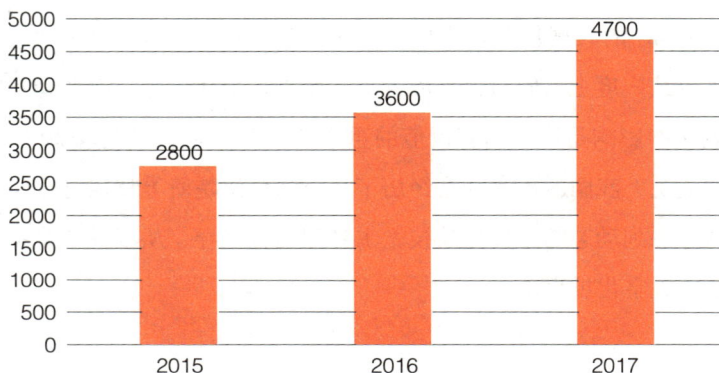

图 12-2　2015—2017 年中国大数据产业总体规模（单位：亿元）

数据来源：中国信息通信研究院。

（2）已经形成特色鲜明的多种地区发展模式

2015 年以来，我国形成了贵州、广州、武汉、重庆四种大数据产业体系特色发展模式（表 12-2）。在管理机制上，贵州、广州都是由省直接牵头，武汉为市一级政府牵头，重庆为下辖行政区推动相关建设工作。四种模式特色鲜明，贵州侧重大数据平台建设，广州侧重数据交易体系，武汉模式与长江经济带大数据体系建设密切相关，重庆市探索的是大数据产业园以及和大中型企业合作的模式，紧贴实业发展和工业数据产业链。

---

① 　中国信息通信研究院：《中国大数据发展调查报告》（2018 年）。

表 12-2　我国四种区域特色大数据发展模式

	管理机制	运营模式	建设内容
贵州模式	成立贵州省大数据发展领导小组。 领导小组下设办公室，办公室设在省经济和信息化委，有省经信委主管领导担任办公室主任。 成立省大数据产业发展中心（省信息中心）。	组建以推动全省大数据产业发展为主要职责的国有全资平台公司。 成立贵阳大数据交易所。	贵阳市以"四抓四促"为路径，以大数据公共平台建设为支撑，以"块数据城市"应用示范为抓手，以数据立法与标准、数据开放与应用、产业聚集与融合为着力点，在理论创新、实践创新和规则创新等方面先行先试，打造大数据全产业链，建成大数据内容中心、服务中心和金融中心。
广州模式	2014 年 3 月，在省经济和信息化委员会下设广东省大数据管理局。 2014 年 5 月，广州市成立大数据管理局。	广州市发起并批准设立广州数据交易服务有限公司，2016 年 3 月正式挂牌成立并开始运营，采用"政府指导，市场化运作"的方针。	广州数据交易服务有限公司致力于建设具有公信力的数据交易市场，围绕数据全要素流通流程，提供数据及资源要素交易组织服务、数据产品及数据咨询三方面的服务。
武汉模式	成立市大数据产业发展工作领导小组。 领导小组下设办公室，在市信息产业办办公。 组建市大数据产业专家咨询委员会。	成立武汉长江大数据交易中心。 大数据交易中心采用市场化的运作方式。 交易中心将构建大数据产业联盟。	构建既有全国领先水平，又有我市特色的大数据产业体系。 重点建 8 个云数据中心。 创立大数据中心，一是武汉长江大数据交易中心，二是成立华中大数据交易所，三是成立武汉东湖大数据交易中心。

	管理机制	运营模式	建设内容
重庆仙桃模式	渝北区整合主管机构职能，新组建了中共重庆市渝北网络安全和信息化领导小组办公室。渝北网信办直接在仙桃国际数据谷挂牌办公。	2014年4月，重庆市批准启动建设仙桃大数据产业园。组建仙桃谷运营平台重庆仙桃数据谷投资管理有限公司。2015年9月，由中兴通讯、重庆有线等合资成立重庆前沿城市大数据管理有限公司。	"大数据、小传感、海存储、云应用"产业生态体系。推进数据资源整合汇聚。重点打造八大支撑平台。

资料来源：国家信息中心。

2. 我国数字社会发展的总体评价体系及相关测评 [①]

（1）我国数字社会发展的测评体系

发改委国家信息中心是最早对信息（数字）社会发展进行测评的。2006年我国制定了《2006—2020年国家信息化发展战略》，设定了中国在信息基础设施、信息技术产业、国民经济和社会信息化等领域的具体目标。发改委国家信息中心提出了信息社会发展水平的测评指标体系。如前文所述，随着20世纪90年代以来2G数字通信技术的全面普及，信息社会的发展事实上等同于数字社会的发展。所以，国家信息中心的信息社会发展测评体系可以认为是我国最早的权威数字社会发展测评。

基于信息社会指数（ISI），国家信息中心于2010年发布了首份"中国信息社会发展报告"，对全国及31个省份的信息社会发展水平进行了测

[①]　国家信息中心：《2017全球、中国信息社会发展报告》，2017年12月26日，http://www.sic.gov.cn/News/566/8728.htm。

评；2013年起测评研究范围扩大到地级以上城市。《全球信息社会发展报告2016》首次对全球及126个国家信息社会发展水平进行了定量测算与分析。[①]

信息社会指数（ISI）包含信息经济指数、网络社会指数、在线政府指数、数字生活指数四个部分，涉及近百个具体分解指标。如表12-3所示，ISI的取值范围在0与1之间，ISI的值越高表明信息社会发展水平越高。以信息社会指数（ISI）为阶段划分的标准，可以将信息社会的发展过程划分为两大阶段，即信息社会的准备阶段（0 < ISI < 0.6）和信息社会的发展阶段（0.6 ≤ ISI < 1）。

表12-3　ISI与信息（数字）社会发展阶段划分

发展阶段	准备阶段		发展阶段		
	起步期	转型期	初级阶段	中级阶段	高级阶段
信息社会指数（ISI）	0.3以下	0.3—0.6	0.6—0.8	0.8—0.9	0.9以上
基本特征	信息技术初步应用	信息技术扩散加速，实效显现	信息技术影响逐步深化	经济社会各领域都发生深刻变化	基本实现包容的社会
面临问题	基础设施跟不上需求	发展不平衡	互联互通与实用性问题	包容性问题	技术突破与创新应用

资料来源：国家信息中心。

（2）我国数字社会发展的国际对比

2017年中国信息社会指数为0.4749，在全球126个测评国家中排名第81位。在55个"一带一路"沿线国家中排第35位，比上年提升1位。在亚

---

① 国家信息中心：《全球信息社会发展报告2016》，2016年5月17日，http://www.sic.gov.cn/News/566/6354.htm。

洲 35 个国家中排第 19 位，与上年相同。中国信息社会发展虽然仍处于全球中下游水平，但是近年来保持了较高增长速度。2016—2017 年中国信息社会指数增速为 4.6%，高于"一带一路"国家、金砖国家、G20 国家和亚洲国家的发展速度，也明显高于全球平均增速。[①]

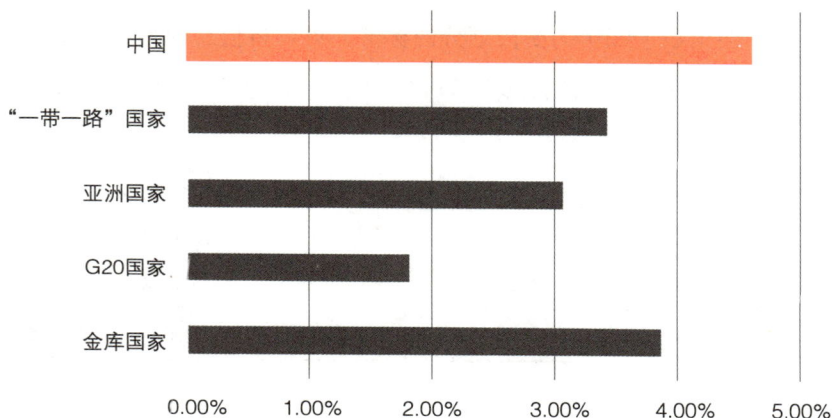

图 12-3　ISIS 增幅比较

数据来源：国家信息中心。

（3）我国国内数字社会发展的情况：政府数字治理稳步推进，居民生活数字化转变迅速

2017 年中国信息社会指数（ISI）达到 0.4749，同比增长 4.61%，处于从工业社会向信息社会的加速转型期。较之上年，全国信息社会发展有所加快，信息社会指数同比增速提高 0.32 个百分点。2007—2017 年年均增长率为 8.35%，随着中国信息社会发展速度的加快，整体上进入信息社会初级阶

---

① 国家信息中心：《全球信息社会发展报告 2017》，2017 年 12 月 26 日，http://www. sic. gov. cn/News/566/8728. htm。

段。从信息社会发展的四个重点领域看，2017 年全国信息经济、网络社会、在线政府、数字生活指数分别为 0.4112、0.4250、0.6071、0.5443，其中，在线政府领域发展最快，同比增长 10.5%。（图 12-4）[①]

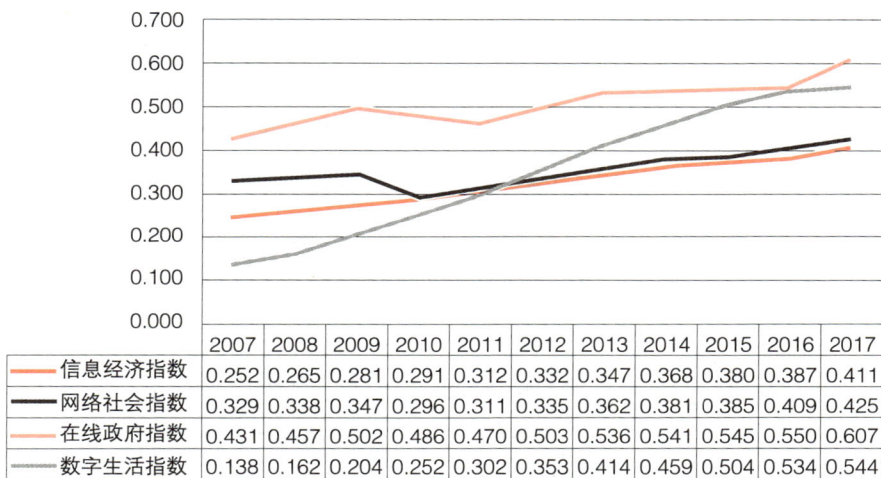

	2007	2008	2009	2010	2011	2012	2013	2014	2015	2016	2017
信息经济指数	0.252	0.265	0.281	0.291	0.312	0.332	0.347	0.368	0.380	0.387	0.411
网络社会指数	0.329	0.338	0.347	0.296	0.311	0.335	0.362	0.381	0.385	0.409	0.425
在线政府指数	0.431	0.457	0.502	0.486	0.470	0.503	0.536	0.541	0.545	0.550	0.607
数字生活指数	0.138	0.162	0.204	0.252	0.302	0.353	0.414	0.459	0.504	0.534	0.544

图 12-4　信息（数字）社会四大领域发展情况（2007-2017）

资料来源：国家信息中心。

从图 12-4 可以看出，最近 10 年，我国居民的数字生活指数从 2007 年至 2016 年保持了较高的增长速度，但 2016 年至 2017 年增速放缓。在图 12-1 中，2016—2017 移动互联网民增速也在趋缓。这表明数字社会发展的横向扩张已经进入平原期，需要新的创新和动能转换。

---

① 国家信息中心：《全球信息社会发展报告 2017》，2017 年 12 月 26 日，http://www. sic. gov. cn/News/566/8728. htm。

3. 数字经济评价体系下的数字化发展

（1）数字经济评价体系对比

数字经济对数字中国建设、数字社会发展影响有多大？这个测算和评价体系问题，当前并没有统一的答案。如表 12-4 所示，当前麦肯锡、波士顿咨询、埃森哲等均采用了自己的方法对中国的数字经济进行了测算。中国信通院政策与经济研究所所长鲁春对这三家的中国数字经济发展测评体系进行了点评。他指出："麦肯锡只测算了数字经济中互联网 GDP 的规模，没有测算融合部分的规模。波士顿测算了 ICT 直接贡献的规模，融合部分只考虑了电子商务中 C2C 的交易额，对于规模庞大的高端工业传感器、工业控制系统、关键工业软件等融合类数字产品和服务，没有纳入其中。埃森哲测算的是 ICT 直接贡献的规模，加上融合部分 13 个行业，得出我国 2015 年数字经济占 GDP 的 12%。2017 年，根据国家统计局发布的国民经济统计数据，我们测算的是 42 个行业，数字经济占 GDP 比重在 30% 左右，应该是相对准确的。"[1] 从表 12-5 的对比结果来看，我国的数字经济测算体系更符合我国数字中国建设和数字社会发展情况。

表 12-4　数字经济评价体系的四种方法

方法	主要评价方法	指标	代表性报告
麦肯锡	iGDP	主要测算的是互联网 GDP。采用支出法，统计加总了创造、使用互联网网络和服务的个人消费、公共支出、私人投资和贸易差额。	2017 年 12 月，《中国数字经济如何引领全球新趋势》研究报告

---

① 鲁春丛：《中国数字经济发展和就业白皮书（2018 年）》解读，通讯世界网，http://www.cww.net.cn/article?id=430288。

方法	主要评价方法	指标	代表性报告
波士顿咨询	e-GDP	采用支出法，但统计范围比麦肯锡的大，评估所有与ICT设备创造生产、服务提供和应用相关联的活动，包括个人ICT消费支出、企业和个人ICT投资支出、政府ICT支出、ICT设备出口净值以及C2C消费支出。	2017年1月，《迈向2035:4亿数字经济就业的未来》
埃森哲	多元回归分析法	不仅测算了"直接贡献"，即ICT硬件、软件等数字化产品和服务的价值，还测算了"间接贡献"，即数字化产品和服务在生产过程中产生的价值。由于数据原因，埃森哲只对金融、保险、通信、医疗、装备制造等13个行业进行了测算。	2018年4月，《2017中国数字经济发展报告》
中国信息通信研究院	生产法测算数字经济规模	数字经济分成信息通信产业的直接贡献，即信息产业增加值占GDP的比例，还有信息产业应用到传统产业上导致的增加值占GDP的比例。 信息通信产业部分采用统计核算方法，即电子信息制造业、信息通信服务业、软件业的增加值之和。 数字经济融合部分则采用了"基于投入产出关联的核算方法"进行测算，其基本原理是经济产出是经济投入的结果。即通过投入产出表中各行业ICT产品和服务的投入与行业产出的对应关系，测算了我国42个行业技术应用对行业产出的带动，相比于埃森哲的13个行业多出了29个。	《2017年中国数字经济发展白皮书》

资料来源：中国信息通信研究院政策与经济研究所。

（2）我国数字经济已经成产能升级关键引擎，向各行业广泛渗透

基于中国信息通信院的测评，当前我国数字经济发展有两个最为鲜明的特点。一是动能转换。数字经济高速发展，成为带动经济增长的核心动力。2017 年我国数字经济总量达到 27.2 万亿元，同比名义增长超过 20.3%，显著高于当年 GDP 增速，占 GDP 比重达到 32.9%，同比提升 2.6 个百分点（图 12-5）。

二是行业渗透差异较大。数字经济在各行业渗透程度不断加深。但我国各行业数字经济发展差异较大，服务业中数字经济占行业比重平均值为 32.6%，工业中数字经济占行业比重平均值为 17.2%，农业中数字经济占行业比重平均值为 6.5%。呈现出三产高于二产、二产高于一产的特征（图 12-6）。[①]

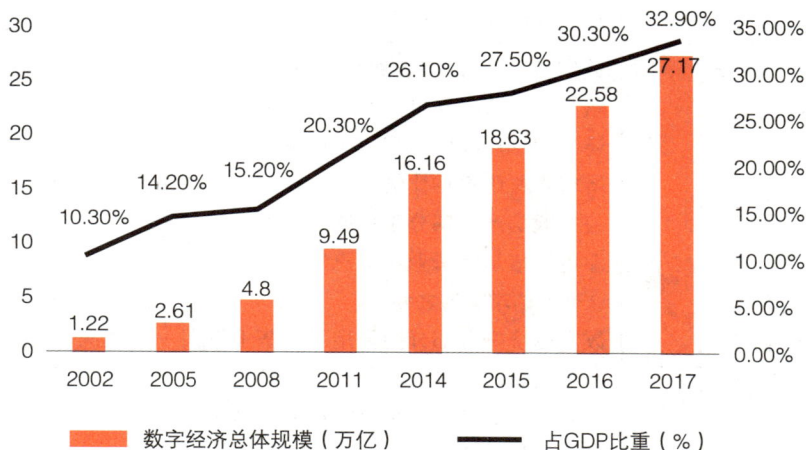

图 12-5　我国数字经济规模及占 GDP 比重

数据来源：中国信息通讯研究院。

----

① 中国信息通信研究院：《中国数字经济发展和就业白皮书（2018 年）》。

图 12-6　数字经济在各行业渗透加深

数据来源：中国信息通信研究院。

四、大数据、数字社会与未来治理

我国的数字化过程正在重塑当今的经济和社会，并将直接影响未来的走向。与此同时，数字化也正在改变人与人之间的互动方式和改变经济的结构和商业模式。我们应该怎样去理解数字与社会的交融交互？我国的数字社会治理模式又是怎样的呢？

1. 数字与社会交互的三个层次

（1）微观层次的交互涉及三个方面。在微观层次上，是社会个体与数字社会的交互过程，主要包含三个方面。一是社交网络及社交媒体的交互。移动互联空间实现"无处不在的互联"后，社会个体是包裹在社交网络和社交媒体当中。所有的社会行为都直接或间接、有意或无意地受到社交网络及社交媒体的影响。二是个体对数字社会信息的接受与分析过程。社会个体对接受数据信息的处理能力的差异，与其所能获取的有效社会自由、未来发展预期和既得利益可能性密切相关。三是个体对数字信息的优化决策和反馈。这是个体在数字社会中对信息处理的最终环节，基于自身社交网络体系和处理信息能力，对社会信息作出反馈。

（2）中观层次交互主要是不同社会个体决策汇聚形成的社会集体行为的数字化反应。这是当前数字社会表现形态的重点。这需要复杂的方法来建模，汇总和处理大量的信息。当今前沿的大数据技术，应用也在这个层次——对社会集体行为的数字化预测。

（3）宏观层次上的数字与社会交互主要涉及均衡发展和社会公平，核心是创造更多变化。在数字与社会交互的微观与中观层次上，在数字社会的算法层次上的首要任务是寻求最优解——投入最少，获益最大。但在数字社会宏观层次上的数字交互要考虑的问题是防止社会的固化和止步不前，需要创造更多的变化。这与数字社会微观和中观层次的数字交互是对立统一的。例如，在不平等问题上，如果公共物品、公共数据和公共网络的获取是不平等的，就会加剧收入和财富的不平等。那么就需要结合经济、社会、文化、环境等各个方面的数据进行整合和均衡，以创造更多平等的机会。

因此，当我们讨论数字社会的时候，在数据问题上是要进行分层的。针对不同层次的数据问题，进行不同目的的分析。同时相应的系统设计、算法修正存在很大的差异。这为政府提供公共政策制定、深化机构改革等提供了更精准、高效和更有针对性的抓手。我国在基于数字社会的深化机构改革、推进治理模式发展方面已经走在了世界的前列。

2. 我国已经形成基于人机交互的数字社会治理模式

我国的数字社会治理模式，抓住了数字社会的关键点——人机交互（Human-Computer Interaction, HCI）。人机交互是指人与计算机之间使用某种对话语言，以一定的交互方式，为完成确定任务的人与计算机之间的信息交换过程。[①] 人机交互（HCI）侧重于计算机技术的设计和使用以及人（用户）和计算机之间的交互关系。人机交互是计算机科学、行为科学、设计、媒体传播等多研究领域交叉研究学科。我国在推进数字中国建设和进一步深化机构改革的过程中，已经形成了基于人机交互的数字社会治理模式。人机交互在技术层次上由三个主要特征组成：即用户，计算机及其交互或它们如何协同工作。人机交互控制主要考虑以下 9 个因素（表 12-5）：

表 12-5　人机交互的 9 个要素

要素	设计关键点
1. 用户	动机，满足感，经验，享受，个性，认知过程和能力。
2. 接入	导航，输出设备，图标，命令，输入设备，图形，对话结构，用户支持，颜色的使用，多媒体，自然语言。
3. 环境	健康与安全，噪音，供暖，照明，通风。
4. 组织	工作设计，工作组织，培训，角色，政治。
5. 设计目标	任务分配，技能，简单，新颖，复杂，监控。
6. 舒适 / 自然度	座椅，布局，设备。
7. 限制条件	预算，建筑物，成本，设备，时间表，工作人员。
8. 产品要求	降低成本，提高质量，增加创新，增加产量，减少错误。
9. 系统性能	软件，硬件，应用程序。

资料来源：Tech, S. (2016). Human-Computer Interaction: The Fundamentals Made Easy。

从表 12-5 的人机交互的 9 个要素和核心设计要点看，这是以人为中心的数字化系统工程。好的人机交互设计无处不在但又难以刻意察觉，在无意

[①]　岳玮宁、董士海、王悦等：《普适计算的人机交互框架研究》，载《计算机学报》，2004 年第 27 期。

识的过程中实现对人的自然化影响。当前我国的数字社会治理模式基本上涵盖了人机交互的各个要素。如图 12-7 所示，已经能够实现党和政府与社会之间数据流的实时动态交互。

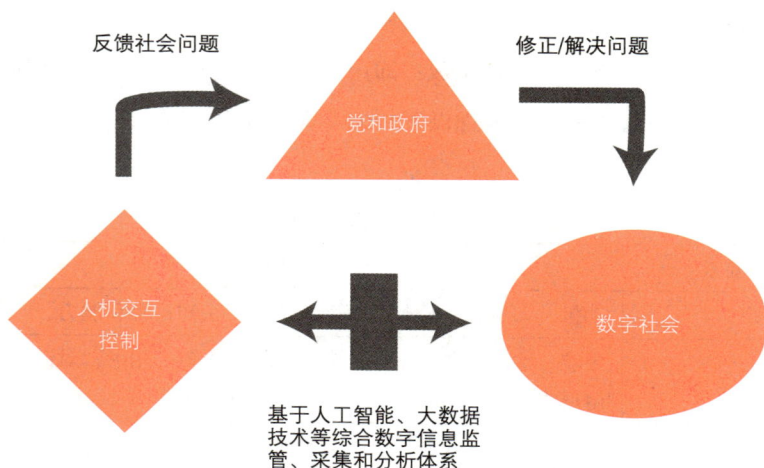

图 12-7　基于人机交互的数字社会治理模型

五、数字社会的未来发展

数字社会的发展带来前所未有的机遇的同时，也带来了诸多的挑战，如隐私、安全、消费者政策、竞争、创新、工作机会和技能发展等。若不能充分解决这些问题可能会导致经济效率低下、政策滞后、不平等加剧以及社会结构失衡、增长放缓等一系列问题。

在数字时代，如何做到经济效益最大化和社会发展均衡化的有效政策组合是所有政府需要应对的挑战。要做到这一点，需要确保人人都能获得和参与数字经济的机会；需要最大限度地提高技术的发展能力；同时还要不断构建创新动能以实现生产力的可持续性、包容性增长。

1. 要维持数字社会的竞争活力

要维持数字社会的竞争活力，一方面要有不断打破垄断市场的机制体制。数字时代是赢者通吃的时代，一家独大足以扼杀掉绝大部分初创企业。如何保证中小企业能够获得与大公司均等的资源竞争权利，考验着各国政府的魄力和执行力。另一方面，高速、易接入和低成本的互联网络是保证数字社会机会均等、保证竞争活力可持续发展的基础。

例如能够及时顺利地获取数据是相对欠发达地区实现跃迁的前提。高速移动宽带对于贫困欠发达地区的进一步发展尤为重要。改善偏远和欠发达地区的数字连通性，还有非常重要的一个方面是促进欠发达地区中小企业数字化。这需要我国在数字领域制定针对性的政策。特别是宽带的普及、智能基础设施和物联网在提高中小企业产品附加值和服务收益方面起到越来越重要作用的今天，给予中小企业更加优惠的数字化政策，对激活社会竞争活力、推动数字社会均衡发展有着重要的意义。

2. 制定和实施全面的数字社会战略

近十年来，我国在促进数字社会发展方面制定了大量的鼓励政策。但当前主要是集中在数字经济方面。如"十二五"规划中，将新一代信息技术列为国家战略性新兴产业，而"十三五"规划更是明确提出，形成新一代信息技术等五个产值规模 10 万亿元级的新支柱。李克强总理在 2015 年全国两会上作政府工作报告时，首次提出"互联网+"行动计划，在 7 月签批并由国务院印发《关于积极推进"互联网+"行动的指导意见》，并在 2015 年年底世界互联网大会上表示，中国正在实施"互联网+"行动计划，推进"数字中国"建设。而发改委也在 2016 年 5 月印发《"互联网+"人工智能三年行动实施方案》。

2017 年 3 月，数字经济首次写入政府工作报告。而习近平总书记在中央政治局就实施国家大数据战略第二次集体学习时强调，应审时度势、精心谋划、超前布局、力争主动，实施国家大数据战略，加快建设数字中国。党的十八大以来中央推动均衡发展的总体发展战略前提下，数字社会发展战略的问题逐步得到关注并最终提到了与数字经济同样重要的发展层次上。

3. 加强数字隐私和安全系统建设

数字技术的迅速普及伴随着数字技术规模和范围的变化安全和隐私风险，并可能对社会和经济活动产生重大影响。这些事态发展强调需要在政策和做法上建立和维持信任。特别是中小企业和初创公司在管理数字安全方面面临着明显的挑战和隐私风险。数字安全事件可能导致消费者信任丧失，声誉受损或损害收入下降，对中小企业而言可能比对大公司更具破坏性，因为他们更脆弱，且更难以承担数字隐私和数字安全的成本。数字隐私和安全体系建设是否作为面向未来的一项重要的数字社会公共产品纳入到国家发展战略中？这个问题需要进一步探讨。

4. 减少企业层面的数字社会准入障碍

数字社会时代最重要的一个特点是，盘活了原有只属于公共领域的重要资产。例如原来政府持有的各类数据主要用于社会管理，并不能直接产生经济利益。但数字社会时代，数字本身资产化，使得企业有了更广泛的市场接入点。而原有政府的一些财政负担反而变成了数字时代企业重要的争夺"宝藏"。但公共数据由于涉及国家安全，也存在诸多限制。建议借鉴美国的公共数字资源体系建设，让企业广泛参与进来，特别鼓励中小企业在公共数字领域的企业创新活力，对政府与社会、政府与企业面向未来的积极、良性互动是重要的落地方式。

5. 要反思数字技能人才的培养模式

我国过去二十多年数字化快速发展与我国迅速发展的教育体系是分不开的。特别是大学扩招推动的在技术人才方面的人力资本的持续积累。虽然中国劳动人口总量在 2013 年前后见顶回落，人口红利逐渐消失，但工程师红利的效果逐渐显现。目前全国高校每年毕业的理工科研究生总数已上升至 25 万人，占总研究生毕业生人数比重稳定在 45% 左右，而招生人数更是上升至 30 万人。各高等院校和研究机构正不断为业界持续输送技术人才。

持续的高投入、高回报正不断形成正向反馈。数字化相关行业不仅持续产生大量就业需求，也成为近几年来最受高校毕业生青睐的热门行业。根据智联招聘《2016 年秋季中国雇主需求与白领人才供给报告》，求职需求最多的十大行业中，数字经济相关行业占据三席，其中互联网超过金融、地产，位居第一。但是，同时我们也应该看到随着人工智能的高速发展，未来的数字社会对人才提出了全新的要求。

因此，确保每个人都拥有与时俱进的数字化技能是数字社会发展创新转化，高生产力和包容性增长的重要前提。但是，随着技术迭代和普及加速，对于大部分人而言，仅凭专业技能推动创新的难度在与日俱增。面向未来的数字社会发展，新的数字化人才除了专业技术技能，还需要一些其他重要的软技能，如创业精神、组织知识、领导力和系统设计能力等。此外，在思维模式上，社会个体对新体验的开放性、适应性、韧性、沟通和团队合作，以及学习新技能的能力等这些也会直接影响人才的创造价值。这其中的原理很简单，纯技术的东西越是被人工智能代替，那么机器目前还难以替代的能力——人所特有的各种能力就会被衬托到特别重要的位置。

6. 提高经济升级、淘汰落后产能负面效应的社会承受和稳定能力

数字时代，随着技术发展的不断加速，例如半导体领域的摩尔定律的支配下，大部分产能惨遭淘汰。然而这会引发就业等一系列社会问题。但是，总体社会资源恒定的现实情况下，如果落后产能无法转化为增长力，那么企业在占用社会资源的同时，也会挤占其他更为先进企业发展的空间。有些类似的企业由于害怕被淘汰，害怕政府中断支持而不顾自身情况，逆向而行，反而开展逆向扩张行为，以期通过增加制造更大的社会不稳定因素而绑架政府的支持。

因此供给侧改革有着重要的战略前瞻意义。供给侧改革从降成本、去产能到去库存均收获了预期的效果。从目前的政策走向看，接下来的供给侧改革的重心是去杠杆和补短板。其中补短板旨在提高供给效率，从而增加经济增长潜力。而无论是资本层面的发展资本市场，还是技术层面的鼓励创新，这对数字经济的提速、数字社会的全面发展等都具有鲜明的导向性。

回顾历史，我们从农业时代迈入工业时代，与之相应的是，核心生产要素从土地和劳动力转为资本和能源，主导产业从劳动密集型的农业转为资本密集型的工业。现如今，全球数字时代已经到来，未来知识密集型的信息产业将成为主导产业，依托数字经济、数字社会的发展，数字中国的全面腾飞已经开始。

六、结语

1. 数字社会的"获得感"与数字经济发展息息相关

党的十八大以来，数字中国建设取得显著成效。在以习近平同志为核心的党中央坚强领导下，我国适应和引领经济发展新常态，将信息化贯穿现代化进程始终；在推动产业全面升级、促进数字经济发展方面取得了全球瞩目的进展；不仅完成了从跟跑到并跑、领跑的发展转变，更是为当前全球性经济形势低迷、逆全球化势力涌动的态势带来了全新的动能和希望。

数字经济的腾飞非一日之功。早在多年前，时任福建省省长习近平极富前瞻性地提出了建设"数字福建"的战略构想。在大部分西方发达国家还没有意识到数字力量之前，开始了数字动能的战略试点。十八年来，伴随着我国的改革开放与深化机构改革，数字中国开始在各个领域展现、引领并逐步重构了社会的基础单元。持续扎实的战略执行力和领导力，逐步将数字中国的宏伟规划变成了现实，展现出了面向未来的强劲动力。以数字经济为例，截至2017年，我国网民已达7.72亿。数字经济规模达27.2万亿元，同比增长20.3%，占GDP的比重达到32.9%。我国已经成为了世界上屈指可数的数字经济体。

数字经济为老百姓带来了实实在在的"获得感"。习近平总书记在2018年4月20日至21日的网信工作会上强调，"网信事业发展必须贯彻以人民为中心的发展思想，把增进人民福祉作为信息化发展的出发点和落脚点，让人民群众在信息化发展中有更多获得感、幸福感、安全感"。我国的《"十三五"国家信息化规划》围绕建设数字中国，明确了17项发展指标，部署了10项重大任务、16项重点工程。截至2017年年底，其中国内信息技术发明专利授权数、光纤用户占宽带用户的比率、固定宽带家庭普及率、贫困村宽带网络覆盖率等四项指标已经提前完成。良好的数字基础设施，为大数据的高速交互提供了平台，极大地促进了民生保障和群众生活的改善，群众的"获得感"大大增加。特别是在"互联网＋教育""互联网＋医疗""互联网＋文化"等方面，近年来，百姓少跑腿、数据多跑路，老百姓享受到了实实在在的福利。这为我国数字经济的下一步飞跃打下了坚实的社会和群众基础。根据IDC预测，2018年中国广义的信息与通信技术（ICT）市场规模将超过7200亿美元，年增长率为7.1%。此外，到2021年，至少50%的全球 GDP 将会是数字化的，中国数字经济比重将达 55%。

中国的数字经济转型为各国打开了新希望之门。一方面，我国的数字经济腾飞为"一带一路"国家带去了全新的发展动能。据上海社会科学院研究显示，"一带一路"沿线国家的数字经济发展存在较大差异，在数字基础设施方面存在较大的"数字鸿沟"。受制于自身基础条件，其中部分"一带一路"沿线国家只能眼睁睁看着全球数字化进程越来越快，处于"干着急"的被动状态。随着我国数字产能的急剧提升，数字"一带一路"的继续推进，为这些国家送去了进入数字时代的"入场券"。另一方面，数字经济转型托起了"金砖国家"新的双赢新模式。例如在 B2B、B2C 方面的国际贸易，形成了全球共同经济增长新亮点。中国的数字经济模式在俄、印、巴西都已经产生了示范性的影响作用，为带动金砖国家的数字经济繁荣做出了积极的贡献。

2. 数字社会政策落地，需要进一步深化机构改革

2014 年"大数据"、2017 年"数字经济"、2018 年"数字中国"先后首次被写入《政府工作报告》，充分展现了我国在统筹推进"五位一体"总体布局，创新驱动发展战略、创新社会治理，在新的科技革命和社会革命中从跟跑转向并跑和领跑的重大突破。新时期如何为数字中国建设加油助力引起了广泛的关注。提升国家治理能力，建设数字中国没有成熟经验可借鉴，意味着既要从历史中找答案，也要从现实中去探索。结合党的十九大以来的相关会议精神和 2018 年《政府工作报告》（以下简称《报告》），为进一步深化机构改革、建设数字中国，我们有以下几个方面需要引起重视。

一是要推进数字供给侧改革，引领数字品质革命。我国目前已开始着手从大数据资源建设向打造高品质数据产品的数字供给侧改革。2018 年政府工作报告明确指出要实施大数据行动、加强新人工智能研发，推动医疗、养老等涉及民生的多领域"互联网 +"，积极推动数字供给侧改革，全面促进

数字产品品质革命。同时，《报告》还提出要提高数字公共产品的服务，进一步推进城乡宽带覆盖和速度建设，取消流量"漫游费"，移动网络流量资费年内至少降低30%，让群众和企业切实受益。人的数字化使得数字资源成为了国家之间竞夺的新核心战略资源，我国当前已经处在了世界数字领跑者的位置。

二是要化解数字中国治理的系统风险、社会公平问题和政府利益冲突。首先要防范治理现代化发展过程中的系统风险，包括法律法规与技术高速发展不协调、网络空间行为管理不规范，数字化政府系统运行稳定性等问题。避免数字中国时代黑天鹅事件引发大面积政府功能的瘫痪。其次是数字中国治理现代化过程中的社会公平问题，包括维护数字平等权、完善数字福利机制、保证算法与程序正义等。同时要处理好数字中国治理现代化过程中政府利益冲突，如应对数字化对政府原有权力体系的冲击、建立新的争议矛盾解决机制，打破部门利益推动公共数字系统的整合等。

三是要注重均衡，促进数字中国和网络强国发展。2011年工业部发布了《物联网"十二五"发展规划》，对数字中国相关基础设施建设进行了布局；2014年至2016年着力于大数据体系建设；2017年，"数字经济"首次被写入政府工作报告；同年，党的十九大报告明确提出建设"网络强国""数字中国"，其中"数字中国"被首次写入2018年政府工作报告。据腾讯表示，微信全球月活跃用户数已突破十亿。全球十大互联网企业里，中国企业已经占到4个。以"互联网＋"为手段，数字经济得到不断繁荣发展。立足均衡发展战略，我国向着数字中国和网络强国的目标不断推进。

四是持续稳定的政府领导力是数字中国发展的关键。在过去一百多年里，公共部门先后经历了两次重要的治理现代化改革。分别是19世纪末20世纪初开始的马克斯·韦伯科层制改革和20世纪80年代兴起的新公共管理运动。两次公共部门改革都是由当时的社会危机和政府危机引发的。前者与工业革命相关，后者由20世纪70年代石油危机导致的财政危机促进。综观这两次改革，只有在面对社会危机时能保持稳定持续领导力，不断进行自我革命的政府，才真正把握住了时代的脉搏走向了富强。

亚里士多德说过："最稳定的政体既不是民主政体，也不是寡头政体和君主政体，而是这三种政体（优点）的结合。"在政府治理现代化的道路上没有万灵药，不断自我革命是持续稳定政府领导力的重要表现形式。在政府领导力的推动下，通过政府组织的不断自我革命确保政府自身能满足新的生产力与生产关系的需要，从而避免了社会革命的暴力化，推动社会的和平稳步发展。"勇于自我革命，从严管党治党，是我们党最鲜明的品格。"在学习贯彻党的十九大精神研讨班开班式上，习近平总书记的讲话蕴含强烈的使命意识和担当精神，彰显了党中央推进全面从严治党的坚定决心和深谋远虑。

13 Chapter 13

中国版的全球互联构想

　　数字丝绸之路是 2017 年 5 月 14 日，国家主席习近平在北京出席"一带一路"国际合作高峰论坛开幕式，并发表题为《携手推进"一带一路"建设》的主旨演讲时正式提出的。他指出，我们要坚持创新驱动发展，加强在数字经济、人工智能、纳米技术、量子计算机等前沿领域合作，推动大数据、云计算、智慧城市建设，连接成 21 世纪的"数字丝绸之路"。

　　2019 年 4 月 26 日，习近平主席在第二届"一带一路"国际高峰论坛开幕式上发表主旨演讲时对数字丝绸之路发展进一步提出了要求："我们要顺应第四次工业革命发展趋势，共同把握数字化、网络化、智能化发展机遇，共同探索新技术、新业态、新模式，探寻新的增长动能和发展路径，建设数字丝绸之路、创新丝绸之路。"这为下一步建设数字丝绸之路指明了方向。[1]

---

　　① 《习近平出席第二届"一带一路"国际合作高峰论坛开幕式并发表主旨演讲》，载《人民日报》，2019 年 4 月 27 日第 1 版。

综合当前各类文献看，数字丝绸之路概念雏形源自 2015 年第二届世界互联网大会。2015 年 12 月 16 日，习近平主席在第二届世界互联网大会开幕式上发言指出，要加快全球网络基础建设，促进互联互通。为深入贯彻落实习近平主席重要讲话精神，此次大会举办了重要的分论坛"数字丝路·合作共赢"①。分论坛围绕如何建设数字丝绸之路，构建起中国与沿线国家之间的互联互通，拓宽网络基础设施建设的领域和空间，促进沿线国家的发展展开了讨论。在分论坛的资源整合模式创新环节，由 26 家机构和知名公司发起并签署了数字丝绸之路建设联盟的意向书。本章将从数字丝绸之路的发展脉络出发，进而对当前我国发展数字丝绸之路的问题、优势以及可行性方案进行探讨，并根据研究提出相关建议。

一、数字丝绸之路的研究进展和实践

1. 数字丝绸之路的国际国内研究进展

（1）国内研究情况

截至 2019 年 3 月 25 日，通过 CNKI 主题词搜索关键词"数字一带一路"和"数字丝绸之路"，共有相关期刊论文 65 篇，主要刊发于 2014—2018 年。

2014 年，中国科学院地理科学与资源研究所学者诸云强团队完成了一项重要的国家自然科学基金资助项目研究《数字丝绸之路经济带与信息化基础设施建设科技支撑计划》。②诸云强团队是立足于数字丝绸之路的经济发展

---

① 逸秋：《推进网络共建，让数字丝绸之路越走越宽》，载《人民邮电》，2015 年 12 月 18 日第 5 版。

② 诸云强等：《关于制定"数字'丝绸之路经济带'与信息化基础设施建设科技支撑计划"的思考》，载《中国科学院院刊》，2015 年第 1 期。

动能，提出了数字丝绸之路经济带与信息建设总体架构。该结构体系从数据基础设施到互联网经济合作交流，共分为四个层次，分别为信息化基础设施层、数字存储和共享层、数据分析中心层和数字丝绸之路的应用层，是"一带一路"共建国家经济发展、沿线国家交流体系下，目前已公开可查文献中最早的数字丝绸之路的经济发展模型。

2016年，闵祥鹏、卢勇提出以数字技术为主导，解决我国"一带一路"文化发源地文化遗产挖掘整理、推广推介的数字化问题。[①] 方英、刘静忆分析了中国与"一带一路"沿线国家间出版物贸易和版权贸易的格局和态势，并从善用政府政策和平台、创新走出去内涵、发展数字出版、培养翻译和版权贸易人才等方面，提出了出版企业积极实践国家战略和开展国际合作的策略。[②] T.H.尤金娜、杨俊东，从数字经济视角对欧亚经济联盟与"一带一路"对接进行了研究，认为数字经济领域的合作为俄中经济合作提供了新的机遇，分析了欧亚经济联盟与"一带一路"对接背景下，统一数字空间发展的现状、出现的问题以及发展前景。数字经济领域的合作为俄中经济合作提供了新的机遇。[③] 程昊、孙九林等基于实证数据，研究了"一带一路"信息化发展格局，分析发现"一带一路"沿线各国信息化基础设施建设存在较大"数字鸿沟"，同时各国信息产业贸易发展格局极不均衡，进而提出了我国针对"一带一路"的信息化发展战略，即突破"一带一路"，沿"一带一路"六大经济走廊，通过输出信息化产品及服务，深化互联互通战略合作，建设

---

① 闵祥鹏、卢勇:《"一带一路"文化发源地挖掘与当代重建——以文化遗产的数字保护与虚拟重建为例》，载《淮阴工学院学报》，2016年第25期。

② 方英、刘静忆:《中国与"一带一路"沿线国家间的出版贸易格局》，载《科技与出版》，2016年第10期。

③ T.H.尤金娜、杨俊东:《从数字经济视角解读欧亚经济联盟与"一带一路"对接》，载《东北亚学刊》，2016年第5期。

数字"一带一路"[1]。

2017年,敦煌网发布了《"一带一路"跨境数字贸易(出口B2B)发展报告》。据报告显示:受"一带一路"倡议利好,从交易额上看,我国跨境出口"一带一路"沿线国家B2B交易额呈现爆发式增长;从地区分布上看,数字贸易在东欧地区占有较大的份额。[2]张耀军、宋佳芸研究认为,数字"一带一路"建设面临的挑战不容忽视:沿线国家大数据战略意识不强,大数据基础设施水平不一,大数据安全威胁不断,大数据标准制定能力不均等问题,需要强化大数据战略思维,优化数字化顶层设计等,保障数字"一带一路"道宽路畅。[3]黄意武、游登贵从数字出版业研究出发,认为需要打造数字出版合作交流平台、国际经济文化交流平台和数字出版产业协同平台来积极融入"一带一路"建设,从数字出版相关业态增强中国数字出版的影响力和渗透力。[4]赵豪迈认为急需发起"一带一路"新型智库信息工程,加快构建中国特色新型智库,服务"一带一路"倡议。[5]

2018年,张伯超、沈开艳通过选取与数字经济发展紧密相关的代表性指标数据,构建"一带一路"沿线国家数字经济发展就绪度指标体系,定量评估"一带一路"沿线国家的数字经济发展条件,发现各国在要素禀赋与基础设施、信息通信技术水平以及营商与创新环境方面存在较大差异,"一带一路"

---

① 程昊、孙九林、董锁成、郭鹏、李富佳、李宇、李泽红、王卷乐:《"一带一路"信息化格局及对策》,载《中国科学院院刊》,2016年第6期。

② 《"一带一路"跨境数字贸易(出口B2B)发展报告》,载《商业观察》,2017年第12期。

③ 张耀军、宋佳芸:《数字"一带一路"的挑战与应对》,载《深圳大学学报(人文社会科学版)》,2017年第5期。

④ 黄意武、游登贵:《中国数字出版产业融入国家"一带一路"布局的思考》,载《中国出版》,2017年第6期。

⑤ 赵豪迈:《"一带一路"新型智库信息工程建设概述》,载《电子政务》,2017年第5期。

沿线国家在数字经济领域存在进一步深化交流与合作的可行性和必要性，我国互联网与信息通信行业企业要抓住这一重大历史机遇"走出去"。① 孙杰贤认为，对于沿线国家的企业来说，"一带一路"将有助于其有效利用境内外两种资源、开拓境内外两个市场，以此获取更大的成长空间。② 庄怡蓝、王义桅认为各国应在开放包容互相信任的基础上，通过网络基础设施共建推动"一带一路"数字经济发展。③

（2）国际研究情况

截至 2019 年 3 月 25 日，通过佐治亚理工学院图书馆综合数据库系统能够检索到的关于中国数字丝绸之路的研究论文有 19 篇。比较有代表性的有如下几篇：

英国《经济学人》杂志在 2018 年 6 月刊文认为西安在中国数字丝绸之路发展中有很强的竞争力。④ 波兰华沙经济学院政治研究系教授克日什托夫·科兹沃夫斯基（Krzysztof Kozłowski）研究认为，"数字丝绸之路"的概念是中国电信企业"走出去"政策的自然延伸，可以满足尚未满足的数字连接需求。更大的连通性不仅可以为中国企业在电子商务和其他领域的现有市场打开大门，也可以为中国企业提供机会，创造新的市场。对大多数亚洲国家来说，中国数字产品的价格比欧盟或美国产品更有吸引力。如果中国成功地为数字不发达的亚洲国家提供自己的技术解决方案，它将享有技

---

① 张伯超、沈开艳：《"一带一路"沿线国家数字经济发展就绪度定量评估与特征分析》，载《上海经济研究》，2018 年第 1 期。

② 孙杰贤：《数字"一带一路"：中企通信的硬本领和软实力》，载《中国信息化》，2018 年第 3 期。

③ 庄怡蓝、王义桅：《发展"一带一路"数字经济的初步思考》，载《中国信息安全》，2018 年第 3 期。

④ A web of silk; Digital infrastructure. (2018). The Economist, 427(9094)，38.

术标准提供商的特权，这是现代企业（运营）管理的"金色圣杯（Golden Grail）"。但是，数字丝绸之路的问题是缺乏具体的内容。总的来说，数字丝绸之路看起来不像一个明确和连贯的构想，而更像是包含了"从中国科学院地球观测项目到小米手机销售"在内的比较宽泛的概念。①

卡耐基梅隆大学洪升（音译，HONG SHEN）教授认为，国家之间已经形成了一个越来越复杂的联盟。中国本土互联网公司正在打造一个多面性的"数字丝绸之路"，旨在缓解工业产能过剩，促进中国企业全球扩张，支持人民币国际化建设和以中国为中心的跨国网络基础设施建设，并促进互联网为基础的"包容性全球化"②。美国加州大学经济学系郭国峰等的研究认为许多创新可能起源于加利福尼亚的硅谷。然而，中国适应、改造了一些这样的发明和创新，同时独立创造了许多技术商业模式。通过新的丝绸之路，中国可以进行第二个扩散过程，并将创新从硅谷传播到其他"一带一路"国家。③

瑞典学者彼得·西尔等（Seele Peter, et al）认为，对于一个高度网络化、全球化、复杂化和数字化的资源有限的世界，可持续成功的关键要素是：共同思考、合作、学习、创造和组合创新；并共享共同发展，增进集体智慧。通过将"一带一路"与数字基础设施和企业数据管理系统互联，就可以实现协调而分散的工作，并对社会责任产生积极影响。例如找到供应链、数据管

---

① Krzysztof Kozłowski，(2018) "BRI and its digital dimension: twists and turns"，Journal of Science and Technology Policy Management, https://doi. org/10. 1108/JSTPM-06-2018-0062. 访问时间：2019 年 3 月 25 日。

② Shen，H., 2018. Building a Digital Silk Road? Situating the Internet in China's Belt and Road Initiative. International Journal of Communication, 12，p. 19.

③ Fung，K. C., Aminian，N., Fu，X. and Tung，C. Y., 2018. Digital silk road, Silicon Valley and connectivity. Journal of Chinese Economic and Business Studies, 16(3)，pp. 313-336.

理、企业监管等问题的可持续性解决方案等。①

英国政府国际发展部（DFID）2019 年 3 月发布了题为《沿着数字丝绸之路实现复杂的发展目标》（*Achieving complex development goals along the digital Silk Road*）的报告。该报告指出，数字丝绸之路有助于联合国可持续发展目标（SDGS）的实现。报告同时指出，中国的数字化愿望超越了光纤电缆的建设，并涵盖了各种技术的销售和出口等。中国不仅在信息与通信技术（ICT）基础设施方面，而且在更广泛的技术方面正在成为世界领先者。报告强调，将数字丝绸之路仅仅视为（信息通信）基础设施建设是一个代价高昂的错误。报告认为，包括纳米技术、量子计算和人工智能等在内的中国日益凸显出来的前沿技术发展潜力和出口竞争力需要进一步探索。关于 ICT 和 SDGS 的文献揭示了加速采用 ICT 和实现复杂发展目标之间的协同效应和潜在的权衡。这种复杂的关系必然会对数字丝绸之路产生影响。②

2. 数字丝绸之路已经成功实施的项目和政府的实践进展

（1）数字丝绸之路国际科学计划（DBAR）的提出与发展

2016 年 5 月 16 日至 17 日在"一带一路空间认知国际会议"上由大会主席、著名遥感学家中国科学院院士郭华东提出了基于空间观测的数字丝绸之路国际科学计划倡议（DBAR）。③

---

① Seele，P., Jia, C.D. and Helbing，D., 2019. The new silk road and its potential for sustainable development: how open digital participation could make BRI a role model for sustainable businesses and markets. Asian Journal of Sustainability and Social Responsibility, 4(1), p. 1.

② Hernandez，K., 2019. Achieving Complex Development Goals Along the Digital Silk Road. March 8th 2019, https://opendocs. ids. ac. uk/opendocs/handle/123456789/14396，访问时间：2019 年 3 月 25 日。

③ 齐芳：《我科学家提出数字丝绸之路科学计划新构想》，载《光明日报》，2016 年 5 月 17 日第 6 版。

DBAR 主要是以地球大数据为抓手，围绕"一带一路"农业与粮食安全、气候与环境、海岸带与海洋、灾害风险、高山与极地寒区、自然与文化遗产、城市与基础设施、水资源与水安全所面临的可持续发展问题开展研究，服务于联合国 2030 可持续发展目标。根据第三届数字丝绸之路论坛公布的信息，截至 2018 年 12 月底，已有 53 个国家和地区、国际组织参与。①

DBAR 主推的数字丝绸之路地球大数据平台已完成一期建设，实现六大类数据的数据检索、共享、产品可视化展现，并通过中文、英文、法文等多语言版本，支撑 8 个数字丝绸之路国际卓越中心的在线标准化数据共享。数字丝绸之路地球大数据平台现已研发"一带一路"资源、环境、气候、灾害、遗产等专题数据集 94 套、自主知识产权数据产品 57 类、共享数据超过120TB，可为"一带一路"农情动态、遗产地监测、生态环境变化、海岸带演变、自然灾害监测、城市扩张、重大工程建设提供全面的联合国可持续发展目标指标示范支持。② 全部建设工作预计到 2026 年完成。

（2）政府与企业的数字丝绸之路实践

截至 2019 年 4 月底，在中央层面上，还没有正式出台相关的整体战略推进计划。在经济合作与发展的层面上，最初的相关类似概念是 2011 年由敦煌网提出的。敦煌网 2011 年提出要打造一个 21 世纪的"网上丝绸之路"并搭建全球企业电子商务平台。2013 年我国正式公布"一带一路"战略后，相关网络化、数字化的"一带一路"发展思路也开始了广泛的探讨，地方政

---

① "数字丝绸之路地球大数据平台"发布，搜狐网，http://www.sohu.com/a/279979909_114731，访问时间：2019 年 3 月 25 日。

② The 3rd Digital Belt and Road Conference held at Tengchong, Yunnan, DBAR 官方网站，2018 年 12 月 7 日，http://www.dbeltroad.org/index.php?m=content&c=index&a=show&catid=85&id=639，访问时间：2019 年 3 月 25 日。

府反应积极。虽然在具体说法上有差异，但在内容上都与地方经济发展和加强"一带一路"建设密切相关。

最早开展数字丝绸之路实践的地方政府是陕西省。2014年10月24日第八届中国国际软件服务外包大会在西安高新区召开，陕西省政府提出了"引领数字丝绸之路，打造西部硅谷"的设想。通过积极落实"一带一路"战略构想，提出要在数字丝绸之路的建设中，省市两级政府将发展软件和信息服务业作为西安国际化发展的先导性产业、推动产业升级的驱动性产业来抓。① 随后北京、浙江、广东、湖北等其他地方省份开始陆续推进。另外2019年以来我国主要信息产业相关企业对数字丝绸之路的关注也越来越密切。其中阿里、腾讯、网易等大互联网公司已经开始采取了积极的相关行动。综合整个数字丝绸之路的发展脉络来看，"数字经济"是数字丝绸之路的核心，2017年5月习近平主席正式提出"数字丝绸之路"相关概念以来的相关情况如下。

首先，企业方面，我国企业非常重视数字丝绸之路相关业务的拓展。特别是近年来我国在互联网、通信、电子等领域的企业发展迅速。依托大数据、云计算、人工智能等技术，在积极推动与发达国家展开竞争的同时，搭乘"一带一路"发展的快车，越来越重视数字丝绸之路的市场拓展。目前企业层面的数字丝绸之路拓展主要有两个方面，一是数字（计算）服务，例如阿里云飞天技术。"飞天"可以将遍布全球的百万级服务器连成一台超级计算机。根据已公开数据，当前阿里云在东南亚等地已建立了至少15个飞天数据中心，为当地提供高性能的计算服务。二是数字化产品交易，京东大数据显示，通过电商平台，中国商品销往俄罗斯、乌克兰、波兰、泰国、埃及、沙特阿拉伯等54个沿线国家，同时，超过50个沿线国家的商品通

---

① 汪名立：《引领数字丝绸之路打造西部硅谷》，载《国际商报》，2014年10月28日第4版。

过电商走进了中国。通过数字丝绸之路，各国之间的数字贸易正在飞速发展，民间商贸往来在世界地图上构成的连接线日益繁密，形成了进一步扩大文化、商品流通，实现共同繁荣的交流支点。另外，随着 2016 年中欧班列正式通行以来，在交通方面与"一带一路"沿线国家的联系加强，我国各区域商品的物流投放能力会更强，未来参与的企业将会更多、涉及面也会更广。

同时，地方政府对数字丝绸之路的积极性热情高涨。浙江省成立了"数字（网上）丝绸之路国际产业联盟"，推动数字经济和数字丝绸之路建设。目前，该联盟已经与 30 多个国家和地区建立了合作关系，涉及大数据、物联网、云计算、新型智慧城市等数字经济领域的重点项目。此外，浙江还积极推动城市间的数字丝绸之路合作。例如杭州市与塞尔维亚尼什市签署了关于加强"数字丝绸之路"建设合作意向书，以推动数字经济共同发展等。据已有资料，北京市在数字丝绸之路方面的建设起到了华北地区 ICT 产业桥头堡和数字化生态圈发展的示范作用。数字化生态圈是以数字经济为核心的区域新经济发展生态体系。根据《中国城市数字经济指数白皮书（2018）》，全国数字经济排名前 10 的城市中，北京市是北方唯一上榜的城市。此外，北京还在数字丝绸之路软实力建设方面发挥着核心的作用，政府、智库、高校、科研院所、行业组织等广泛参与其中。广东的数字丝绸之路发展注重与"海上丝绸之路"的对接，并充分发挥华人华侨资源的优势，密切海内外沟通、激发华人华侨活力，力促数字经济层次上与港、澳地区和东南亚等沿线的经济融合和文化沟通，积极推动国际数据港建设。

特别值得注意的是，湖北省等长江经济带区域数字经济的发展正在成为数字丝绸之路的标杆力量。《中国数字经济发展与就业白皮书（2018）》显示，2017 年湖北数字经济总量 1.21 万亿元，全国第七位、中部第一位。湖北省数字经济发展势头强劲，《湖北省工业互联网三年工作方案（2018-2020）》提出，力争到 2020 年建成全国先进的互联网基础设施，打造 20 个全国行业级工业互联网平台，带动 10 万家中小企业上网入云；积极招商引进航天云网、用友、浪潮、软通动力等落户湖北，参与工业互联网建设。

二、我国数字经济发展迅速

1. 我国正在加速向数字经济转型

2016 年 9 月 G20 峰会上，二十国集团对数字经济进行了定义："数字经济是指以使用知识和信息作为关键生产要素、以现代信息网络作为重要载体、以信息通信技术的有效使用作为效率提升和经济结构优化的重要推动力的一系列经济活动。"[①]

当前，以信息通信技术为代表的创新在多领域、群体性加速突破，实体经济利用信息通信技术的广度和深度不断扩张，新模式新业态持续涌现，经济成本大幅降低、效率显著提升，产业组织形态和实体经济形态不断重塑，融合型数字经济在数字经济中的地位更加凸显，对数字经济增长的贡献率进一步提升。

融合型数字经济在数字经济中的占比持续上升（图 13-1）。国际金融危机以来，主要国家融合型数字经济占整体数字经济的比重始终占据主导地位。2016 年美国、德国、日本、英国、法国、韩国、巴西、俄罗斯、印度、印度尼西亚融合型数字经济占比分别为 87.6%、89.4%、87.4%、82.9%、84.7%、74.0%、78.2%、75.9%、70.0% 和 57.1%。中国融合型数字经济占整体数字经济的比重快速上升，增速与全球发达国家基本相当，2016 年融合型数字经济占总体数字经济规模比重已达 77.2%。截至 2018 年，我国数字经

---

① 张伯超：《以数字经济发展推动"一带一路"》，载《社会科学报》，2018 年 3 月 22 日第 2 版。

济规模达到 31.3 万亿元，占 GDP 比重达 34.8%。① 预计未来可数字化转型会进一步加速。

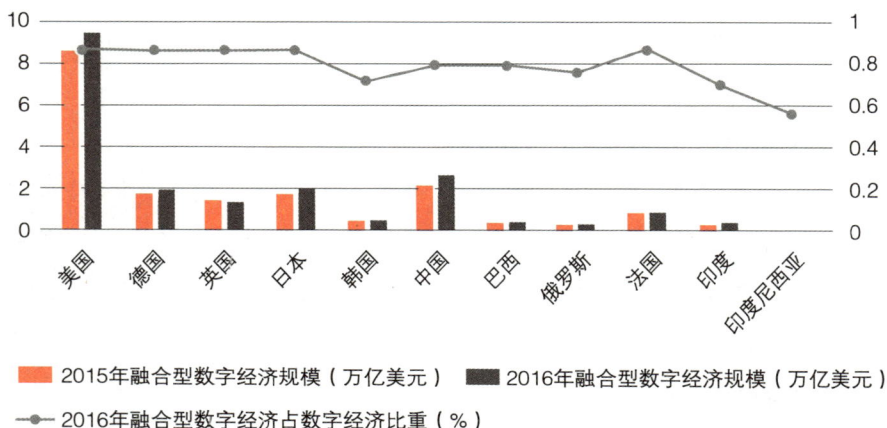

图 13-1　2015-2016 年主要国家融合型数字经济规模及占总规模比重

数据来源：《2017 中国数字经济发展报告》。

2. 中国数字经济领跑全球，为数字丝绸之路发展奠定了良好的基础

（1）中国的数字化消费已经在人数和市场规模上领跑全球

据 2018 年埃森哲中国消费者洞察报告显示，中国的数字化消费已经在人数和市场规模上领跑全球。其中网购用户人数 4.6 亿人，是美国的 2.6 倍。中国还有最大的网购市场规模，线上零售销售总额达 5.6 亿人民币，是美国的 2.2 倍（图 13-2）。数字经济的高速发展对中国消费产生了革命性的影响。据埃森哲测算，在 2017 年居民新增消费中，数字兼职带来的多元收入、互

①　《2018 年我国数字经济规模达到 31.3 万亿元占 GDP 比重达 34.8%》，新华网，2019 年 5 月 7 日，http://www.inpai.com.cn/news/doc/20190507/21191.html，访问时间：2019 年 5 月 14 日。

联金融与手机支付三大推手至少贡献了 3000 亿的购买力，占整体新增消费的 9%。

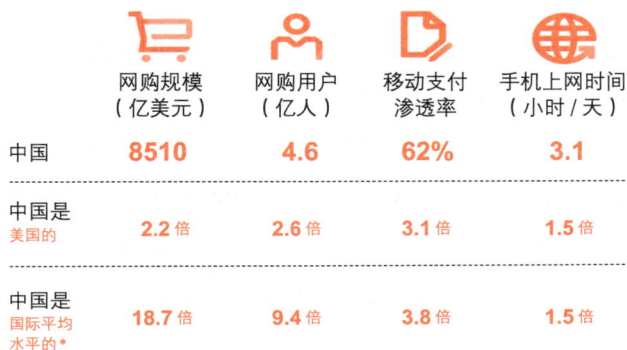

	网购规模（亿美元）	网购用户（亿人）	移动支付渗透率	手机上网时间（小时/天）
中国	8510	4.6	62%	3.1
中国是美国的	2.2 倍	2.6 倍	3.1 倍	1.5 倍
中国是国际平均水平的*	18.7 倍	9.4 倍	3.8 倍	1.5 倍

图 13-2　中国数字消费领跑全球

资料来源：《2018 埃森哲中国消费者洞察报告》。

（2）中国已经率先进入"永远在线"电子商务时代，本土产品竞争力越来越强

随着中国互联网和智能手机用户数量的不断增长以及人们在线访问时间的增加，中国已经率先拉开了"永远在线"的序幕。根据国际数据咨询网 Statista 的报告，2017 年，全球电子商务市场价值 1.5 万亿美元。中国是全球最大的电子商务市场，收入达到 4970 亿美元。基于 14% 的高年增长率，预计到 2022 年市场将超过 9590 亿美元的收入。第二大电子商务市场是美国，2017 年收入为 4210 亿美元，其次是欧洲，收入为 3300 亿美元。美国的电子商务市场增长率明显低于中国，每年增长 8%-9% 左右。到 2018 年，中国电商收益已达 6339 亿美元，远超全球其他国家，且未来增长指数强劲。[①]

---

① Statista Digital Market Oultook 2017, Statista. com, https://static2. statista. com/download/pdf/Digital_Economy_Compass_2018. pdf，访问时间：2019 年 3 月 26 日。

线上和线下购物的稳定融合是电子商务发展的重要趋势。例如，亚马逊收购全食超市（Whole Foods）显示了合并线下和在线零售的明确意图。我国的发展趋势也类似。阿里巴巴正在逐渐向线下世界扩张，并开始开设实体店。阿里巴巴首席执行官张勇指出："线上线下不可分离，消费者是同一群人，人们坐在这里，可人们永远在线。新零售的一大特征就是打破了线上线下的边界。"[①] 线上与线下融合的趋势也可以从数据上找到证据。例如传统依赖线下服务和挑选的服饰、鞋帽、手袋、包和配饰等，这些领域的电商我国已经是全球领先。

同时，中国本土智能手机品牌迅速崛起。图 13-3 是 2013—2018 年，中国的智能手机出货量的市场份额。从图 13-3 可以看到华为等本土手机品牌的崛起，苹果、三星等市场份额的下降。本土智能手机品牌的崛起，表明在数字经济方面从底层设备到应用软件等份额的纵向和横向扩张，这是构建独立的数字经济发展的基础。

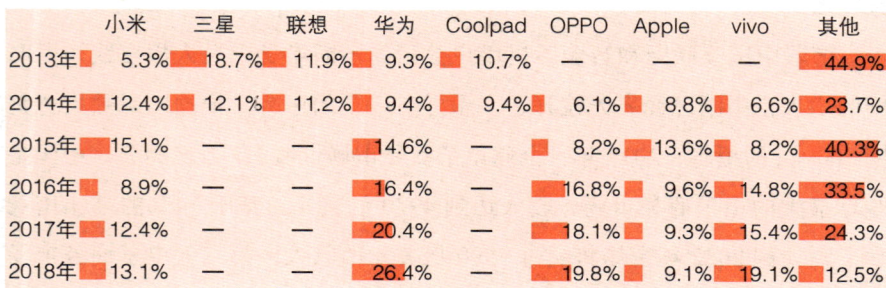

	小米	三星	联想	华为	Coolpad	OPPO	Apple	vivo	其他
2013年	5.3%	18.7%	11.9%	9.3%	10.7%	—	—	—	44.9%
2014年	12.4%	12.1%	11.2%	9.4%	9.4%	6.1%	8.8%	6.6%	23.7%
2015年	15.1%	—	—	14.6%	—	8.2%	13.6%	8.2%	40.3%
2016年	8.9%	—	—	16.4%	—	16.8%	9.6%	14.8%	33.5%
2017年	12.4%	—	—	20.4%	—	18.1%	9.3%	15.4%	24.3%
2018年	13.1%	—	—	26.4%	—	19.8%	9.1%	19.1%	12.5%

图 13-3　2013—2018 年，中国的智能手机出货量的市场份额（单位：亿美元）
资料来源：IDC, February 2019。

---

① 《从张勇在全球零售论坛演讲上观察 300 顶级企业 CEO：谁是尖子生？》，搜狐网，2018 年 6 月 15 日，http://www.sohu.com/a/235922239_115888，访问时间：2019 年 3 月 26 日。

三、"一带一路"沿线国家的数字经济发展基础差异较大

1. "一带一路"沿线国家数字经济发展"就绪度"不一

2017 年，上海社会科学院张伯超、沈开艳两位学者对"一带一路"沿线国家数字经济发展就绪度进行了定量评估。该项研究将数字经济就绪度分解为高技术可用度、IT 产品进出口占比、宽带普及率、每百万人安全服务器等指标。基于量化指标体系对东盟、西亚、中亚、南亚等地区共计 42 个"一带一路"沿线国家进行的量化分析发现："一带一路"沿线国家的数字经济发展就绪程度存在较大差异，在信息基础设施方面存在较为严重的"数字鸿沟"。[1]

结合张伯超、沈开艳的研究，我们对"一带一路"沿线国家数字经济发展就绪程度进行了分析，发现东南亚地区新加坡、马来西亚等国的数字经济基础和发展程度明显要高于柬埔寨、印度尼西亚等国。在中亚腹地，哈萨克斯坦明显要高于其他几个相邻国家。此外，尼泊尔、巴基斯坦、印度等国数字经济的发展基础也存在各自的掣肘。中东欧地区相对而言数字经济就绪程度要明显高于中亚地区。

2. "一带一路"沿线移动互联增速高于有线互联

根据 We Are Social 和 Hootsuite 两家全球机构发布的《2018 全球数字化报告》（Digital In 2018），在中亚约有 3600 万人使用互联网，约占 5 个国家总人口的 68%。结合图 13-4 可以看出，从中亚地区所有国家的互联网使用

---

[1] 张伯超、沈开艳:《"一带一路"沿线国家数字经济发展就绪度定量评估与特征分析》，载《上海经济研究》，2018 年第 1 期。

水平来看，在中亚地区，哈萨克斯坦是中亚地区互联网普及度最高的，已接近77%；土库曼斯坦、巴基斯坦、阿富汗三个国家的互联网接入占比不足20%。总体而言，"一带一路"的主要沿线国家目前互联网用户的分布数量在全球排名来看是比较靠后的。

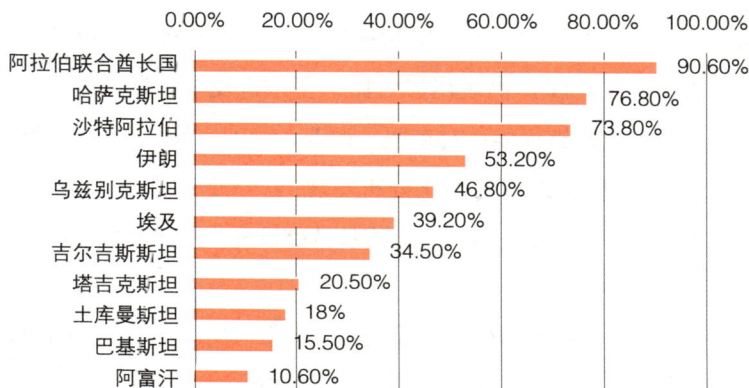

图13-4 中亚和中东地区"一带一路"主要国家互联网普及率情况

资料来源：Statista.com Global Mega Trends 2017。

虽然总体互联网用户占比比较低，但是联网"无线化"的趋势较为明显。根据2018年4月中国驻哈萨克斯坦使馆的调研情况，当前中亚五国呈现出无线网络扩张大于有线互联体系增长的趋势。中亚国家通过固定宽带连接互联网的发展并不快。2002年，吉尔吉斯斯坦只有36名用户（单元）接入。目前宽带接入已经占据该地区互联网市场的主要份额。[1] 得益于Wifi的普及，以及电信运营商提供了越来越多的相对便宜的无线通信的推广，使得移动通信设备及移动互联网资费相对便宜，从而无线互联有超越有线网络的趋势。

---

① 《中亚国家互联网使用情况分析》，中国驻哈萨克斯坦官网，2018年4月4日，http://kz. mofcom. gov. cn/article/scdy/201804/20180402728232. shtml，访问时间：2019年3月26日。

例如在土库曼斯坦，几乎所有互联网访问都是通过手机进行的，移动设备互联网接入的份额增长了32%，而台式电脑和笔记本电脑的互联网接入份额下降了56%。在乌兹别克斯坦，移动电话几乎赶上了有线设备，而在塔吉克斯坦，它们已经被超越。截至2018年年初，哈萨克斯坦有超过600万移动互联网用户、占该国总用户数的33%。乌兹别克斯坦有近1000万活跃移动互联网用户、占该国总用户数的30%。在土库曼斯坦有50万人积极使用移动互联网，占该国总用户数的9%（图13-5）。

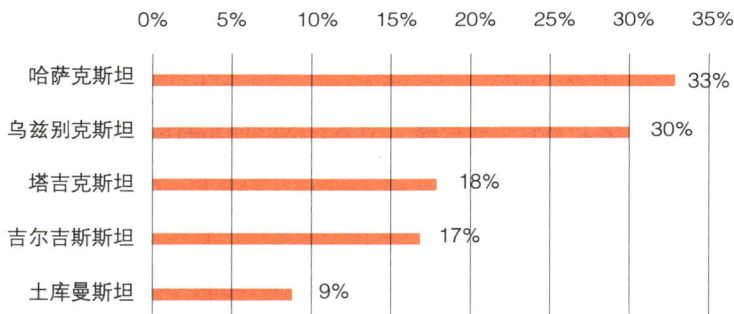

图 13-5　中亚五国移动互联网用户占总用户人数比例

资料来源：Cyber 2018 Global Digital，转引自中国驻哈萨克斯坦大使馆官网。

无线互联网增速高于有线互联的趋势在国内同样表现明显。根据2017年第40次中国互联网发展状况统计报告，截至2017年6月，我国手机网民规模达7.24亿，较2016年底增加2830万人。网民中使用手机上网的比例由2016年底的95.1%提升至96.3%，手机上网比例持续提升。[①] 移动互联高于有线互联发展除了无线通信技术发展以及相关费用下降外，无线互联的灵活性，以及受地域限制较小的特性也给其带来了天然的优势。

---

① 《2017年第40次中国互联网络发展状况统计报告解读》，2017年8月4日，http://www.199it.com/archives/619827.html，访问时间：2019年3月26日。

四、全球互联网接入人数放缓，物联网发展迅速

全球信息化浪潮事实上经历了三个阶段，第一阶段是单机信息处理时代（20 世纪 50 年代至 80 年代中期），这个时期如 IBM 的初代计算机和微机工作站等，主要注重的是单机的信息处理能力；第二阶段为互联网时代（20 世纪 80 年代中后期至今），核心关键点是信息的交互和互联；第三阶段为物联时代（现阶段），这一阶段伴随着人工智能的发展，数据的获取和人、物的数字化将变得越来越重要。而物联网的数字化涵盖了人机交互、机器与机器的交互等广泛领域，构成了数字经济当前发展的核心动能。

1. 互联网新接入人数速度放缓、但个人网络使用时间变长，互联网变化趋势明显

2018 年 5 月底，有着"互联网女皇"之称的玛丽·米克尔发布了《2018 互联网趋势报告》。数据显示全世界范围内，互联网用户和智能手机的增速都在下滑，但人均接入网络的时间在增长。[①] 该《报告》指出，一是全球网络用户已超过全球人口的一半以上，尚未接入互联网的人口变得越来越少。2017 年是智能手机出货量首次未能实现增长的一年。随着全球智能手机用户数量越来越多，用户增长也变得越来越困难。互联网用户的增长也面临着相同的趋势，2017 年增长率为 7%，低于上年的 12%（图 13-6、图 13-7）。二是个人用在网络上的时间不断增加。2017 年，美国成年人每天在数字媒体上花费 5.9 小时，高于前一年的 5.6 小时。其中约 3.3 小时用于手机，这是数字媒体消费全面增长的原因。

---

① Mary Meeker, "Internet Trends 2018", https://kpcbweb2. s3. amazonaws. com/files/121/INTERNET_TRENDS_REPORT_2018. pdf，访问时间：2019 年 3 月 26 日。

这意味着，除了深度的数据挖掘，更为重要的是，需要进一步拓展互联体系的新维度。这也是为什么需要急速拓展互联新维度的重要原因。而物联网正是构建万物互联体系的关键所在。

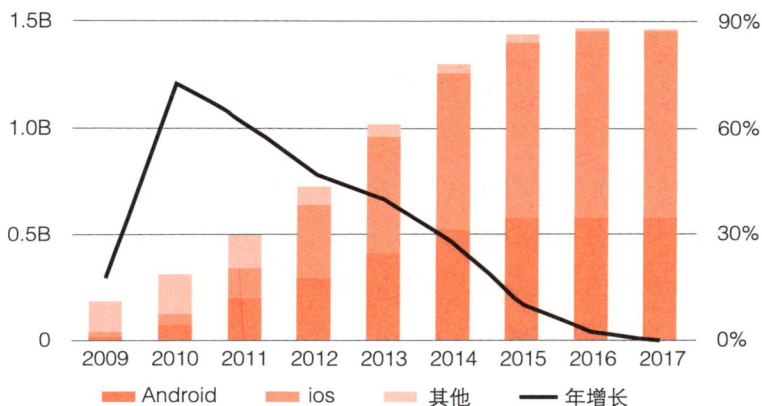

图 13-6　全球智能手机销售量与增幅（销量单位：十亿美元，增长率单位％）
资料来源：Internet Kleiner Perkins，"Trends Report 2018"。

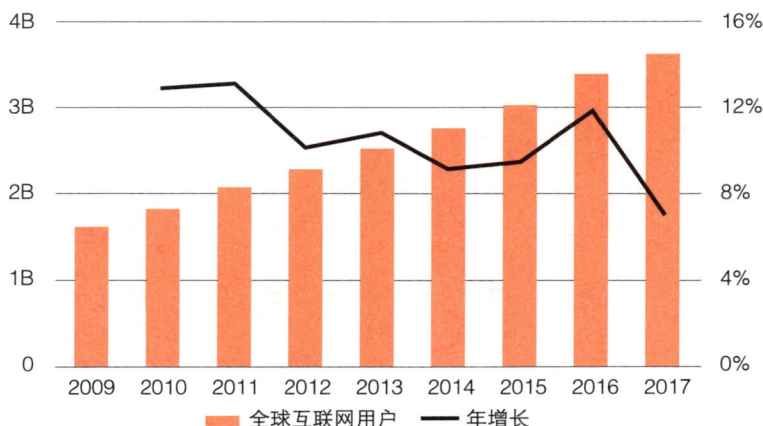

图 13-7　全球互联网用户数量及增长速度（用户单位：十亿美元，增长率单位％）
资料来源：Internet Kleiner Perki.ns，"Trends Report 2018"。

2. 万物互联与全球物联网的急速发展

（1）国际物联网增速加快

据市场研究公司高德纳公司（Gartner）统计报告，2017年全球物联网设备数量将达到84亿，比2016年的64亿增长31%，而全球人口数量为75亿。2020年物联网设备数量将达到204亿。[①] 较之于人际互动为主的互联网，物联网以非常低调的方式在急速扩张（图13-8）。

在市场构成方面，如图所示，智慧城市、工业互（物）联和医疗健康物联市场份额最多，分别占26%、24%和20%。其次是智慧家居、车联网、穿戴设备等。物联网的发展是对人与物互动的全方位的渗透，其市场量级、覆盖范围都远远超过了互联网（图13-9）。

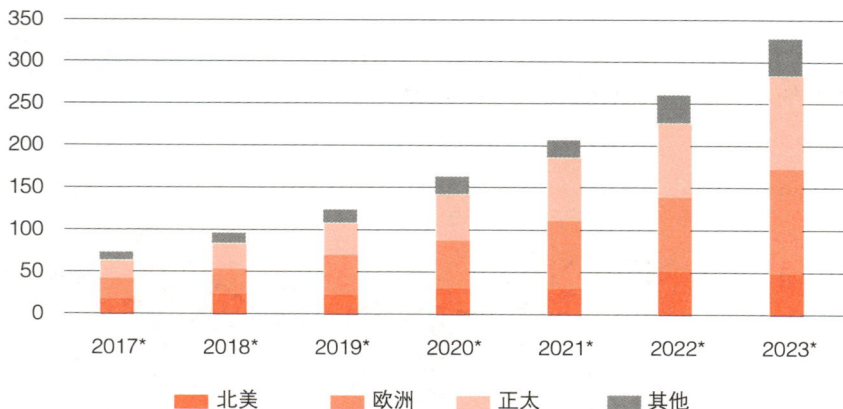

图 13-8　2017–2023 物联网全球各区域发展趋势图

资料来源：Harbor Research; Statista Estimates 2018。

---

① 《2017年物联网设备数量将首次超过全球人口》，凤凰科技，2017年2月8日，http://wemedia. ifeng. com/8028692/wemedia. shtml，访问时间：2019年3月26日。

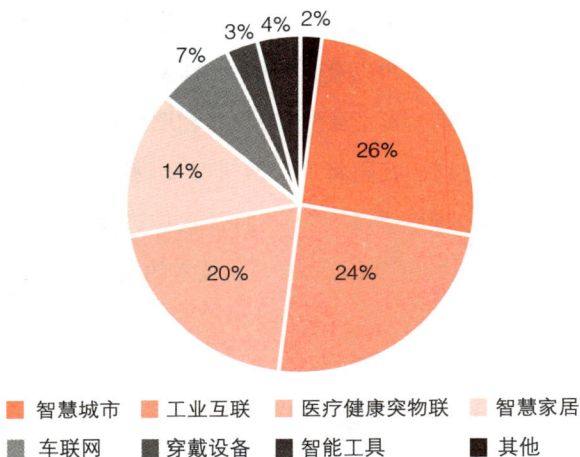

图 13-9　2017 年全球物联涉及主要产业市场份额

资料来源：GrowthEnabler, 2017。

（2）我国对物联网发展高度重视，发展迅速

根据 2017 年 7 月运营商世界网公布的物联网领域统计，中国已成为全球规模最大的物联网市场，2015 年中国物联网市场规模已达 7500 亿元，2016 年为 9300 亿元，涨幅达 24%。[①] 其中无线互联的增速明显加快。根据新华社中国经济信息社的研究报告，预计 2020 年，我国物联网产业规模将超过 1.5 万亿元。[②] 物联网的快速增长对日益放缓的互联网用户接入数而言，是全新的发展动能，我国对此高度重视。

---

①　李俊阳：《运营商世界网五大行业研究报告正式发布》，Pchome. com, 2017 年 7 月 24 日，https://article. pchome. net/content-2020221. html，访问时间：2019 年 5 月 14 日。《工信部：中国物联网产业规模已超 9300 亿元》，搜狐财经，2017 年 9 月 14 日，http://www. sohu. com/a/191935219_732051，访问时间：2019 年 5 月 14 日。

②　中经社：《2016—2017 年中国物联网年度报告》，2017 年 9 月 14 日，http://www. 199it. com/archives/633242. html，访问时间：2019 年 3 月 26 日。

自 2013 年以来，我国先后出台了多项政策措施，全面推动我国的物联网发展（表 13-1）。特别是 2017 年 1 月公布的《信息通信行业发展规划物联网分册（2016—2020 年）》，已经成为我国物联网产业未来五年发展的指导性文件。根据相关规划，我国将加快推进移动物联网部署，构建 NB-IoT（窄带物联网）的基础设施。同时我国还将加快推进物联网与云计算、大数据、人工智能、5G、低功耗广域通信网等新技术的加速融合，逐步形成物联网开源创新生态圈。

表 13-1　我国近年来对物联网产业的政策支持

时间	政策名称	政策内容	发布部门
2018.3	《2018 年政府工作报告》	加快新旧发展动能接续转换。深入开展"互联网+"行动，实行包容审慎监管，推动大数据、云计算、物联网广泛应用，新兴产业蓬勃发展，传统产业深刻重塑。	国务院
2017.5	《关于实施深入推进提速降费、促进实体经济发展 2017 专项行动的意见》	加快窄带物联网 (NB-IoT) 商用，拓展蜂窝物联网在工业互联网、城市公共服务及管理等领域的应用。	工信部、国资委
2017.3	《2017 年政府工作报告》	深入实施《中国制造 2025》，加快大数据、云计算、物联网应用。	国务院
2017.1	《信息通信行业发展规划物联网分册（2016-2020 年）》	推进物联网感知设施规划，2020 年公众网络 M2M 连接数突破 17 亿。	工信部

时间	政策名称	政策内容	发布部门
2016.3	《国民经济和社会发展第十三个五年规划纲要》	建设物联网应用基础设施和服务平台，推进物联网重大应用示范工程，广泛开展物联网技术集成和模式创新，丰富物联网运用。	国务院
2013.2	《国务院关于推进物联网有序健康发展的指导意见》	实现物联网在经济社会各领域的广泛应用，基本形成安全可控、有国际竞争力的物联网产业体系。	国务院

资料来源：人民网、中信建设投资证券研发部

五、物联网"寂静革命"与数字丝绸之路发展契机

目前关于物联网的定义，因涉及不同的角度，在学术界依然存在一定的差异。总体来看，物联网指的是具备与互联网进行信息交互的物理对象形成的网络。物联网通过各物理设备嵌入式互联单元，构成了融合物理环境和数字环境的互联体系。物联网的概念最初是由麻省理工学院自动标识中心（MITAuto-ID Center）在 1999 年提出的视频识别（RFID）技术基础上的构想，旨在建立"任何时刻、任何地点、任何物体之间的互联，成为无所不在的网络并进行无所不在的计算"。

1.物联网在数字化进程发展方面具有天然的优势："寂静革命"

物联网（Internet of Things, IoT）的数据收集并不会引起用户的注意，例

如智能家居物联网的数据收集等，物联网的数字交互和数据搜集过程并不容易被用户察觉，是在悄无声息的过程中进行的。但物联网与个人密切相关，渗透到个体活动的每一个单元，事实上是一个最悄无声息且最为彻底的数字化过程，因此我们称之为"寂静革命"。

这种数据收集的模式与互联网有很大的区别，在跨文化地域的数据利用时有着很大的优势。从使用者的角度看互联网主要是人与人（或人与相关内容）的互动，如微信聊天、看网络新闻、在线购物等。互联网的数据形成与地域、文化、语言区域特点有密切关联。而物联网主要是人与物的互动，如智能冰箱、智能空调、无人驾驶互动等。

从技术层面看，物联网对数据的收集是从传感器开始的，这是对人作为个体单元的全面渗透，并不需要人在互联网上产生活动才能产生数据。物联网每时每刻都在用数据描述着用户的状态。如表 13-2 所示，物联网结构可以分为感知层、网络层和应用层三个层次，涵盖了人类活动从个体到组织，从家庭到所在城市乃至整个社会的数据感知和交互，是面向未来的数字化的基础。整个物联体系具备了将人的活动用数字的方式描述出来的条件。

表 13-2 物联网的分层 [①]

物联网的分层	相关产业链	主要内容
感知层	传感器、芯片、无线模组	感知层是物联网体系的最底层基础设备，包括各种传感器、摄像头、GPS、北斗定位、微机电（MEMS）控制器等。

[①] 按当前理论体系，物联网有两种分层方法。一种是三层（本文采用），还有一种是四层体系，包含感知层、传输层、服务管理层（也称智能层）和应用层。为方便分析产业链，我们采用三层分类法。

物联网的分层	相关产业链	主要内容
网络层	终端设备、运营商、通信模块	包含互联网、无线和有线通信网、网络管理系统和云计算平台等（有的学术分类将网络平台单独分出来，分为平台管理层）。
应用层	智慧城市、家庭、智能可穿戴设备、工业互联网、车联网等	这一层主要面向用户（个体、组织、城市、整个社会），是实现物联网服务应用的直接交互层。

传统观点认为物联网是互联网的延伸，但事实上随着物联设备的飙升，物联网已经占据了互联体系的基础地位。如通过物联网搜集到的社会大众不同生活场景的数字信息，就是当前整个数字经济的重要数字基础。物联网所沉淀的是用户无意识状态下，或者个人习惯的"数字交互"，例如多久开冰箱喝一次饮料，周末都去什么地方，使用什么交通工具等，这类大数据的汇聚构成了市场精准化、数字再生产的重要"矿产"资源。

2. 物联网发展为实业公司打破互联网公司数据垄断带来发展机会

尽管数字经济发展过程中，像谷歌、Facebook 这样的超大互联网公司已经抢占了互联网的数据资源发展先机。但物联网的发展、万物互联体系的构建，为实体工业的数字化和充分收益、利用数据提供了与原有互联网大公司竞争的新机会。做实业的公司可以独立创建自己的数字生态系统（基于他们自己的技术标准），也可以通过垂直整合到已经存在数据网络生态中去。例如他们的物联终端设备与谷歌、微软或者亚马逊等公司提供的某些技术方案和运行服务进行兼容等，以共享数据资源。

当前实业公司事实上都在加速通过依托其自身生产销售的设备进入数据行业。不具备独立开展数据业务的实业公司，也会选择购买现有的数字生态系统，为他们提供必要的界面（软件）、云空间以及算法（也包括软件）以进入数字经济发展模式。例如，汽车制造商、冰箱生产商等开始基于其产品收集用户数据或者通过与数据公司和云平台合作开展数字资源挖掘和利用等。物联网发展带来的数据收集的新维度，为实业公司打破互联网巨头数据垄断带来了新的发展机会。

3. 物联网是推动人工智能发展的重要基础

图 13-10 是基于物联网终端与人工智能系统的交互模式。人工智能的发展与大数据的训练密切相关。物联网是大数据的产生源头，而人工智能是在大数据的基础上发展起来的。在未来，物联网的人工智能化是提升社会服务和制造业突破的重要体现。物联网与人工智能交互系统的原理如下：物联网终端为 AI 系统提供海量的训练数据以完善 AI 应用系统，AI 应用系统通过 AI 推理引擎与物联网终端进行交互，实现终端的智能化应用。

物联网与人工智能的交互对人工智能的积极作用主要体现在两个方面，一是物联网为人工智能发展提供了广阔的训练场景。不仅仅在医疗和制造业领域，而且可以为农业、公共事业、零售、酒店和住宅建设等方面提供人工智能的训练场景。而在这些方面物联网与人工智能的结合，几乎对所有实体行业都有好处。例如，在零售方面，可以帮助当地的小型企业确定哪些产品可以更好地在线销售；在农业方面，可以帮助农民确定哪些农作物在特定领域产生更好的产量，并帮助确定种植和收获的最佳时间；在制造过程中可以在维护人员发生问题之前提醒他们，从而帮助减少机器停机时间。

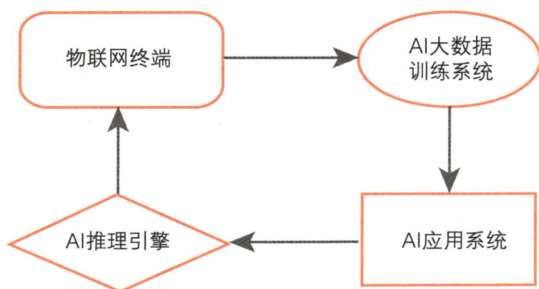

図 13-10　物联网与人工智能互动的关系

　　二是物联网的连通性不仅仅是 M2M（机器到机器）通信。物联网的数据连接还涉及测量、评估和收集数据的传感器，包含了人与机器的交互，而且这一部分变得越来越重要。拥有相互通信的机器可以提高效率和生产率，但收集和利用数据的能力远远超过了这两个好处。例如通过利用嵌入式传感器收集的数据以及所能创造的可能性是超越想象的。物联网带来了思考和创造方式的根本转变。设备开始变得智能化。整个城市将通过传感器和软件进行连接。例如，交通模式将根据拥堵、天气状况和建设进行优化。当路上有冰时，桥会与汽车通信，汽车会提醒驾驶员有关情况。基于这些传感器收集的数据，生活变得更安全和丰富。物联网是从数字时代的最底层开始改变人的生活、组织和社会形态。

六、对数字丝绸之路发展的相关建议

1. 抓住数字丝绸之路发展的五个核心要素

　　"新技术"是数字丝绸之路的关键。近年来，中国科技发展出现"井喷"。与发达国家相比，部分领域已经实现从跟跑到并跑甚至领跑。2018 年，中国主要科技创新指标稳步提升，研究与试验发展经费支出超过欧盟 15 国平均水平，研发人员总量居世界第一，发明专利申请量和授权量居世界首位，科技作为创新驱动发展"第一动力"的作用更加凸显。[①] 不断涌现的重大科技成果为实现高质量发展提供了强有力的科技支撑，推动引领高质量发展取得新成效。

"新业态"是数字丝绸之路的成果。2013 年"一带一路"建设提出以来，中国与"一带一路"共建国家积极推动以大数据、跨境电商、绿色发展为代表的新产业、新业态发展，不断释放新的需求，催生巨大合作潜力。世界银行研究表明，"一带一路"合作将使全球贸易成本降低 1.1%—2.2%，推动中国—中亚—西亚经济走廊上的贸易成本降低 10.2%，还将促进 2019 年全球经济增速至少提高 0.1%。[②] 数字丝绸之路已成为中国与世界共享发展成果的新亮点。

"新模式"是数字丝绸之路的经验。数字中国的崛起，引起了全球的关注，中国乐于与世界分享数字化转型的成功经验。截至 2019 年 4 月底，中国已与 8 个国家的 15 家企业就 8 个新签约合作项目进行了文本交换。[③] 8 个新签约合作项目包括：中兴通讯与伊斯坦布尔大机场签署《机场数字化建设项目的合作协议》浪潮威海海外服务有限公司与哈萨克斯坦国家铁路电信公司签署《哈萨克斯坦全国数据中心合作协议》、北京四达时代软件技术股份有限公司与尼日利亚国家电视台签署《尼日利亚国家电视台（NTA）数字

---

① 《2018 年我国研发经费支出近 2 万亿元：主要科技创新指标稳步提升》，新华社，2019 年 3 月 5 日，http://www. gov. cn/shuju/2019-03/05/content_5370819. htm，访问时间：2019 年 5 月 13 日。

② 吴乐珺、王慧：《世界银行发布系列研究文章高度评价一带一路建设》，载《人民日报》，2019 年 4 月 20 日第 3 版。

③ 韩洁、安蓓、孙琪：《新成果、新阶段、新机遇——第二届"一带一路"国际合作高峰论坛 12 场分论坛成果丰硕》，人民网，http://world. people. com. cn/n1/2019/0426/c1002-31050789. html，访问时间：2019 年 5 月 13 日。

化整转项目合作意向书》等。①

"新增长"是数字丝绸之路的红利。中国已与 16 个国家签署了数字丝绸之路建设合作谅解备忘录，与 7 个国家共同发起《"一带一路"数字经济国际合作倡议》，与 17 个共建"一带一路"国家与中国建立了双边的电商合作机制，与"一带一路"沿线国家建成超过 30 条跨境陆缆、10 余条国际海缆。近两年来，在共建"一带一路"国家的共同努力下，数字丝绸之路从理念化为行动，从远景转变为现实。

数字丝绸之路是知识产权保护之路。我国在"一带一路"沿线国家申请专利数量、沿线国家在我国申请专利数量持续增长。截至 2018 年上半年，我国在"一带一路"沿线国家（不含中国）专利申请公开量为 2759 件，同比增长 26.9%；沿线国家在华申请专利 2681 件，同比增长 31.6%。② "一带一路"频繁的经贸往来带动知识产权领域交流日益密切。通过进一步合作，将帮助企业更好地了解沿线国家的知识产权制度和营商环境，促进沿线国家企业国际化发展，为数字丝绸之路的各国合作保驾护航。

2. 建立数字丝绸之路或数字"一带一路"产品认证体系

当前"一带一路"沿线国家已经发展到一百余个。"一带一路"相关概念也已被广泛接受和认可。针对数字化产品，建立"一带一路"或者数字丝绸之路产品认证体系，有助于中国制造整体品牌进行市场推广。

以物联网为例，物联网的关键技术涉及三个方面：通信协议、信息识

---

① 《数字丝绸之路分论坛聚焦创新驱动数字经济等领域发展》，新华网，2019 年 4 月 26 日，访问时间：2019 年 5 月 13 日。

② 王方：《"一带一路"知识产权再扬帆》，载《中国科学报》，2018 年 8 月 29 日第 8 版。

别、数据存储和计算。首先，在通信协议方面，目前主要是低功耗广域物联网，例如 NB-IoT、LPWAN 通信协议等，在成本、功耗、覆盖面等方面均有较大的优势。例如，支持单节点最大覆盖可达到 100 千米的蜂窝汇聚网关的远程无线通信技术。其次是信息识别技术，例如当前物联网应用广泛的无线射频技术 RFID，可以通过无线电讯号识别特定目标并读写数据。再次，是数据的计算和存储，当前主要使用的是云计算技术，主要涉及 IaaS（基础设施即服务）、PaaS（平台即服务）、SaaS（软件即服务）等。我国目前围绕物联网核心技术产业链已经有 800 余家企业（表 13-3），但产品类别繁多、缺乏统一的产品认证体系。建立"一带一路"或者数字丝绸之路产品认证体系，有助于作为整体产品标识形象在"一带一路"沿线国家进行推广。产品认证体系的设计过程，可以广泛邀请"一带一路"沿线国家参与进来，打造属于"一带一路"沿线国家的物联网产品认证体系。其他数字丝绸之路产品也可以参考类似的设计。

表 13-3　我国当前物联网相关企业数量

物联网相关产业链	企业数
MEMS 传感器企业	60
非 MEMS 传感器（其他传感器）企业	97
物联网相关芯片企业	101
无线模组企业	65
物联网平台层企业	98
智慧城市企业	119
智慧家庭企业	72
智能可穿戴设备企业	59

物联网相关产业链	企业数
车联网企业	92
工业物联网企业	40
合　计	803 家

数据来源：杭州参照系企业数据库分析系统《物联网行业分析报告（截至 2018 年 1 月）》，www. canzhaoxi.com.cn。

3. 加快 5G 和物联网技术的融合，数字丝绸之路发展的知识产权和 技术标准是关键

一方面，技术市场的发展与推广，与专利技术限制密切相关。物联网领域的专利分布非常分散，该领域的顶级专利申请人占专利总数的 5% 左右。[①] 图 13-11 是 2017 年全球物联网专利数，三星、高通和 LG 位列前三。华为公司在物联网专利方面排名第四，中兴公司排名第六。分散的专利为我国进军物联网市场、推行基于物联体系的数字化提供了有利的条件。

例如，在 5G 方面我国具有的优势较为明显。华为拥有大量的 5G 专利组合，其中包括几项 5G 标准必要专利（SEP）。未来的物联设备通信、算法、终端数据存储、计算和云间通信接口都会受 5G 相关专利影响。如何做好 5G 与物联网的专利保护、使用和共享，需要国家层次的协调，这是在"一带一路"沿线国家与西方国家跨国数字企业开展竞争的重要前提。特别是当前如 Google, Amazon, Facebook 和 Apple 等已经构建了全球化的数字生态系统的前

[①] Lexinnova, Internet of Things, Patent Landscape Analysis, LEXINNOVA (2014), http://www. lex-innova. com/lexinnovaresources/reports/，访问时间：2019 年 3 月 26 日。

提下，我国如何利用物联网发展与之抗衡，培育和打造属于我国企业的数据链生态，是一个需要进一步思考的问题。

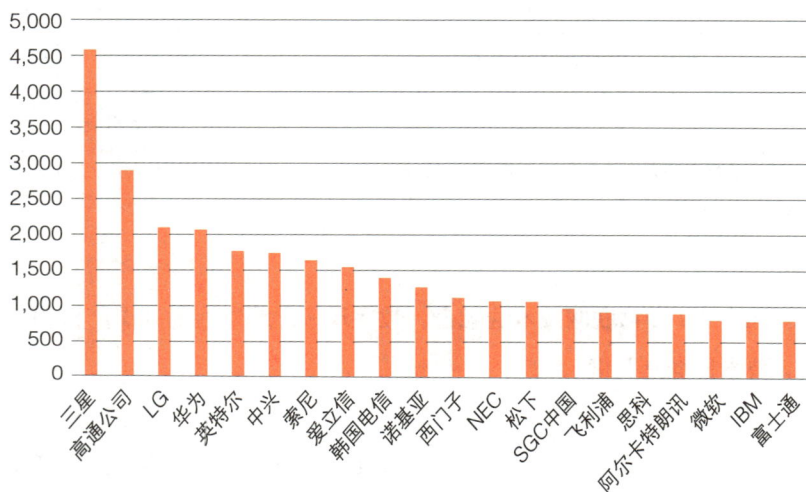

图 13-11　2017 年全球物联网专利数公司排名（单位：个）

资料来源：Relecura, 2017 年 5 月。

另一方面，物联网标准是建立物联数据生态的关键。如前所述，实体公司要完成数字化的转型，就需要发展自己的数字生态系统。例如设计属于自己的机器学习算法、建模和云等。否则，如亚马逊、谷歌和微软等就会挤占这个市场，而实体公司只能沦为硬件产品商。但是我们也应该看到，由于物联网具有多层次终端设备和广覆盖的特性，产品在连接和交互层面会出现在专利上的叠加和冲突。例如无人驾驶汽车和车载第三方设备关于数据交互的专利兼容与冲突问题，这种类似在数据应用层的专利和标准冲突出现的可能性会越来越大。因此结合 5G 和"一带一路"沿线国家发展情况，尽快制定出相关标准体系，并加快知识产权方面的建设是当前数字丝绸之路比较紧迫的问题。

4. 建议尽快出台国家层面的统一数字丝绸之路建设战略规划

从我们第一部分对数字丝绸之路的概念梳理可以看出，当前我国缺乏对数字丝绸之路在国家层面的统一规划。各单位开展的相关工作有重复的部分，也有部门特色的地方。这在一定程度上会造成重复建设的情况出现。

在当前"一带一路"合作超预期的大背景下，我国已经为数字丝绸之路的发展铺垫了良好的外部政策环境，但同时也面对着政治、宗教文化、法律体系差异等问题。这些层面的问题需要国家层次的推动与协调，这是企业参与数字丝绸之路发展的前提条件。因此，在国家层面制定数字丝绸之路发展战略，明确政府职责和企业规范，是当前我国数字丝绸之路发展急需的指南针和方向标。

14 Chapter 14

区块链发展未来展望

回顾国家发展史，国家的崛起与资源的占有、创造和分配密切相关。甚至西方国家的整个崛起过程就是一部殖民和"挖矿"的历史。人的数字化，使得"挖矿"目标首次从自然世界转移到了人本身。

一、区块链十年来的基本事实

自 2008 年中本聪发表《比特币：一种点对点的电子现金系统》以来，区块链已经走过了十多年。起初"区块链"话题并不受人关注，但近年来，"区块链"这个词热度空前，我们尝试对可查的研究进展进行事实层面上的辨析。

1. 区块链的中国国际影响力初显，国内反思和质疑的声音增多

通过对 6 大国际书报期刊数据库 2015 至 2018 年 8327 篇国际报刊、期刊、学位论文英文标题和摘要的语言分析，对比 CNKI 的 1981 篇中文文献标题和摘要的分析可以看出国内和国外对区块链关注重点的变化情况。

从国外文献英文标题和摘要分析看（图 14-1），2015 年至 2016 年关注的重心主要是区块链对金融服务和银行、商业的影响，同时一些依托计算机相关技术的区块链创业公司话题也开始涌现（Startups）。2017 年国际主流数据库可检索到的区块链论文达 4 千多篇，较之于之前，所涉及的问题更为具体，除货币问题外，涉及了金融的数字化，银行、资本国际化，区块链与物联网的结合（Internet of Things）等，同时"危机"作为关键词开始涌现，通过阅读具体论文发现是部分学者对加密货币体系对人类现有信任基础体系带来的冲击所引发危机的担忧。然而到 2018 年，中国却瞬间成了国际区块链关注的焦点，仅次于中国的焦点是纽约。在具体内容上货币、加密、交易、数字化依然是关注的热点，同时区块链创业的话题较之于前三年更为火热。

国内对区块链的普遍关注开始于 2015 年，和国际文献所显示的相似，2015 年至 2016 年主要关注的是金融和货币创新、金融与互联网等。进入 2017 年后开始广泛与不同领域结合。但从 2018 年开始，对区块链概念炒作的质疑和反思开始多起来，主要涉及数字货币泡沫、安全、监管等，同时围绕区块链的人才培养、场景应用、区块链与大数据等有了相当一部分比较深入的论文。截至 2018 年 3 月，对比同期国内外的文献，能够明确看到，中国开始广泛关注区块链可能引发的问题，国外开始关注中国的区块链状况。同时，与国外持续关注区块链与货币之间的话题相比，国内更关注区块链本身的广泛应用。

2015—2016	2017	2018（至 3 月 21 日）
（中：580 篇，外：2330 篇）	（中：1025 篇，外：4187 篇）	（中：376 篇，外：1819 篇）

图 14-1　2015—2018 年中外书报期刊数据库区块链相关文章标题及摘要分析

注：CNKI 搜索关键词为"区块链"，选择按篇名搜索。外文文献搜索关键词为："Blockchain"，选择按 title 包含搜索，涉及数据库有：ABI/INFORM, ProQueset, arXiv, Elsevier, Gale, DOAJ 等。搜索时间：2018 年 3 月 21 日。

2. 国内区块链相关企业发展提速始于 2017 年

据国家企业信用信息公示系统数据库显示，截至 2018 年 3 月底，公司名字中含有"区块链"关键词的公司共有 1608 家（其中深圳可查相关公司数为 206 家，实际数量更多），其中 42% 为 2017 年新注册公司。总体随机抽样 10% 显示，这一千余家区块链企业中，87% 为区块链技术相关科技公司，13% 为金融服务公司。其中深圳市最多，至少有 206 家（查询系统可显示数据上限），其中至少 48% 是 2017 年 1 年内新注册的。广州 92 家，占全国5.7%，其中 81 家是 2017 年 1 年内注册的。紧随广州市的是贵州省共计 86 家，其中 93% 是 2017 年 1 年内注册。浙江省 64 家，其中 78% 是 2017 年 1 年内注册。北京、山东、江苏分别为 53、44 和 41 家，最近 1 年内注册的企业数占比依次为 54%，80% 和 78%。

3. 当前各国对区块链关注主要集中在加密货币问题上

根据《华尔街见闻》的相关报道，美国、欧盟正在加快推进立法，加强加密货币反洗钱监管。日本已经发放了比特币（加密货币）交易所牌照，并开始推动监管相关政策。2018 年 3 月 2 日，日本金融大臣麻生太郎向媒体表示欢迎虚拟货币（加密货币）交易机构向政府提出认证申请，日本政府也将加强相关方面的安全监管。韩国从 2018 年 1 月 30 日开始要求数字货币交易中使用实名制进行交易，以防止不法分子利用数字货币进行违法交易。德国已经出台征税文件，并承认比特币与法币享有同等地位。英、法、澳都在积极开展加快加密货币监控的相关研究和立法工作。巴西目前不承认加密货币为金融资产，委内瑞拉已于 2018 年 2 月 20 日开始推行"石油币"，在努力探寻本国货币体系崩溃后的新出路。

二、区块链市场的展望

2018 年 4 月 8 日，中国人民大学副校长吴晓求教授在博鳌论坛接受媒体采访，当被问及区块链的态度时，他指出："坦率来讲，我被区块链绕晕了，我始终不知道这是个什么鬼。我找了很多人研究区块链，我从三四年前就开始弄这个东西，我找了写有关区块链的书的人跟我讲，但我还是没弄清楚，如果我听不懂的话这个东西就很难弄，我始终不知道是什么玩意。"[1] 该消息

---

① 吴晓求：《我被搞晕了 区块链研究了 4 年也不知道是什么鬼》，凤凰网财经，2018 年 4 月 8 日，www.caijing.com.cn，2018 年 4 月 11 日。

在微博自媒体发布后不到一小时，有 1500 多人转发，960 余个点赞，670 余条评论。其中排名第一的评论是："他说出了大部分人想说而不敢说的心声。"当前社会各界对区块链的认知情况可见一斑。其中有一个关键问题是，区块链到底有什么用？

我们对最近三年区块链国际文献进行了综述和筛选，找出了与区块链除应用密切相关的严肃学术研究论文 180 篇（不包含比特币及加密货币的研究）：谷歌学术 100 篇、IEEEXplore 数据库 30 篇，AISeL(AIS Electronic Library) 数据库 50 篇。在微观层面，通过文献综述发现最近三年对区块链的应用研究主要涉及 6 个领域，分别是金融、信息管理、娱乐与传播、政府、电商市场和供应链等领域。其中金融占 34%，数字档案管理研究占 25%，供应链与区块链研究占 23%，这三类占了区块链市场应用研究的 82%。

1. 金融领域市场研究热点是支付问题

金融领域始终是区块链研究最多的领域（除比特币外）。其中最重要的研究集中在支付领域。支付行业可以被视为区块链上创新的中心。银行过去被称为"值得信赖的中间人"，这种商业模式正受到区块链加密货币的威胁。因此，许多银行都开始投资区块链的相关研究。传统银行昂贵的费用和缓慢的交易过程困扰着消费者。同时，在欠发达国家，相当大比例的人口是没有或仅能获得有限的银行服务的。支付行业的区块链正被越来越多人看好认为是未来实时支付的解决方案，因为区块链可以实现不需要银行和中间人的点对点交易，这意味着存在实现高速运行的、较低成本的金融服务的可能性。

另外，区块链可以解决无银行账户的客户问题，并允许他们几乎零成本参与金融活动，当然这对监管来说是很大的挑战，但对金融业本身来说也存在巨大的潜力市场。总之，区块链支持无需中央第三方支付，并使其快速便宜。目标用户一般是银行客户和电子支付用户。表14-1是传统电子支付和去中心化电子支付的对比，各有优缺点。

表 14-1　传统电子支付和去中心化电子支付的对比

特征	去中心化电子支付	传统电子支付
信任机制	分布式验证，保护工作量证明（POW）、权益证明（POS）等智能合约体系。不受第三方控制，可以点对点直接交易。	第三方（如银联，支付宝、微信钱包等）。通常由公司控制，受提供服务公司支配。
交易时间	通过共识算法等实现。基于目前的技术，交易延时问题严重。	交易时间取决于移动互联网或者所在局域互联网的速度。
受益方	奖励参与区块验证计算（挖矿）者。	第三方公司获取现金流红利。
隐私和安全	交易个体隐秘性、难以监管跟踪、篡改成本极高。	交易个体信息被第三方公司掌握，依靠第三方公司信誉担保。

资料来源：部分参考 Subramanian, Hemang. "Decentralized Blockchain-Based Electronic Marketplaces". Communications of the Acm 61.1(2018):pp78-84.

2. 数字档案管理应用前景广阔

在数字档案管理方面，区块链的不变性有着广阔的应用前景。它提供了一种廉价和安全的方式来存储信息，同时将所有权和控制权还给用户。它还允许存储更精确的数据，以保护和防篡改。在数字档案管理方面主要有以下四个方面的应用前景。

一是医疗保健行业。医疗保健数据是一种具有极高价值的重要数据资源，分享它对于使医疗保健系统更加智能并改善医疗服务质量至关重要。但是，医疗数据既不是由患者拥有，也不是由患者控制，而是分散在不同的系统中，这会阻止数据共享并将患者隐私置于危险之中。 使用区块链（例如私链技术），患者可以轻松安全地拥有、控制和共享他们的数据，而不会冒着侵犯他们隐私的风险。这样的系统可以通过医疗保健智能系统允许所有相应的人员访问他们需要的确切数据，同时保持患者数据的私密性。

二是保险行业。购买保险时产生的费用与相关风险直接关联。为了正确计算这种风险，保险公司需要准确的数据来进行精算计算。 由于保险公司没有关于特定消费者的准确数据，其中的精算模型的预测能力会存在偏差。其后果是一个保险产品中，消费者最终可能会支付太多（或太少）的费用。区块链的智能合约作为一种对等分布式的数据记录方式，能让保险公司更精准地掌握消费者的数据，从而可以设计更贴近市场的保险产品，进行更准确的风险和补偿收益评估。例如，汽车保险可以将汽车和驾驶员的状态动态纳入保险计算模型。这对保险公司和保险购买者都是更好的选择。

三是档案保密和防篡改。档案保密和防篡改，例如数字密封（数字封印）等，是致力于确保信息有效性和可靠性的技术。 这些信息对于个人来说可能至关重要，例如它可以是个人的出生证明或房产所有权证明等。发展中国家经常面临管理不善的情况，甚至出现随意篡改个人信息档案的腐败现象。相当一部分欠发达国家无力承担国民海量个人档案长期保密存放和防篡改监督工作，这对于有些国家而言，是很大的一笔公共开支。 但基于区块链的档案保密和防篡改技术不需要依托政府来完成这类工作，可以通过分布式平台实现。由于区块链是防篡改的，所以一旦登记了某栋房子的产权，就不能操纵和篡改该信息。这个应用前景不仅仅是在个人档案的管理上，在其他档案领域也存在广泛的应用，如政府文件传递和机要通信等。一般而言，所有对数据完整性有要求的需求方都是以上解决方案的目标受众。

四是数字身份。数字身份相关信息的集中化在数字时代具有非常关键的政治、法律和社会意义。当前的现实是，用户不能控制他们的数据。相反，大公司大肆收集用户们的数据并从中获利。 区块链赋予数字身份一个潜在的革命性分权角色。基于区块链构建的平台使得它的数字身份不由中央机构控制，而只能由个人自己控制。使用智能合约，用户可以控制他们的数据，只显示合作伙伴需要知道的信息，并将权力返还给消费者。此外，用户可以通过对其他用户进行评分，将其数字身份用作个人信誉标签。数字身份的区块链化，将带来更多面向新的消费需求的创新产品和服务。

3. 娱乐、传播与知识产权方面潜力巨大

在 21 世纪的前 20 年，全球娱乐和传播行业经历了多次变革。随着区块链的引入，它可能会经历另一次巨变。受众们将能够直接支持他们欣赏的艺术家或记者，同时匿名且免受审查。

一是数字艺术与版权方面区块链应用需求强烈。由于互联网特别是移动互联网的几何级数增长，数字音乐和数字视觉等行业在过去的十年里发展迅猛。然而，音乐版税及视觉设计等的专利费用确定过程一直是一个非常繁琐、复杂且创作者权利很容易被侵犯的过程。特别是近年来流媒体服务的兴起使这个问题变得更加复杂。艺术家通常是最后一个被支付的对象，并且在收到第一个版税支票之前可能需要漫长的等待。但区块链可以解决这一问题。例如，区块链可以在公共账本中维护全面而准确的音乐版权所有权信息，从而实现确保内容创作者公平获得报酬。数字艺术的消费者是有针对性的。

二是新闻专业主义和独立性可以得到保护。记者常常受到各方利益集团的控制和所在媒体机构的压力，他们无法自由报道一些领域的问题。新闻业的发展可以通过区块链协助，受众可以花很少的钱查看他们感兴趣的文章，直接支持记者。这种购买内容方式的转变，也能鼓励出版商创造更有价值的内容，同时逐渐消除那些由广告资助的表面内容。由于区块链的不变性和加密特性，发布在其上的文章可抵制利益集团的干扰和删除修改的压力，同时

保留读者和记者同时匿名。基于区块链的付费机制，也可能是继付费墙模式之后全新的媒体发展新希望。

4. 电商领域已有较多案例和实际应用场景

电商物流业是区块链应用的活跃场景。从物流业的视角看，物流是"镣铐上的舞蹈"。物流业的大部分从事者对所承载产品的供应链并不了解，合作伙伴之间的不信任，交易费用和物流内容的限制是物流市场的主要瓶颈。但区块链可以彻底改变这两种情况，因为智能合约和分布式账本可以化解上文中提到的物流业瓶颈。基于区块链，传统物流业可以获取充分的信息将交易费用降到最低，消除市场限制，并为消费者获得更好的物流产品提供了新的途径。

区块链能提高电商市场的可信度。市场提供了可以交易实体和数字商品与服务的基础设施。对于这样的市场来说，消费者行为在很大程度上取决于他们对中介的信任。像亚马逊、Ebay 等这样的交易场所实质上是收取了相关费用的，甚至会通过控制产品的供给来牟利。 但这种现在需要电商公司背书的"信任问题"基本上可以通过区块链解决，且建立在它之上的市场是值得信赖的。与传统市场相比，没有中央监管机构而独立运行的市场，允许每个有互联网接入的人建立商店并自由进入和退出，而不受费用或者各种中介平台的规则限制。支付交易费用减少，市场交易针对性提高，消费者进入全民定制的风口骤然出现，但风险也非常明显。

区块链能更大限度地保证产品真实性、提高消费者积极度。消费者通常无法获取产品如何创建和交付等细节信息。底层供应链对于最终消费者来说是不透明和隐藏的。消费者必须信任他们的产品而无法验证。通常情况下，消费者基本没有判别自己所购买产品长期质量或者其他产品特性的能力。例如，我们去麦当劳，看到不同的汉堡，很难分辨出哪个好哪个坏，大部分消费者会认为它没有什么区别。但是如果有关于汉堡所用牛肉区块链分布式账簿的记录，消费者就能够知道这个汉堡所用的牛肉之前的生产过程，例如食用牛是不是有过什么疾病等。区块链系统能追踪供应链中经历的起源和变革。它进一步使得产品的使用者对产品的供应和生产有更多的知情权和监督权，能确保产品更大程度的安全与可靠。

从以上区块链与市场应用的研究看出，其实区块链对市场的冲击主要体现在消除"中间机构"，减少点对点的交易成本。总体而言是通过产生更多的信任、更少的腐败、更少的费用、更快的流程、更好的接入、更精细和更少的产品和服务审查为消费者提供更好的服务。区块链的去中心化和分布式账簿系统允许消费者和生产者之间进行更有效的交易和互动。并且在对市场和产品进行精准记录、改进产品质量和提高服务方面，区块链有独特的优势。但同时也存在一些问题。

5. 区块链的市场化应用必须克服三大挑战：技术、制度和人力

一是交易时延技术瓶颈。依照现在的技术，在区块链（例如比特币）上执行第一笔交易，消费者首先需要下载整套现有区块链并在执行交易之前对其进行验证，这个过程可能需要几个小时或更长时间。这个交易过程技术是极其复杂的，对消费者而言，是非常不友好的，没有人愿意花几个小时去等待一次交易完成。二是制度问题。我国以及其他绝大部分国家在积极推广可控区块链应用的同时，对民间区块链项目，例如比特币等加密货币交易是保持着非常谨慎的态度的。三是人力问题。区块链的从业人才较缺乏，大量的问题还没有切实可行的方案。没有人才的积极推进和大力推广，区块链的市场化将没有有效的落地抓手。

三、制约区块链发展的核心问题

1. 计算力依然是数字类技术发展的核心问题

（1）区块链是工业革命吗？是范式革命吗？有不少国内外权威人士认为这是一场工业革命级别的技术革命。我们对已经发生的 1 至 4 次工业革命进行了对比分析。

第一次工业革命和第二次工业革命时期主要是热力和电力的较量。随着集成电路、微型计算机和基于电子技术的自动化生产线的大力发展，第三次工业革命时期主要突出的是系统集成化力量。这个时期的工厂生产链条可以全球化配置，在控制核心的集成能力的前提下，基于全球的物流系统能使得生产的零部件成本最优化。在第三次工业革命系统集成化发展的基础上，随着第四次工业革命时期即时信息交互技术的发展，使得各集成化的数据链能够通过网络汇聚，从而对数据的处理能力"计算力"成为第四次工业革命时期的核心变量。机器人、基因技术、大数据、云计算、万物互联与物联网、机器学习与人工智能，这些新鲜词汇堆砌起来的各种第四次工业革命场景，是信息技术革命的重要特征，与计算力密切相关。

（2）计算力是数字时代发展的核心动力。对比第四次工业革命的核心力源和工业驱动力，区块链所依托的技术依然是计算力，属于数字驱动的工业模式之一，并没有与第四次工业革命的核心变量存在根本性的区别（表14-2）。但是基于区块链技术带来的对计算力需求的几何级数增长，对推动数字驱动型产业不断进行升级是可以明确预见的。但是区块链会对生产力带来多大的影响？形成多少创新？发展方向会走向何方？依然需要依靠自下而上的市场需求和各类社会生产主体去推动和碰撞。况且，区块链信息不可篡改性是建立在难以做到对区块链系统中超过 51% 的节点进行同时控制的基础上的。但随着计算力的发展，例如量子计算的突破，这一区块链的核心理论假设将不复存在。因此区块链的思想性会持续得到充实，但区块链当前所依托的技术仍然在不断演变中，站在未来的视角看，是一种过渡性的技术。

表 14-2　第 1 至 4 次工业革命与国家的核心力量

	工　业	力　源
第一次工业革命	机械驱动	热　力
第二次工业革命	电气驱动	电　力
第三次工业革命	电子驱动	系统集成力
第四次工业革命	数字驱动	计算力
区块链创造海量的计算力市场需求和技术积累，可推动下一次工业革命。		

2.区块链去中心化的三元悖论

"去中心化"作为区块链的核心优势已在过去十年中被不断强调。但区块链技术发展至今，我们发现依然存在一个三元悖论（图 14-2）：去中心化的区块链设计中，立足于现有的计算能力限制，安全性、低成本、易用性三者只能兼顾其二。

在中本聪 2008 年的论文中就提出了使用分布式核算和存储，脱离中心化的硬件或管理机构，构建任意节点的权利和义务都是均等的架构。理想的区块链是需要系统中参与的计算节点共同维护的。这就会引发一个问题，在参与者计算力能力存在差异的情况下，如何保证区块低成本、高安全性和易用性？要解决这些问题一个比较可行的办法就是请服务商（中介）进行委托管理，或者直接使用区块链服务商的平台。因此，在区块链参与个体计算力不对等的情况下，区块链的去"中心化"会转变成"去中介化"的问题。而在国家层面上，政策落脚点是在区块链平台还是在区块链本身？例如区块链技术标准等，依然需要时间观察。

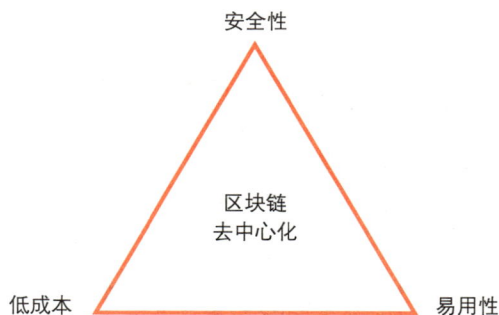

图 14-2　区块链去中心化存在的三元悖论

四、区块链对政府发展的影响

1. 各国开始积极推动区块链项目

除中国外，至少有 20 余个国家的政府和组织开始推进区块链项目。涉及数量已超过 100 个。[①] 这其中不仅仅是数字货币相关项目，更重要的是区块链项目在社会各方面的应用。可以肯定的是，当前国家推动的区块链项目远不止这些。为什么国家层面会对区块链项目如此感兴趣呢？因为区块链是面向决策的计算技术突破，将直接影响整个社会结构。

共识机制是构成区块链的核心，而共识不是针对机器的，而是针对人类的，这与以往的任何机制都不同。共识算法是决定区块链信息真伪的机制。通俗地讲，针对任何一笔交易，如果一定量的节点能达成共识，就认为整个

---

① 　长铗、韩锋：《区块链》，中信出版社 2016 年版，第 280-299 页。

关联网络也认为其是真实的信息。即在一个互不信任的市场中，要想使各节点达成一致的充分必要条件是每个节点出于对自身利益最大化的考虑，都会自发、诚实地遵守协议中预先设定的规则，判断每一笔记录的真实性，最终将判断为真的记录记入区块链之中。[①] 区块链最大的魅力在于可以通过机器计算而不是人的权威来建立信用机制。这也是各国政府开始积极推动区块链项目的重要原因，因为这种机制能取代人类迄今为止最复杂的组织体系——官僚系统组织结构的部分功能，甚至在理论上可以彻底颠覆已经积蓄发展数千年的中心化组织形态。与其被动等待改变，不如积极应对，这是当前各国政府积极推进区块链项目的直接动力。

2. 官僚系统与区块链的功能相通但结构相反

提到官僚机制，对于普通大众而言大多带有负面的感情色彩，例如经常与低效率、违背人性等特点联系起来。然而到目前为止，官僚体系是人类文明的重要组织积累，是自然选择和演化发展出来的人类有效的组织方式。区块链的核心设计目的之一，就是用与之相反的结构来替代其主要的功能。

官僚系统和区块链本质上都是面向人的一种技术，用于管理、连结和驱动人的行为。现代社会是在官僚机制骨干支撑下运行的。官僚体制的运行主要是通过信息流动的软性和硬性控制进行的。世界历史上记载的第一批官员就是两河流域文明中的苏美尔"抄写员"，这些"官员"们负责在石板上记录和管理各种信息。据考古，这些早期刻录在石板上的信息包括贷

---

① 周邺飞：《区块链核心技术演进之路——共识机制演进（1）》，载《计算机教育》，2017年第4期。韩璇、刘亚敏：《区块链技术中的共识机制研究（1）》，载《信息网络安全》，2017年第9期。

款、债务、利息等。为什么苏美尔人必须记录贷款、债务和利息呢？这是维护社会对苏美尔城邦信任和进一步发展的重要方式。在个人声誉无法胜任城邦众多信用事件后，就需要有专人和组织来管理这些信息。因此，从最初的起源看，官僚机构不是一个慈善、合作或创新的组织，而是一个根据预定义的法律处理各种信息的"信息处理机器"。这和现在火热的区块链本质上是一致的。

官僚系统与区块链计算系统所执行的任务非常相似。 一方面它们都是由规则定义并执行预定的规则。区块链是一种计算系统，按照预定的规则工作。因此，从理论上讲，区块链技术是存在取代官僚机制的可能性的。另一方面它们都是社会的信息处理机器。同时，它们都是信任机器。在这三点功能上区块链和管理系统是相通的。

区块链与官僚系统的结构完全相反，但两者可以相互嵌入和结合。存在一个误区，认为去中心化的区块链技术和传统官僚体系是水火不相容的。事实上去中心化作为传统官僚系统控制权力的一种手段，一直是普遍存在的。例如通过防止底层出现权力中心与上层抗衡，是保证上层权威在官僚体系中位置的重要运行原则。这也是各国政府当前积极推动区块链项目的重要原因。

首先区块链的信息处理和信用认定不依赖于人；其次智能合约可以使管理流程自动化，不需要中心化的管理机制。在具体的垂直类应用中，如医药食品监管以及某些社会信用机制方面，无论是运营成本还是运行效率都要比官僚体系更具有优势。因此有充足的理由相信，区块链对政府职能转换存在积极的意义。

3. 区块链推动政府职能再造的三种方式

一是政府信息公开。澳大利亚政府制定的政府 2.0 指南中已经声称要尽最大可能披露政府数据，并采用区块链技术保证数据的可信度。^①另外由于区块链技术是分布式账本，因此适合于政府信息的公开和共享。二是优化政府工作流程。特别是与民众生活和安全密切相关的政府职能，区块链技术能够提供更高效的系统解决方案。三是建立分布式的基层自治社区。通过智能合约体系能够更好地实现社区和基层自治，并建立共信机制。四是电子投票。投票是现代民主体系的重要基础，但当今最常见的纸质和传统电子投票系统存在两个主要问题：一方面要依靠监管官员的正直去履行选举程序。另一方面是中心化的电子投票机的安全漏洞可能导致选举操纵和欺诈。使用区块链可对这两大问题进行有效弥补。

从发展趋势看，区块链将会作为现代官僚体系的一种补充，在需要去中心化的官僚体系单元中作为管理工具的一种进行实施。

五、去中心化趋势下的四个问题

1. 区块链的信用机制存在维度限制，还看不到颠覆传统权威的可能性

美国的印第安人博物馆中珍藏着早期美洲印第安人与漂洋过海来的欧洲人所签订的各种契约，但是这并没有能够阻止后来的疯狂杀戮。如果契约可以约束人性，那么人类的历史不会血流成河。人的信用行为不仅仅取决于过去，更取决于未来。区块链技术并没有算法能解决这个人性的问题。

---

① Australian Government (2009) Report of the Government 2. 0 Taskforce, "Engage: Getting on with Government 2. 0". Berkeley, J. (2015) "The Trust machine – The technology behind bitcoin could transform how the economy works", The Economist. Buterin, V. (2014) "A Next-Generation Smart Contract and Decentralized Application Platform". https://github. com/ethereum/wiki/wiki/White-Paper.

$$\frac{个体违约}{风险系数} = \frac{违约预期收效 - 违约预期成本}{个人历史信用记录}$$

图 14-3　个体违约风险系数公式

　　链式信用结构存在维度限制。图 14-3 是我们基于理性经济人假设提出的个体违约风险系数公式，其中个体违约风险系数不仅仅是取决于过去的历史信用交易记录，还有选择背叛带来的收益。如果获取的利益远大于违约受到的惩罚，那么选择违约的可能性就会很大。

　　图 14-4 是区块链信用机制约束下个人选择违约与否的决策图解。区块链的链式线性交易记录只能降低违约的风险，但不能从根本上防止违约现象出现。换句话说，区块链是图 14-4 中 X 轴和 Y 轴所构成的平面。基于历史数据的信任机制无法保证未来是否违约。当背叛的诱惑足够大的时候，区块链是不具备约束作用的。因此传统的权威机制在当代社会不可替代。

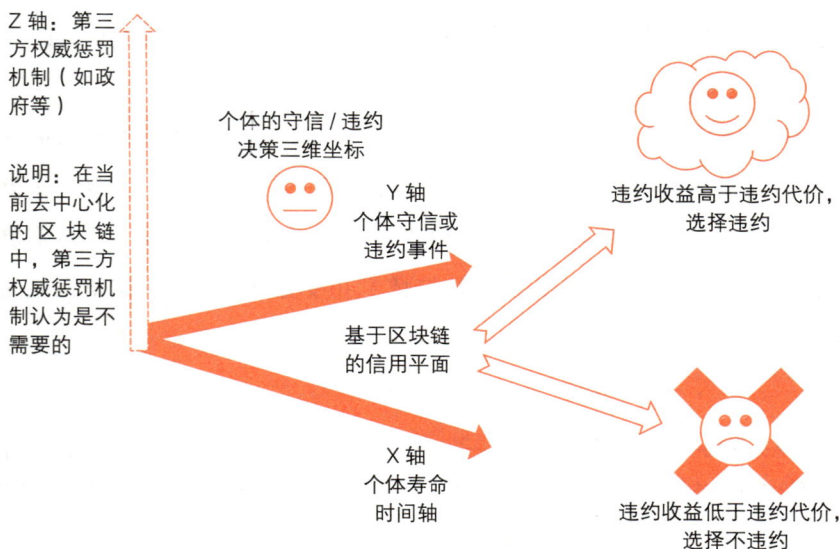

图 14-4　区块链信用机制约束下个人选择违约与否的决策图解

2. 人类还没有理解数字化时代自身沦为"新矿产"的事实，未来大众较高等级的思维能力在"数字饲养"下存在退化可能

索罗斯在达沃斯论坛上指出，Facebook 如果按现在的扩张速度，理论上用不了多久就能覆盖全球绝大部分的受众。这意味着其在横向上的扩张很快就要到极限了。那么对人纵向资源的挖掘就会成为未来的必然选择。人与数字的融合使得人本身成为了未来最珍贵的"矿产"资源，近来引发全球关注的英国剑桥分析公司丑闻已经敲响了警钟。这其中更需要关注的问题是，在去中心化和信息个人化的趋势中，基于人工智能算法的数字定制服务实际上形成了对个体的"信息喂食"机制——即投其所好。这在强化了个人信息偏好的同时也会加深个体的偏见。长期的信息定制服务会形成一种类似"数字饲养"的情形，人会陷入自我选择的被动单一信息环境渲染过程中，逐渐进入被"数字饲养"的状态，使得个人感官愉悦冲击会逐渐冲淡个人的思考习惯，因为原有需要个人决策的日常生活要素会逐步自动化。这个过程对于大众而言，就是陷入"数字饲养"的状态。长期的感官刺激导向会逐步促使个体放弃个人的较高思维能力，很容易进入感官主导型的被操控的状态。

我国大规模打击低俗 APP 移动客户端，有着长远的深意。但对于世界其他国家来说，这种类似我们国家的纠错行为会与他们的国家体制产生"冲突"，因为干预个人信息偏好会被认为是侵犯"人权"。这就陷入一个悖论，大部分大众在没有权威强制干预的状态下，将无法逃避被"数字饲养"、进而被操控奴役的状态。

3. 个人隐私的财产权属性问题已无法回避，人的数字价值需重新评估

既然人本身已经成为了一种数字化的资源，那么个人的隐私还仅仅是"人身权"吗？ 人的数字化，各大公司将个人隐私转化为了持续挖掘的数字

财富，已经是公开的事实。那么我们是否还应该回避个人隐私的"财产权"属性呢？

基于当前的去中心化区块链技术，点对点的个人信息体系，与个人信息的"透明"是密切相关的。没有分布式的公开账簿对个体信息的透明分析展示，就不存在去中心化的信用机制。去中心化的点对点信用是以个人信息的透明化为前提的。

人身权与财产权共同构成了民法中的两大类基本民事权利。人身权是指与人身相联系或不可分离的没有直接财产内容的权利，亦称人身非财产权。人身权包括人格权和身份权两大类，其中人格权包括生命权、身体权、健康权、姓名权、名称权、名誉权、肖像权等。身份权包括亲权、配偶权、荣誉权、亲属权等。当前的法律体系下，个人隐私属于人身权。

财产权，是指以财产利益为内容，直接体现财产利益的民事权利。财产权是可以以金钱计算价值的，一般具有可让与性，受到侵害时需以财产方式予以救济。财产权既包括物权、债权、继承权，也包括知识产权中的财产权利。

人身权界定下的个人隐私权利最大的问题是难以进行金钱价值计算。通俗讲就是，个人的数字化隐私到底值多少钱？这个问题之所以要正视，因为如果个人隐私的财产权属性得不到保护，那么其价值就只能被动地被各大数字化现代企业或第三方机构零成本掠夺。

数字化时代与以往任何时代都不同的重要特征是，可量化和切割的个人价值越来越多。在非数字化时代，人的价值是以单个个体出现的。例如进工厂加工毛衣的剩余价值等。但数字化时代，人的价值是人本身的数字资源和产生的数字动能。例如一个在上厕所的时候点击和所关注的自媒体流量能够创造成百上千的广告价值，人的精神的经济价值在走向不断物化，这个过程已经发生，但因为与传统的人格价值体系的冲突而难以被人接受。

在这个大背景的前提下，个人隐私的财产权边界变得尤为重要。如果不能认定个人的隐私值多少钱，结果就是被各种数字化驱动公司以零成本夺走，这个近乎零成本的价值转移的过程，也正是当前各大互联网公司财富的基础秘密。隐私物权属性的边界是数字文明的开端，不遵守隐私边界，个人利益的保障将难以实现，而且去中心化过程也将沦为新一轮对个人的掠夺。

4. 数字殖民时代已经来临

回望人类历史，其实就是一部以去中心化为动力的斗争史，但每一次颠覆原有中心的奋斗，最后似乎都让自己陷得更深。所以哈耶克的《通往奴役之路》出版后，持续影响了几代人。但是哈耶克并没有解释一个问题：当人的精神行为和人的实际行为可以相分离、并都能直接转化为数字财富的情况下，传统的组织结构、社会机制、经济生态是否依然难以逃脱人性本身的桎梏呢？

回顾国家发展史，国家的崛起与资源的占有、创造和分配密切相关。甚至西方国家的整个崛起过程，就是一部殖民和"挖矿"历史。人的数字资源化，使得"挖矿"目标首次从自然世界转移到了人本身。随之而来的数字殖民趋势已然显现，但会走向何方？我们认为区块链的去中心化应该与数字殖民结合起来看，脱离这个大的历史背景，去中心本身就是新的中心化的过程，这在人类历史上已反复上演。

六、相关建议

1. 进一步加强以区块链、量子计算等为噱头的概念炒作和金融诈骗的打击力度

在中央加大对互联网金融秩序整顿的同时，我们发现出现了以区块链、

量子计算等新概念为噱头的炒作现象和金融骗局。目前已经渗透到了部分农村地区，需要加强相关的监管工作。

2. 客观认识"系统集成能力"与"创新能力集成"之间的差距，要构建"倒金字塔"结构的创新权责体系

我国已具备雄厚的工业生产和系统集成实力，但在当前中国智造的系统升级过程中，也暴露出了创新能力集成不足的问题。问题主要表现在个体人才的能力在组织系统中无法实现有效整合。这其中问题的关键是，传统的生产组织是"正金字塔"结构，技术人才在底端，决策高层在顶端。底端人才是所有试错的第一责任人。要实现创新能力集成，必须把"金字塔"组织结构倒过来，塔尖朝下。让管理决策层承担所有试错责任，把底端技术人才托起到最上面的舞台，将基础创新导向与领导权责体系密切关联起来。先优先技术发展，是创新能力集成的核心要素。

3. 应对"数字饲养"问题，要进一步加强人文社会科学建设

数字时代生产力的极大提升，大部分受众将陷入"数字饲养"状态。我国应高度重视这一问题。当前的网游、低俗网络文化已呈现出类似"数字饲养"的端倪。因此文化的监管和网络传播的净化问题不能放松，更不能放任不管。相关监管技术研发也有待进一步投入。更为重要的是，要加强面向数字时代的人文社会科学建设工作，在系统基础理论上形成防范机制。

4. 建议尽早启动个人隐私财产权界定的相关工作

这个属于基础法律体系的问题。当前隐私的财产价值属性越来越明显，

而且随着数字化发展进程的加速，个人隐私的价值也在急速增长，相关问题需要得到国家的重视，这是能否对区块链等去中心化发展模式进行有效监管的重要抓手。

七、结语

对比第四次工业革命的核心力源和工业驱动力，我们发现区块链所依托的技术依然是计算力，属于数字驱动的工业模式之一，并没有与第四次工业革命的核心变量存在根本性的区别。

当前各国的较量，主要是计算力的较量。因此对计算力本身的分类非常有必要。我们认为计算力可以分为两种，分别是面向感官和面向决策的计算。不同的计算内容，其系统体系、市场重心、社会影响力存在着巨大的差别。

在计算力分类的基础上，我们可以看到，去中心化是当前全球发展的总体趋势。区块链是去中心化方案中当前广为接受的一种。面对当前全球性的区块链热，当前还没有看到有区块链项目明确公开表示已经实现盈利。因此在政府层面需要审慎对待。

除加密货币外，区块链与实业的结合存在广阔的前景，但面向未来智能制造的政策和监管面临算法和物理设备权责体系界定、智能制造标准制定市场化、5G与边缘计算、区块链、物联网融合等问题。

同时也应该清楚地看到，脱离权威组织体系的"乌托邦"暂时还没有出现。从当前趋势看，区块链将作为现代官僚体系的一种补充，在需要去中心化的官僚体系单元中作为管理工具的一种进行实施。暂时还难以看到区块链作为主体性社会结构替代官僚体系的可能性。没有中心化的主流社会组织结构，就不存在去中心化的组织形态。这两者是矛盾对立和彼此依存的。

从维度上看，区块链信用机制存在维度限制，当前还看不到颠覆传统权威的可能性。人的信任决策过程不受制于过去历史的影响，更倚重未来预期利益的获取。因此缺乏权威惩罚机制的区块链二维平面，无法完全确保人本身的"守信还是背叛"的立体化决策行为。

同时，我们发现，区块链去中心化技术的大面积应用推广，还需要解决一个三元悖论，即立足于现有的计算能力限制，安全性、低成本、易用性三者只能兼顾其二。

虽然区块链及相关技术目前还存在种种问题，但全球去中心化的发展趋势不可避免。数字化对人本身的全面渗透已经悄然成为了人们日常生活的一种习惯。但当前人类还没有理解数字化时代自身沦为"新矿产"的事实，未来大众较高等级的思维能力在"数字饲养"下存在退化可能。当前个人隐私目前已经成为了盈利性组织体系的矿产资源是一种无法阻挡的事实。个人隐私的财产权属性问题已无法回避，人的数字价值需要重新评估，数字殖民时代已经来临。以上这些问题，需要引起我国政府的重新审视。

面向未来，实践是检验真理的唯一标准，数字将重新定义实践。

15 Chapter 15

"西方之死" 与百年未有之大变局

2019 年 8 月，奥巴马担任首次制片的《美国工厂》大获成功。这部纪录片讲述的是 2014 年中国福耀玻璃集团在美国俄亥俄州代顿市建立工厂，让一间倒闭的工厂获得新生的故事。整个影片聚焦中美双方的文化差异和矛盾，最终双方弥合分歧并走向盈利的过程。《美国工厂》给美国铁锈区带来了不一样的发展标杆，但也对原有美式"生产力"产生巨大冲击，引起美国、欧洲和国内的热议。中国制造力、中国模式在美国的落地生根给美国民众带来了最直观的冲击，关于美国的铁锈困境、西方的衰落问题再次引起了全球的共鸣。国内甚至出现了"西方之死"的质疑。西方之死是最近几年针对西方的衰落问题的最新研究的一种声音，预言西方颓势将无可挽回地走向衰落，东方将走向复兴并主导 21 世纪的发展。"西方之死"的观点存在很多争议，未来的变局将进一步加大。21 世纪的前 20 年即将结束，站在百年未有之大变局的十字路口，我们需要回顾一下"西方之死"的发展历史，并审慎思考一下大变局之下我国未来的发展。

一、西方学者视角下的"西方之死"与"特朗普"类型总统的必然性

最早较为系统论述西方衰落问题的是 20 世纪初德国史学大师斯宾格勒的代表作《西方的没落》(*The decline of the West*, 1918、1922 年先后分两卷出版)。该书被誉为"西方文化的历史博物馆"。在该书中,斯宾格勒认为,当西方世界以物质文明为主的世界兴起时,以精神文化为主的时代也就逐渐衰落了。斯宾格勒所预言的"西方文化最终会走向没落",这一观点在现代西方产生了复杂、广泛的影响,也引起了持续至今的争论。斯宾格勒所处的时代,正是资本主义社会各种危机开始爆发的时代。斯宾格勒基于跨文化比较的宏大叙事,对各种不同文明的起落进行了比较。

斯宾格勒在写作《西方的没落》一书的时期,正值"一战"结束、"二战"前夕,当时斯宾格勒已经预感到了战争危机在即,在对西方历史发展脉络进行梳理后,斯宾格勒已经感觉到了明显的危机,他观察到了西方传统哲学理性主义的乏力,更发现作为西方的文化和价值观念基础的西方社会正在走向没落。世界上的每一种文明都像有机体一样发展。从弱小的启蒙开始,会增长、绽放并加强自身,超越世界,最终进入衰退阶段,不可逆转地消失。斯宾格勒从事物发展本身的规律去探讨文化发展的规律,从生命过程的视角去看文化的演进,因此认为西方的没落是一个无法避免的自然过程。

斯宾格勒并不是他那个时代唯一一个被文化衰落所困扰的人。但斯宾格勒的叙述逻辑强大之处在于他从人们所熟知的常识的角度分析了不同特定国家的战争、死亡、灾难等,在基于大部分人易于理解的视角和思维方式对一种文化由兴到衰的必然性进行了分析。这种思维方式重塑了西方社会看待自身历史的角度。斯宾格勒的观点最终唤起了西方社会对历史和政治的宿命论立场。在他的著作中,他把西方文化的没落看作是历史的没落,是全世界人类的没落。斯宾格勒的"文明悲观论"对后来的西方学者有着非常深远的影

响，至今依然存在很大的争论。

在斯宾格勒《西方的没落》一书提出百年后，2013 年哈佛大学历史学教授弗格森出版了《西方的衰落》(*The Great Degeneration*: *How Institutions Decay and Economies Die*)。弗格森没有采用斯宾格勒的宏大叙事视角，而是对西方制度与经济的衰退进行了系统的论述。弗格森在开篇的序言中指出，早有人预言到西方社会的衰落。如今，这些衰落的迹象看似无处不在：经济增长放缓、债台高筑、人口老龄化问题、反社会行为等等不一而足。但是西方文明究竟欠缺在何处？尼尔·弗格森认为制度的衰落难辞其咎，是制度正在导致社会的繁荣或衰败，制度就是在其中发挥作用的错综复杂的框架体系。这其中包括四个方面，分别是政治制度、市场制度、社会治理制度和文化制度。

在政治制度方面，以美国和西欧为主体的代议制民主体制的不足越来越成为西方社会发展的阻力。弗格森认为，因为民众更关注短期、眼前的问题，而政客为了获取更多选民的支持，就需要去迎合民众的情绪。因此从政治制度的视角看，代议制的民主体系的问题是结构性的，也是不可调和的。越是在需要长期规划战略的领域，越会表现出掣肘。另外，政客们为了迎合民众、赢取选票而采取的高福利措施，是以高额的债务转嫁给后代为代价的。在市场方面，对市场监管的制度越来越多，越来越繁杂。特别是以"政治正确"为导向的市场管制，扭曲了市场原有的传导机制。例如金融机构就面临这种情况。

以 2010 年 7 月 15 日通过的《多德——弗兰克华尔街改革与消费者保护法案》为例，该法案本意是保护消费者，篇幅长达 2300 页，囊括了金融业的各个方面。并且自 20 世纪 30 年代以来，首次将政府对华尔街的干预写进了法律。[①]

---

① [美] 杰瑞·马克汉姆：《美国金融史》第 6 卷，中国金融出版社 2018 年版，第 404 页。

《多德》法案还包含了种族和性别歧视、气候变化与战争等广泛的内容。但作为一部金融监管法案，承载了太多非相关的使命，而事与愿违。而在法治问题上，西方社会的法治体系逐渐沦为了律师的生意，法律成本陡增，事与愿违。弗格森还痛惜道，与政治、法律制度衰落相对应的是西方公民社会的衰落。原有的公民社会组织不可避免地走向政治化、极端化，加剧了社会的冲突和分裂，进而导致恶性循环。弗格森在书的前言中直言不讳地批判了福山，并指出："时过境迁，如今的世界却俨然呈现出不同的局面。'经济自由主义'完全成为有色标签，而中国等地的支持者对现存民主制度公开表述不屑。西方社会发展停滞、举步不前，这种停滞不仅仅局限于经济领域。"

弗格森的观点引发了广泛的争论，但对西方长期以来的制度优越性感知是沉痛的一击。这是近几年来"西方之死"质疑的重要话题起源之一。弗格森在指出西方弊病的同时，提出希望出现伟大的西方领袖能够进行大刀阔斧的改革，力挽狂澜。这种逻辑下，美国出现类似特朗普这种类型的总统，是西方衰落过程中的必然，也是有力的证据。弗格森本人 2018 年 5 月在人民大学发表演讲时，也公开表示了对特朗普的支持。他认为："特朗普他会以做生意的方式思考问题。他希望能够简化外交政策，而把外交政策认为是一系列的生意的交易。从某个角度来看，也是有一定的好处，就是促使我们在比较短的时间内达成一项交易。我觉得这也是特朗普发起贸易战的一个出发点，就是他希望能够在这场贸易战中达到自己的目的，或者在朝鲜的问题上也是认为希望自己能够在这个过程当中扮演重要的角色。"

二、国内对"西方之死"的感知始于 20 世纪 80 年代至今开始的全面反思

我国对于"西方的衰落"的原因的分析，主要分为三个阶段，第一阶段

是对西方思想的批判性吸收阶段。20 世纪 80 年代中后期，随着国门的开放，对西方各类学科和研究体系接触的深入，我国学者开始展开了以辩证唯物主义与历史唯物主义观点分析各流派的贡献与局限性的批判性思考与研究。这一点更多的是集中在人文和哲学社会科学领域。

第二阶段是文明冲突的反思期。到 20 世纪 90 年代中期，国内学者开始将西方的衰落问题与当时流行于西方的"文明冲突论"结合起来分析，并试图探讨西方衰落的本质。比较有代表的是，1995 年，中央党校李小兵从"文明的冲突"视角出发，对"西方的没落"进行了理论背景和社会基础的分析，认为西方的没落的基础是西方的哲学和社会的危机，是西方中心论的衰落。但西方面对衰落，又存在继续维护西方的世界统治地位的幻想。同时，李小兵指出文明问题尤其是"文明冲突论"的提出，反映出西方社会及其文化研究者对文化问题的看重，以及文明问题在当今充满矛盾、冲突的世界中的重要性。[1] 以李小兵等为代表的中国学者开启了对西方衰落的哲学反思。

第三阶段是对西方衰落的全面反思。到 21 世纪，我国学者对西方衰落的观察，逐步走出了"文明的冲突"的视域，开始结合大量的现实案例进行具体化的研究，涉及政治、经济、文化等方面。进入 21 世纪的前 15 年，全球至少有 22 个国家出现了民主解体的现象。除此之外，大量的新兴民主国家出现了民主发展停滞、民主质量下降的现象，就连老牌西方民主国家也遭遇了治理危机和民主信任危机。[2] 在 2011 年人民论坛问卷调查中心的一项调查中，47% 的受调查者认为西方"衰落征兆已现"西方发展模式的弊端在危

---

① 李小兵:《从"文明的冲突"看"西方的没落"——论"文明冲突论"的理论背景与社会基础》，载《哲学研究》，1995 年第 9 期。

② 陈尧:《"民主衰落"现象：西方学者的自我诊断》，载《理论导报》，2017 年第 2 期。

机中日益显现，西方已处在了发展的"十字路口"。①

在这种背景下民主日益失灵、民粹强势崛起不断，危机四起，大有全面衰竭之势。特别是当前资本主义已经发展到了金融垄断资本主义时代，当代西方城市中间阶级中的非剥削性中间阶级日益无产阶级化、贫困化，剥削性中间阶级则日益依附于大资本。社会日益两极分化、矛盾迭出，证实了马克思关于资本主义社会日益分裂为两大直接对立阶级的断言。② 由此也产生了一个非常严肃的问题，中国是否或在多大程度上应该学习西方近代以来的经济、政治文化模式？

中国对于西方的变化和对自身道路的探索，不仅仅始于对西方衰落的反思，同时也包含对如"苏东剧变"等社会主义道路存在问题的深刻反思。上述两个方面的统一，构成了世界社会主义运动陷入低潮的条件下中国应对西方压力和发展自我的基本立场和实践取向。党的十八大以来，以习近平同志为核心的党中央以高度的政治自觉继续强调坚持民主探索自主立场的重大意义。每个国家的政治制度都是独特的，都是由这个国家的人民决定的，都是在这个国家历史传承、文化传统、经济社会发展的基础上长期发展、渐进改进、内生性演化的结果。中国是一个发展中大国，坚持正确的政治发展道路更是关系根本、关系全局的重大问题。同时，我们党进一步强化了道路自信并上升到文化自信的高度，公开阐明了中国方案的世界意义。面对东方文明的崛起，西方并不会善罢甘休，以部分国家掀起的逆全球化的潮流就是西方强势反击的重要表征。

---

① 刘建、肖楠：《47%的受调查者认为西方衰落征兆已现——公众如何看待西方国家社会动荡》，载《人民论坛》，2011年第27期。

② 宋丽丹：《两极分化背景下西方城市中间阶级的衰落》，载《科学社会主义》，2019年第2期。

三、西方的反击：逆全球化与百年未有之大变局

"逆全球化"是与全球化针锋相对的一个概念，主要用于描述如全球经济一体化等发展趋势的社会现象、群体活动、国家行为等。逆全球化的现象非常普遍，比如反跨国公司、反国际资本、反国际贸易自由化等。当前主要的逆全球化中，主要与日益紧密相连的全球化贸易、服务、资本、人员流动密切相关。具有讽刺意味的是，过去以推动全球化为己任的美国正在不遗余力地推动逆全球化。这是美国自身衰落、在全球化过程中失去了原有的主导地位的直接反映，是西方衰落反击的典型。2019 年以来，美国单方面表现得越来越激烈。例如 2019 年 8 月 23 日，中国宣布对美国的关税政策采取反制措施，对近 750 亿美元美国商品加征关税后，特朗普连发 12 条推特，并采取了命令的方式要求美国企业尽快停止在中国进行采购，要求所有在华美国企业撤出中国等。①

当前逆全球化主要有三种表现形式：一是以"街头运动"的形式展现，如示威、游行、逆全球化街头艺术等。至今影响最大的是 1999 年在西雅图发生的大型逆全球化抗议。1999 年 11 月 30 日，来自全球约 10 余万人汇聚西雅图，集体抗议 WTO 第三次部长级会议并与警方发生较大规模冲突，约有 587 人被捕，会议因此中断。此次事件被媒体称为"西雅图之战（N30）"，该行动抗议的是全球自由贸易带来的问题，如环境、国家间贫富不均等。综合当时的媒体报道，该游行主要观点是认为 WTO 规则制度有利于跨国企业和发达国家，让强者更强而弱者更弱，是固化了当时的全球化格局和秩序，

---

① 《特朗普推特"下令"禁止美企在华采购》，新浪新闻综合，2019 年 8 月 24 日，https://news.sina.com.cn/w/2019-08-24/doc-ihytcern3224334.shtml，访问时间：2019 年 8 月 25 日。《中国对美国加征关税反制特朗普连发推文回应美国企业撤出中国》，美洲华联社，2019 年 8 月 23 日，https://huarenone.org/golbal-news/shizheng/26177-2019-08-23-17-09-11，访问时间：2019 年 8 月 25 日。

因而引起了国际化的共鸣和集中抗议。逆全球化的"街头运动"是多种多样的，如举行和平非暴力的游行示威，在重要国际化会议场外聚会、静坐、发表反对演说，甚至部分暴力活动等。

二是构建全球化的逆全球化国际共识。与"街头运动"的具体逆全球化运动对比，这是逆全球化的理论化过程。自进入21世纪以来，与各类推动全球一体化的研究相伴的，构建逆全球化的理论体系也在不断发展。其中具有代表性的是在2001年发起，至今已举办16届的"世界社会论坛"。每次举办都有来自世界百余个国家的十余万逆全球化支持者参与。每次会议都会探讨相关理论体系构建以及新的发展趋势等。

三是将"逆全球化"上升为国家行为。例如特朗普上任以来，美国新的保护主义开始盛行。近两年以来，随着特朗普执政美国帷幕的开启，拉起了以国家机器反对全球化的大旗。具体表现在破坏原有国际秩序、挑起多边贸易争端等，并形成了针对中国等在全球化过程中快速发展国家的系统反制战略，以维持美国主导的国际秩序。

随着互联网、计算技术的高速发展，社会结构的转变等，逆全球化正在以更多的形式、更大的力量在不同层面发声发力。当前全球化进程受到了前所未有的挑战和质疑。从这个角度看，美国对华的反制战略有着必然性，并不会因为个别总统的选择而轻易改变，个人的因素与整体的发展倾向是相辅相成的。

逆全球化直接动摇了当前的全球经济结构，全球正面临百年未有之大变局。具体在全球经济上主要表现在两个方面。一方面是国际贸易保护主义日益抬头，全球贸易规则不稳定性加剧，在冲突与重构中反复；另一方面自2008年国际经济危机以来，欧美等西方发达国家均开始推出制造业升级的相关战略，例如美国的先进制造业国家战略计划，德国的工业4.0战略，日本的工业4.1J，韩国的制造业创新3.0，法国的新工业法国战略，印度的印度制造战略等。随着科技的发展，制造业在新时期的重要地位引起了各国的高度重视。

值得注意的是，美国的制造业回流并不是特朗普任职总统以来才开始的。据 2014 年波士顿咨询公司（BCG）的研究，年收益超过 10 亿美元的美国公司中，就有一半以上开始考虑制造业的回流。[①] 图 15-1 是美国境外企业回流情况，美国的企业回流事实上从 2010 年就开始了，这个过程并不是特朗普上台后才开始的。根据美国回归倡议协会（Reshoring Initiative）的数据，2010—2017 年，有 721 家美国在华企业选择回归美国本土，其中大部分是制造业。其次，从墨西哥、加拿大和日本回流的企业，分别为 81 家、49 家和 19 家。这与新兴市场制造成本上升有关，并不是随着当前中美贸易争端加剧才开始的。美国建立节能、环保、高效率、智能化新工业体系的战略具有持续性，旨在重新夺回全球制造业龙头的地位。换言之这是与中国制造业针锋相对的战略计划，是当前逆全球化的重要体现。由此可以看出，这是针对中国崛起最直接、最关键的反击，会是一个持续的过程。

四、客观系统评估东西方发展，警惕全民傲娇情绪

在 21 世纪前 20 年即将结束之际，我们看见了一个挣扎于"垂死边缘"的西方世界。但是另一方面，我们也要清醒地认识到，我国在技术创新方面虽然这些年有长足的进步，但与西方有较大的差距，还有很长的路要走。合作与共同发展依然是未来的主要话题。

2016 年，英国脱欧令世界愕然，《探索与争鸣》杂志针对西方衰落问题组织了一场讨论。当时北京大学政府管理学院李强教授的观点引起了比较广泛的共鸣。他认为，我们或许应该放弃简单化地断定或否定西方是否正在走

---

① BCG (2015), "Man and Machine in Industry 4. 0: How will Technology Transform the Industrial Workforce Through 2025?", 2015. 9. 28.

向衰落，而注意分析西方所处困境的性质，并观察西方模式是否有自我调节能力。具体而言，至少有三个观察点①：

第一，以个人主义、私有产权、市场经济为核心的西方经济制度是否已经耗尽活力，走向尽头？

第二，西方民主制度的发展会采取何种走向？

第三，以伊斯兰国为代表的激进主义对西方自由主义制度与文化会产生何种影响？

通过对这些问题的观察，我们或许可以比较冷静地分析今天西方面临的危机的性质：这些危机是根本性的致命危机抑或仅仅是短暂的困难？更为重要的是，通过对这些问题的观察，我们也会对思考我国自身的改革有更为中肯的态度。中国政治发展道路的坚持与探索，不能离开对当下西方政治变化的思考和探讨。只有将两者联系起来，才能更加深刻地把握自身的优势和发现自身的问题，深化政治体制改革以推动社会主义民主的建构与完善，达成新的政治文明越来越充分地实现。

季羡林在论述西方的没落时，同时也指出了另外一个问题，那就是我们在研究西方的同时，我们对自身了解多少？他指出："如果是一个诚实的人，他就应该坦率地承认，我们中国人自己也并不全了解中国，并不全了解东方，并不全了解东方文化。实在说，这是一出无声的悲剧。"对东方文明自身的了解会直接影响我们对西方过去、现在和将来的认识，这是应对百年未有之大变局的起点。

---

① 李强：《西方模式是否正在走向衰落》，载《探索与争鸣》，2016 年第 8 期。

新冠疫情加速百年变局 ^①

在微生物界看来，人类只是地球上的后来者、易危物种。人类文明进化史几乎无时无刻不受到微生物界的深刻影响，有时甚至被微生物改变人类文明进程乃至人类进化方向。

或许，多年后再看 2020 年，会很容易发现，将 2003 年非典对照新冠疫情是狭窄的。亦或许会发现，此次疫情的全球大流行是人类文明大变局的一个序曲。

2020 年 3 月，疫情在中国国内得到有效控制，但在全球，则刚迈入高发期的门槛。这造成中国与外部世界处在疫情的不同周期。从经济与社会看，正在复工复产的中国面对的是金融市场陷入恐慌、经济刺激政策极端化的外

---

① 本文系《百年变局》一书四位作者王文、贾晋京、刘玉书、王鹏与所在智库中国人民大学重阳金融研究院"全球资本市场研究"课题组的合作，对外发布于 2020 年 3 月 24、27 日，在网络上引起上百万读者的阅读。该课题组组长为王文。感谢同事卜永祖、曹明弟、刘英、杨凡欣、关照宇、刘典、陈治衡、张婷婷、张洋等参与本文的部分写作。

部环境。笔者王文在此前文章中精准地预测了世界大危机的到来、美国将大规模暴发疫情、将实现负利率等事件的发生。现在，"新大萧条"的降临，已基本形成共识，问题只是：它将演进到什么程度？带来的是世纪危害还是文明兴衰？

中国"战疫"的重点已转为防控境外疫情输入，下一步，中国经济也要防范境外萧条输入。为此，需要以底线思维研判"新大萧条"的可能情境与冲击强度，有针对性地建造"防波堤"。

一、全球疫情与萧条的互动情境推演

"新大萧条"以疫情为触发因素，经济与社会将受到何等程度的冲击，也取决于疫情持续时间。显然，疫情持续越久，全球经济陷入危机的程度就越深，疫后平复周期也越长。

基于此，以疫情影响力为基础，可想象三种递进的情形：（1）疫情冲击多个国家（"区域危机级"）；（2）疫情延续百年（"世纪危害级"）；（3）疫情削平西方文明的领先度（"文明兴衰级"），并在三种情形下推演了"新大萧条"将呈现出什么样的情境。

1. 低烈度情境：区域危机级

在此情境下，全球疫情冲击在未来 3 至 4 月内得到有效控制，世界经济陷入结构性暂时萧条，复苏需要 1 至 3 年。

低烈度情境参照中国的疫情防控进程设置，即假定全球疫情涨落周期与中国在 2020 年 1 至 3 月的进程相仿，全球疫情在 2020 年上半年得到有效控制。在此情境下，欧美主要国家总人口感染者比例将不超过 0.1%，即相当于美国感染者总数在 35 万人以下。这种情境要想出现，需要疫苗以奇迹般的速度普及。即便在这种情况下，全球经济也难以抵御冲击，受影响程度堪比 2008 年经济危机，复苏至少需 1 至 3 年。

作为情境推演的出发点，2 月 24 日 -3 月 20 日，美国股市蒸发 15 万亿美元以上，最"惨"的航空类、石油类以及波音这样的公司股价跌了 60%以上。美国疫情"较均匀"地分布在各个州，不像中国 85% 以上都在湖北。美国疫情防控比中国更难，且当前特朗普政策重于救"市"而轻于救"命"，如挑雪填井。已有机构预计，2020 年二季度美国 GDP 增长率将为 -24%。

美国—欧洲之间的禁航措施导致全球最大规模的常规国际人流趋于消失，航空运输、旅游业、石油等行业成为国际资本市场上的领跌板块，带动大面积的行业萧条、流动性紧缺。随着美国、加拿大进入"封城"乃至停办常规签证业务的疫情管控期，禁航措施将扩大到全球航线乃至其国内航线。贸易活动出现严重萎缩。各国采购经理人指数（PMI）都将长期低于 50% 的荣枯线下方，各类需求都处于收缩的状态。"全球化休克"继续恶化。

西方国家纷纷以"印钞"方式"抗疫"，美联储已出台包括"零利率"、7000 亿美元新一轮量化宽松、商业票据融资乃至直接收购股票等一系列极端的"大水漫灌"政策，预计短期内政策还将加码，美国进入"负利率"概率较大。受汇率冲击，不少发展中国家都将在第二季度出现经济危机。全球性经济萧条必然出现。

未来 3 个月，国际资本市场的恐慌情绪会继续引发剧烈的金融动荡，道琼斯指数大概率跌破 15000 点，甚至跌破 10000 点、直追 2009 年 6469 点的概率也是存在的。占美国 GDP 约 40% 的影视娱乐和文化体育行业将停摆，包括欧洲五大联赛在内的西方经济中的"现金流项目"都被大幅度推迟或缩减规模，东京奥运会极有可能被推迟。由人流、物流、信息流带来现金流的行业只要 3 个月无法恢复，西方经济必将陷入诺贝尔经济学奖获得者埃德蒙·费尔普斯所称的"结构性萧条"，疫情后除非出现结构性变化，否则难以复苏。

2. 中烈度情境：世纪危害级

在此情境下，疫苗在短期内无法研制成功，全球疫情冲击将持续数年，国际秩序受到颠覆性冲击，重组需要 5 年甚至更长时间。

中烈度情境参照欧美国家只能采取力度有限的防控措施设置，在此情境下，欧美主要国家总人口中感染者比例将超过 0.1%。这种情境的出现需要结合疫苗研制进程，在非常规情形下，疫苗可能在短中期内无法普及。在此情境下，欧美世界总共将有超过 2000 万人被感染，死亡人数可能按百万计。

这种情境犹如 1918 年西班牙大流感后溢影响延续至今那样，对人类发展的影响程度将堪比世界大战，意味着国际秩序大重组，而"战疫"是人类与病毒之间的"世界大战"，美国总统特朗普在宣布紧急状态法案时就自称"战时总统"。

随着疫情延续，西方主要经济体将陷入"休克"状态，打砸抢烧等社会骚乱蔓延，不得不在冒着疫情风险的情况下部分恢复经济活动，例如重启体育赛事和娱乐活动，相应地，也必然恢复部分交通运输和物流。而这些被迫举措又将带来疫情进一步发展的风险，延长疫情冲击周期。

在应对愈演愈烈的新冠肺炎疫情时，一些国家很有可能采取以邻为壑的极端措施，将经济问题引向种族主义冲突甚至意识形态矛盾，加剧贸易冲突。

西方国家金融市场很可能在恐慌情绪和流动性危机下进入"超级萧条"，这时有极大概率出现大规模"资产退市"现象，即在市场给企业造成的伤害稳定地超过收益情况下，大量企业干脆选择退市。包括美国在内的一些国家可能被迫关闭资本市场，甚至取消或变相取消总统大选。经济萧条使得中国以外的世界陷入"孤岛林立"状态，全球化从"休克"转入"濒死"。

那时，西方国家缺少行动所必需的资源，会倾向 2008 年那样寻求新一轮的全球治理应对全球萧条。此后，国际秩序重组的力度堪比二战后国际秩序重组，要在重建、新建一系列基础架构之后才会出现新的国际秩序，耗时不会少于 5 年，甚至更久。

3. 高烈度情境：文明兴衰级

在此情境下，全球疫情冲击远超过我们的想象，影响程度达到事关人类文明兴衰级别，疫后不存在"恢复"问题，只存在如何建立新世界、新文明的问题。

高烈度情境参照西方一些研究中悲观的情境设置。在此情境下，世界将受到二次传染，即治愈者复发，导致感染人群加重，最终全球感染者人数达到数亿。疫苗研制的常规速度，无法跟上病菌的变化速度，最终导致西方文明领先于世界的程度被病毒削平，而产生像 14 世纪黑死病鼠疫那样"文明兴衰级"的影响力。

在此情境下，事实上已经不存在全球经济"抵抗力"的问题了，只存在人类文明在生存环境剧变情况下的适应能力问题。历史上，"黑死病"既有危害人类生存一面，也重塑了人类文明进程，这样的过程并不适用于以供需框架为基础的经济分析，而应该从人类社会与地球关系的宏观历史视角去看。

高烈度情境下，人类社会将对疫情产生主动或被动适应，带来一系列世界巨变，但最终将以某种宏阔史诗般的方式涅槃重生。可能出现的世界巨变包括：

（1）此前过度"经济金融化"的国家或在竭力支撑 1 年左右时间后走向国家框架瓦解过程，对于"大社会"基础上的"小政府"来说，这并非不可能。这一过程类似于 20 世纪 90 年代初的苏东剧变，只是主角不排除可能换成某超级大国。

（2）以美元为世界货币的全球流通体系巨变。美元的信用建立在"可以在美国市场上买到东西"的基础上，如果"美国市场"大幅度萎缩甚至不存在了，世界上其他地方的资产又为什么非要以美元来计价？目前美国处于

"零利率时代"，负利率的诱惑陡增。国际间流通可能将进入一段混乱时期，然后寻求统一的替代方案。

（3）多个国家纷纷请求中国出手相助，并希望中国发挥引领作用建立"抵抗力"更强的国际合作秩序。这时，拥有稳健国内市场这个基础的人民币将被各国寄予厚望。而全人类将会更严肃地看待各国的制度优势，并改革下一步的各国治理机制与全球治理新框架。

二、防止全球大萧条传导至中国

3月26日，G20领导人峰会首次召开视频会议，中国国家主席习近平首次倡导"开展国际联防联控"，建立区域公共卫生应急联络机制，同日，还**颁布暂停外国人入境令、削减国际航班入境**。这是建立在中国过去两个月成功遏制新冠病毒在国内蔓延的经验基础之上的举措，同样也代表着中国对世界公共卫生治理的大国责任。

对于3月底的中国而言，防范新增疫例输入的任务相当严峻，而防范外国环境进入"新大萧条"的任务同样严峻。中国经济可能会受到外部怎样的影响？显然，传导路径是决定性因素。中国人民大学重阳金融研究院"全球资本市场研究"课题组对宏观经济、金融和贸易的可能传导路径进行了分析。

1. 全球"汇率混乱期"带来巨大输入性通胀压力

2020年二季度全球实体经济面临的冲击将远超疫情蔓延之初的预估。3月20日，圣路易斯联储主席布拉德表示，二季度美国失业率可能达30%，且GDP暴跌50%，比此前高盛做出的 −24% 预测更严重。26日，美国传出一周内登记失业的人数暴增320多万。

美国经济大幅度下滑，必将导致美元估值重大调整。作为在全球外汇市场占比超过 80%（即全球外汇兑换中 80% 以上的交易都是美元与另一种货币互兑）的世界货币，美元估值调整必将引起全球汇率进入混乱期，各种货币都被迫重新找"锚"，且持续时长难以预计。

同时，西方主要央行"灌水救市"也使得国际货币面临"洪水滔天"局面。例如美联储大幅下调联邦基金利率，同时推出 7000 亿美元量化宽松计划，重启商业票据融资机制，预计其资产负债表很快将扩张到 5 万亿美元以上，相当于 2008 年危机之前的 5 倍多。近日，短期国债收益率已为负，负利率降临美国。加拿大央行两次紧急降息各 50 个基点至 0.75%，并扩大定期回购工具的合格抵押品范围，以涵盖该行常备流动性便利下的所有合格抵押品。日本央行将年度 ETF 购买目标增加 6 万亿日元。新西兰央行紧急降息 75 个基点至历史低位 0.25%，同时向经济注入 121 亿新西兰元（73.1 亿美元）资金。英国央行也在 3 月连续两次紧急降息至 0.1%，并增持价值 2000 亿英镑的英国政府和公司债券。

对此，人大重阳认为，作为全球资产生成中心的中国，更需重视资产泡沫和通胀水平，防范"剪羊毛效应"。短期来看，随着国内疫情的缓和，因为拥有完整的工业基础的庞大的生产能力，产业链配套相对完善，中国能够在短时间内实现复工复产，制造业相对竞争力将进一步提升，通胀的压力会得到稳定甚至缓和。但是随着时间的推移，境外"直升机撒钱"很可能会流入中国，进一步推高通货膨胀。因此，中长期来看，我国仍然面临较大的通胀压力。因此中国央行没有必要受美联储的政策影响，当前的重点仍然是加快金融领域的改革，完善货币发行机制，让货币政策的传导更加灵敏和迅速，同时静观国外政策的变化以及带来的影响，保持定力和耐心。

2. 西方熊市将使中国资本市场的流动性减退

3 月中旬，西方资本市场纷纷出现了暴跌的行情，已经陷入了技术性熊市。从数据上看，美国标普 500 波动率指数 VIX 在 3 月 17 日已经涨至历史高位，市场弥漫着恐慌情绪。美债收益率上升以及黄金价格的大跌给市场的流动性带来负面冲击，如若流动性危机继续蔓延的话，将演变成普遍的金融危机。"现金为王"是此时主要的避险方式，市场参与者纷纷要求将资产兑换成现金，挤兑现象也在持续发生，更加剧了流动性危机爆发的可能性。

人大重阳推测，流动性枯竭也将影响到中国的资本市场。短期来看，外资可能部分撤离，将对中国的金融稳定造成影响，而这种抽离是无法避免的结果。根据数据来看，本年合计净流出约达到 200 亿元。海外资金流出给 A 股施加了一定压力，会给上市公司、企业的融资造成困难。流动性枯竭是金融危机的序曲，因此，各国央行也纷纷开启救市政策。

从资本流动性的角度来说，中长期对中国资本市场的风险积累会加剧，需要重点防范输入性风险。中长期来看，当央行的救市政策起到作用时，海外资金则会超额流入中国资本市场，使得金融泡沫形成。值得一提的是当资金大量涌入中国的债券市场时，也会促使债券负利收益率的形成。

随着金融全球化的程度加深，我们不仅需要抓住机遇，更需要注意风险的防范。在中国资本市场改革中，应注重以下四点的发展：一是，在继续深化开放政策的同时，把握开放的内容和节奏，做到稳步高质量的发展；二是，稳步推行更多利于风险管理的金融衍生品工具，增加我国资本市场的规模容量，如推行汇率期权等产品；三是，实施更具有可操作性、更有针对性的金融监管措施，如对国际游资、国际对冲基金等主体的穿透式监管；四是，支持我国资本市场中金融信息服务机构的发展，提高市场化程度，增强我国金融竞争力。

3. 国际贸易萧条将冲击中国外贸

国际贸易引擎熄火直接冲击实体经济。根据人大重阳的初步判断，疫情的冲击首先会影响到海外市场的消费意愿，主要会对餐饮业、旅游业等第三产业服务业产生重大的负面影响。短期来看，会造成失业率的上升，对于经济的发展不利。疫情同样会冲击已经形成的全球物流网络。目前，海运、航空运输等重要的运输途径相继出现停运、停飞的现象。铁矿石、石油、商品货物的运输成本陡然上升，同时也出现不同程度的库存积压，这对相关企业、公司的运营打击更是强烈。

对于中国来讲，由于疫情在国内得到控制，外贸企业复工复产，但是，国际的需求骤减，只能对于刚性需求的产品提出订单，如口罩、医疗设备。这也反向冲击了我国国内外贸经济的发展。国际贸易和国际投资是拉动经济增长的重要引擎，引擎熄火，商店关门，经济停滞甚至停摆，全球产业链、供应链和价值链都受到严重限制和拖累，尽管净出口只占中国 GDP 的11%，但是超过 30 万亿规模的进出口，是拉动中国实体经济的重要马车，需要通过稳外贸、稳外资，加强共建"一带一路"来共同推动国际贸易和国际投资增长，进而稳固中国在全球产业链、供应链和价值链中的地位，加强国际合作，来共同应对世界经济下行压力，开启世界经济增长引擎。

三、"全球新大萧条"下的地缘政治经济变局

外部环境进入"新大萧条"，对外部地缘政治、地缘经济带来哪些影响？对此，人大重阳针对重点板块，从石油、亚欧大陆格局、欧美"跨大西洋"三个方面对可能出现的全球变局做了分析。

1. 石油危机可能引发粮食危机和更严重的金融危机

当今，石油首先是一种金融产品，其次才是"工业的血液"。石油板块暴跌是欧美资本市场暴跌的领跌者。在金融操作中，由于石油期货价格长

期以来波动率小于股票，因此欧美市场上的对冲基金往往将石油作为稳定性配比纳入资产组合中。但疫情导致欧美航空、汽车等出行需求预计"趋近于零"，同时油田很难大规模封井，这就导致油价必然暴跌，从而引起大量基金爆仓。反对来，大量基金爆仓又会导致全球价值约 20 万亿美元的油价、设施等石油资产估值大幅度下降，即使到了疫情后，也没有必然理由再与美元绑定。石油美元时代或将伴随"第三次石油危机"走向土崩瓦解。

石油危机还可能造成粮食危机。由于地处沙漠，中东石油出口国最重要的进口物资就是粮食，"石油换粮食"是很多石油出口国的经济实质。石油价格大降，但粮食价格很难大降，因此，需警惕几个月后可能爆发的国际粮食危机。

石油危机还可能引起美国页岩油气产业发生危机，因页岩油气的成本价约为 40 美元 / 桶，油价处于低位时长只要超过 3 个月，大量美国页岩油气企业债券就要违约，从而引发严重的"次生灾害"。

随着各国为减少疫情的影响必将延续"封锁"政策，势必进一步加剧对市场需求的冲击。由于各国管控措施的加强，制造业将迟迟不能全面复工，这将严重损害能源资源消费国的经济，石油价格因此也仍将长期处于低位。受石油价格低迷的影响，美元资产可能会大幅度贬值，对商品出口竞争力造成严重损害，贸易摩擦在所难免。随着疫情在全球的持续蔓延及其对经济的潜在影响，石油需求的预期前景也在不断恶化。

2. 亚欧大陆：疫情促进"一带一路"合作深化

因疫情造成的全球大萧条对我国"一带一路"合作有着很大影响，但同时也在刺激着包括卫生防疫更多领域的国际深化合作。中东地区大的战事暂时停止，因疫情在军队爆发，驻扎在叙利亚的万名土耳其士兵从前线撤离，但叙利亚战场疫情爆发的几率还是很大。

各国相继宣布进入紧急状态，采取限制出入境、禁止聚集性活动、居家隔离等措施，全球热点地区将进入暂时性的孤立和自我隔离。多个与中国签订共建"一带一路"合作文件的国家将受到影响。

以往深信以美国为导向推动自由贸易的新兴市场，在疫情的影响下不得不选择新的合作发展道路，在新的秩序下寻求合作。疫情为"一带一路"合作的推进，带来了新的机遇。中国将积极地向"一带一路"框架下的合作国家推进采取包括人员排查、减少人员轮替派遣、加强政府间的沟通、为人员设备通关提供便利等多项措施，同时，为"一带一路"沿线国家提供着医疗物资援助。建立并推动"一带一路"沿线国家出入境卫生防疫合作网络，加强"一带一路"在防疫方面的合作，对"一带一路"合作的深化至关重要。

保持与"一带一路"沿线国家的密切交往，将有利于"一带一路"的建设推进。疫情将使得"一带一路"国家间的风险应对和政策配合更加完善。"一带一路"合作伙伴国在疫情期间互相提供积极的政治、物质等方面的支持和帮助，可以体现"一带一路"精神的合作、互惠互利精神。

3. 跨大西洋体系：美欧关系将出现前所未有的"大割裂"

新冠疫情的全球蔓延不仅给欧美国家自身的经济、政治、社会治理造成巨大冲击，而且对跨大西洋的相互认知与互动也会造成较大负面影响。继意大利、英国、德国、法国等欧洲主要国家新冠肺炎确诊人数逐日增加后，欧洲已经成为疫情的"中心区"。作为欧盟最重要的盟友，美国为对抗疫情发布对欧洲的"旅行禁令"，在可以预见的未来，新冠疫情将大概率地对美欧之间业已存在的裂痕造成新的毁伤。

首先，禁令显然会影响美欧之间的商贸往来。欧美互为最大贸易和投资伙伴，彼此为对方总共提供了超过1600万个就业岗位。然而，美欧"旅行禁令"的颁布、实行，必然导致跨大西洋的贸易、投资、交流锐减，从而使欧美双方本已不甚乐观的就业形势更加严峻。

其次，美国防疫措施的不力将对其制造业、服务业和就业机会带来严重冲击。长期以来，美国都是欧洲人在欧洲之外最主要的旅行目的国。美欧航线不仅为美国提供了三分之一的国外入境者以及由此带来的欧洲人年均300亿美元以上的在美消费，同时也为大量欧洲航空公司的收入"保底"。美国因疫情单方面停飞所有欧美间航班，对这些航空公司而言不啻于釜底抽薪。此外，疫情下的管控措施也将导致制造业萎缩，就业机会外流，使得美国经济的支柱产业重新感到不安。

最后，欧洲与美国之间的互相指责不仅阻断了双方的贸易往来，还很可能加剧欧洲的内部分裂，使得跨大西洋体系走向"大割裂"。美国将防疫政策上的不力"甩锅"给欧盟，使大西洋两岸之间原本就因英国脱欧、欧洲打算组建自主防务体系等问题而龃龉丛生的关系更加复杂化。疫情冲击带来的人流、物流、资金流中断最终将使跨大西洋体系走向"大割裂"。

四、中国须筑好六大"防波坝"

在中国逐步复工复产、外部面临"新大萧条"的"经济势能差"背景下，中国要防范一波接一波的外部冲击波，就要筑好"防波堤"。对此，我们设计了六道"堤坝"的方案。

1. 防范国际局势型冲击的防波坝：呼吁美国须积极与中国合作，也做好美国添乱的准备

3月27日，美国累计感染病例首超中国，成为全球第一。人大重阳推测，若当前美国当局"救市"重于"救人"的政策继续，感染人群超过百万是高概率事件。

当前，美国还采用推卸责任和转嫁国内矛盾给中国的政治策略，在专业抗疫上，目前未见高明之处。伦敦政治经济学院经济学终身教授金刻羽近日在接受媒体采访时指出，"对美国的影响主要是来自美国自身经济的影响，而不是全球对它的影响，它会对全球有更大的影响，而它的问题来自内部市场。如果美国旅游、餐饮等重要服务行业完全停滞，对美国的影响可能不是 5% 的产出丧失，而是 40% 的产出丧失。这是一个巨大的数目，有可能是 2009 年金融危机的 10 倍。"所以，新冠疫情事实上是压在美国经济结构性问题上的最后一根稻草，雪崩随时可能发生。

下图是美国就疫情问题和中国合作的态度将直接影响未来国际秩序走向，从四个象限的分析看，就算是美国愿与中国积极合作，并在 3 个月内结束疫情，这似乎不是美国当局想要的，因为以特朗普为首的美国当局最近几年以来所做的反华的努力目的只有一个——以美国优先为由打破现有国际格局，让美国少部分利益集团套取全球混乱的红利。因此中国防范国际性系统风险倒灌的首要问题是，要充分做好美国"失智""失责"的准备。

美国就疫情问题和中国合作的态度将直接影响未来国际秩序

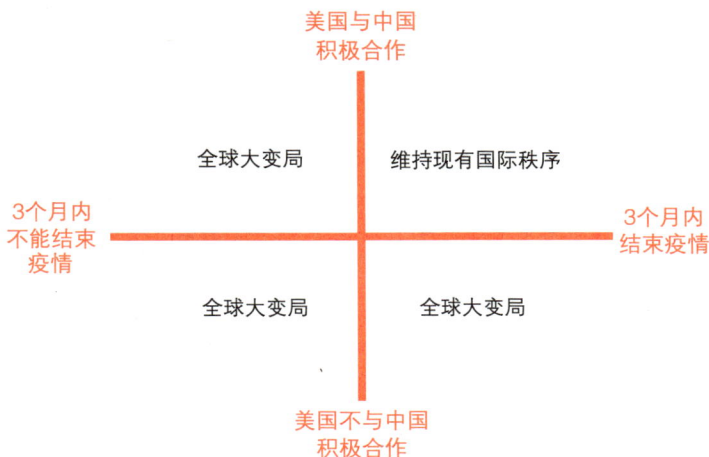

美国与中国
积极合作

全球大变局　　维持现有国际秩序

3个月内
不能结束
疫情

3个月内
结束疫情

全球大变局　　全球大变局

美国不与中国
积极合作

2. 防范经济金融型冲击的防波坝：重构中国价值链和
防范国际金融风险传导

受新冠病毒疫情的冲击，全球经历了有史以来最大的联动震荡：股市熔断、暴涨暴跌、油价崩盘、疫情泛滥，导致全球经济增长前景变得更加暗淡。西方主要央行实施金融"大放水"救助措施。"大水漫灌"不但没有发挥作用反而殃及其他国家。中国要做好应对输入性风险，筑牢经济"防波堤"。

一方面要针对外部经济停摆，重构"中国价值链和产业链"。坚持推动"六稳"真正落地，果断把宏观调控的着力点转到防止经济增速过快下滑、防范城乡和区域收入差距以及高失业率上来，结合国内外情况，实施积极的财政政策和适度宽松的货币政策，加大国际货币政策协调力度，加强国际间金融监管务实合作，促进区域金融稳定，加强输入性风险的防范能力。对内，以促进扩大内需和经济平稳发展为目标，巩固"中国产业链"，增强国人信心；对外，理清"中国价值链"在新形势下的全球供需关系的位置和头寸，进一步提升"中国制造"品牌和声誉。

另一方面要针对外部金融"大水漫灌"，准备"中国平准"预案。平准思想是中国古代智慧，即为现代的"宏观对冲"，即有条件提供以人民币计价的金融稳定贷款。对内，发挥中国体制优势，稳定资本市场，加速人民币国际化，吸引更多资金到中国避险。对外，预备"中国平准"预案，帮助受疫情冲击的发展中国家和部分深陷债务危机的发达国家稳定金融；抓住股市暴跌时机，寻求境外融资需求的市场机遇，收购兼并供应链、产业链中缺少的技术和企业，收购兼并便宜资产，完善中国供应链和产业链。

3. 防范地缘政治型冲击的防波坝：警惕地缘政治冲突网络空间化

疫情期间由于全球大部分国家都采取了边境管理措施，因此物理上的地缘冲突诱发的可能性较小。重点是要防范地缘政治冲突蔓延到网络空间。国际网络舆论对于新冠疫情与中国的成功经验的舆论冲突呈现明显两极分化：极端仇视中国和强烈支持中国的国际人群在网络上同步增长。这种情况是前所未有的。

我国外宣的传统力量不足以支撑全球化的地缘政治冲突网络空间化问题。应该扩大战斗队伍，充分利用近年来我国新型智库在国家舆论场中的话语权优势，做好数字化、由线上到线下的地缘政治冲突防范。

4.防范社会型冲击的防波坝：保护中国境外人员、企业及相关组织的安全

近日来，部分西方国家在疫情的冲击下，对亚裔的仇视加剧，新"黄祸论"已起，部分地区甚至出现了暴力事件。综合境外互联网信息分析看，对于社会疫情引发的全球性社会冲击事件类型越来越多样化，参与组织日趋复杂化。

要特别注意"一带一路"共建国沿线都市商业经济圈、华人聚居区和中资相关工业园区的社会性冲击的恶化。特别是要提高对高危地区社会风险转向暴力化的趋势预警。对于有明显躁动节奏的地区，要及时发布相关提醒，保障在境外开展经济活动、交流合作中的人员的安全。

5.防范舆论型冲击的防波坝：坚决与病毒标签化作斗争

美国当局"中国病毒""功夫流感"的造谣中伤遭到了全球各国人民的反感。我国外交部也针对美国当局的类似歪曲事实、不负责任的"标签化"对华攻击手段进行了有理有据、坚决严厉的反击。但是由于数字化时代新媒体和互联网本身的传播规律，标签化的事物会在网上造成多重震荡与相互共振，进而与各种谣言滚动繁殖出不同类别、无目的而最终又合乎造谣者意图

的各种攻击性舆论。

因此，我们除了外交层面对美国这一卑劣行为进行正面反击，也要采取有效的措施防止这种标签化在国际网络上不断被强化。建议拿出法律的武器对美国几大主流社交媒体提起诉讼，要求其在技术上阻止"中国病毒"等类似的疫情歧视性标签在他们的平台出现。防止不利于中国的歧视性网络用语标签在国际互联网进一步发酵，扼制此类恶意传播进一步转化出不可预测的安全隐患。

6. 防范系统性风险型的防波坝：把中国"防线"外移到全球

疫情的国际危机之下，各国人民对于全球国际命运共同体的体会将进一步加深。

首先是主动援助。病毒面前，任何漂亮的马其诺防线都是行不通的，各国人民需要彼此协同合作，共同战胜病毒的挑战。中国当前主要的压力已经从国内抗疫到防止外部性输入逐步转变。因此中国也不会仅仅是被动地边控以减少病毒输入性风险，而是会主动走出国门，尽最大可能帮助各国人民尽快走出疫情风暴。据网络可查的媒体新闻，综合看，中国现已向伊朗、伊拉克和意大利派出医疗救援队。上海、广东和四川分别提供了相应的援助。此外，还向日本、韩国、伊朗、伊拉克、意大利和其他国家运送医疗用品，帮助他们抗击疫情。

其次是联合科研。中国及时采取了公开数据、公开病毒研究进展等相关科研工作，积极推进疫苗、治疗特效药物的研发工作。即使是在遭受美国恶意谣言攻击的情况下，中国也保持着与美国在共同应对病毒的药物研发等方面的积极合作，并且充分利用已有的人工智能和大数据技术开启了全球性的协同研发创新。

目前还有待进一步加强疫情之下社会行为、经济冲击和政治冲突方面的协调磋商和应对机制的共建。以欧洲为例，部分国家的决策是基于在欧洲各国博弈过程中本国核心利益集团利益最大化的前提条件下进行的，这不仅会造成欧洲抗疫囚徒困境的出现，也会滞缓全球的抗疫进程。因此中国作为全球性的大国，有必要在美国当局坚持"甩锅"，挑唆种族仇恨的情况下，进一步凝聚全球各国促成广泛的抗疫战线，缓解国际矛盾，减少区域性疫情博弈，共同推动人类命运共同体尽快克服疫情问题。